D1351611

»Mein verwundetes Herz«
Das Leben der Lilli Jahn 1900–1944

Lilli Jahn, 1918

MARTIN DOERRY

»Mein verwundetes Herz«

Das Leben der Lilli Jahn 1900–1944

DEUTSCHE VERLAGS-ANSTALT
STUTTGART MÜNCHEN

Die Deutsche Bibliothek – CIP-Einheitsaufnahme
Ein Titeldatensatz für diese Publikation ist bei
Der Deutschen Bibliothek erhältlich

6. Auflage 2002
© 2002 Deutsche Verlags-Anstalt, Stuttgart München
Alle Rechte vorbehalten
Satz und Layout: BK-Verlagsservice, München
Druck und Bindung: Claussen & Bosse, Leck
Die Karte von Nordhessen fertigte Peter Palm, Berlin.
Die Abbildung der Klosteranlage Breitenau wurde uns freundlicherweise
von der Gedenkstätte Breitenau in Guxhagen zur Verfügung gestellt.
Printed in Germany
ISBN 3-421-05634-X

Inhalt

Einleitung

Das Schicksal Lillis ist ihren Enkeln nicht verschwiegen worden. Doch ihre Geschichte blieb stets ebenso blaß wie unverständlich, ja rätselhaft und wurde immer nur in zwei, drei schlichten Sätzen angedeutet. Großmutter Lilli, so hieß es, ist in Auschwitz umgebracht worden. Und: Euer Großvater Ernst hatte sich von ihr scheiden lassen, so war sie, die Jüdin, den Nazis schutzlos ausgeliefert.

Mehr berichteten Lillis Kinder ihren eigenen Kindern nicht. Gewiß hätten sie mehr gesagt, wenn sie danach gefragt worden wären. Aber das Ungeheuerliche lastete nicht nur auf ihnen, als Trauma, es lastete auch auf Lillis Enkeln als unausgesprochenes Frageverbot.

Dieses Tabu allerdings beherrschte viele Familien von Opfern wie Tätern über Jahrzehnte und verlor erst im Laufe der neunziger Jahre an Kraft und Bedeutung. Eine neue Generation fragte gründlicher denn je nach den Ursachen und Folgen des Nationalsozialismus. Und diese Auseinandersetzung war es, die plötzlich jene Blockade löste, mit der sich viele Überlebende des Holocaust und deren Angehörige vor den eigenen Emotionen zu schützen suchten. Das, was für sie ein halbes Jahrhundert lang nicht viel mehr als eine lähmende, alles überschattende Vergangenheit war, wurde jetzt zum Gegenstand konkreter, oft schmerzlicher Erinnerung.

Als Lillis Sohn Gerhard im Oktober 1998 in Marburg starb, setzte dieser Prozeß auch bei seinen vier Schwestern ein. Gerhard Jahn, der sozialdemokratische Politiker und Bundesjustizminister im Kabinett Willy Brandts, hatte ein unverhofftes Erbe hinterlassen, das seine Schwestern schokkierte: In mehreren Kartons und Umschlägen fanden sich etwa 250 Briefe, die Lillis Kinder 1943 und 1944 an ihre damals bereits in einem Lager inhaftierte Mutter geschrieben hatten.

Die Schwestern erinnerten sich natürlich an die Briefe. Nur wußten sie nicht, daß der eigene Bruder diese Dokumente mehr als fünf Jahrzehnte lang aufbewahrt hatte. Nie war von ihnen die Rede gewesen.

Eines Tages, zu Beginn des Jahres 1999, setzten sich Lillis Töchter zusammen und nahmen den Nachlaß in Augenschein. Sie lasen sich ihre eigenen Briefe abwechselnd vor, sie weinten, zuweilen lachten sie aber auch über ihre kindliche Naivität. Dann legten sie alles wieder zurück in die Schachteln und Umschläge und versuchten, erneut zu vergessen.

Doch die Erinnerung ließ sich nun nicht mehr aufhalten. Ilse, 1929 geboren und damit Lillis älteste Tochter, berichtete nach und nach ihren drei Kindern von dem Fund; Johanna, die zweitälteste, rief eines Tages ihre vier Kinder zusammen, um ihnen Lillis Geschichte zu erzählen. Nur Eva, die dritte, sah sich einer Auseinandersetzung mit ihren Briefen zunächst nicht gewachsen und machte sich erst mit einiger Verzögerung an eine gründliche Lektüre. Dorothea schließlich war 1943 gerade drei Jahre alt gewesen, konnte damals also noch nicht schreiben.

Daß die Kinderbriefe überhaupt noch existierten, kam schon einem kleinen Wunder gleich. Lilli war es im März 1944, unmittelbar vor ihrer Deportation nach Auschwitz, gelungen, diese Dokumente aus dem Arbeitserziehungslager

Breitenau bei Kassel hinauszuschmuggeln. Wahrscheinlich hatte ihr eine Aufseherin diesen letzten Gefallen getan. Und da Lilli selbst bis dahin ebenfalls eine Reihe von zumeist illegalen Briefen an ihre Kinder geschrieben hatte, ergab sich jetzt erstmals ein geschlossenes Bild der dramatischen Vorgänge in Herbst und Winter 1943/44.

Ilses Sohn, der Autor dieser Zeilen, übernahm anfangs nur die Aufgabe, den Briefwechsel für die Familie zu ordnen und zu vervielfältigen. Bald jedoch stellten sich Fragen über Fragen – vor allem eine galt es zu beantworten: Warum hatte sich Ernst Jahn 1942 von Lilli getrennt, obwohl er doch wissen mußte, daß seine jüdische Frau dadurch dem sicheren Tod ausgeliefert war? Oder konnte er das damals noch nicht wissen?

So gewann plötzlich die Vorgeschichte an Bedeutung: Wie kam es zu Lillis Heirat mit dem Protestanten Ernst? Wie hatte sich ihr Mann in den ersten Jahren nach der Machtergreifung der Nazis verhalten?

Weitere Nachforschungen brachten weitere Briefe ans Licht. Jede der Schwestern, so stellte sich bald heraus, besaß Dokumente oder Briefe der Mutter, von denen die anderen nichts oder wenig wußten. Schließlich ließen sich mehr als 300 weitere Briefe ausfindig machen, zumeist aus der Feder Lillis, geschrieben in den Jahren 1918 bis 1944. Sie alle belegen eindrucksvoll die fortschreitende Stigmatisierung, Isolation und Verfolgung Lillis und ihrer Kinder.

Damit stellte sich die Frage nach einer Veröffentlichung. Zwar hatte Gerhard Jahn zeitlebens jeden Versuch, Lillis Briefe aus Breitenau einem größeren Publikum vorzustellen, scharf kritisiert und in der Regel auch unterbunden. Nur aus welchen Motiven? Rechnete er mit dem Aufbrechen alter, eigener Wunden? Auch Lillis Töchter konnten sich zunächst nicht vorstellen, daß die Leidensgeschichte ihrer Mutter fremden Menschen preisgegeben werden würde; sie fürchteten eine Skandalisierung des Privaten, eine Plünderung ihrer persönlichen Gefühle und Erinnerungen durch den auf den Holocaust fixierten Zeitgeist.

Warum also sollte die Geschichte Lillis überhaupt noch erzählt werden?

Eine einfache Antwort: Jede neue Biographie, jede authentische Quelle aus der NS-Zeit erreicht auch neue Leser und ist schon deswegen ein Gewinn für die politische Kultur der Gegenwart und das historische Bewußtsein kommender Generationen.

Und eine nicht ganz so einfache Antwort: Die meisten, ja fast alle autobiographischen Zeugnisse erzählen naturgemäß die Geschichte von Überlebenden. Sei es Primo Levi, sei es Victor Klemperer oder Ruth Klüger – immer berichten diese Autoren vom Schrecken und vom Leiden aus der Perspektive der Davongekommenen. Wer ihre Bücher aufmerksam liest, wird gewiß im Glück der wenigen Überlebenden das Unglück von sechs Millionen Ermordeten erkennen. Und dennoch fehlt die Erfahrung, die Wahrnehmung jener Opfer, die den Holocaust nicht überlebt haben. Selbstverständlich finden sich Ausnahmen, allen voran das Tagebuch Anne Franks. Aber das in der literarischen Überlieferung Typische ist eben doch das Schindler-Modell: die abenteuerliche Rettung aus höchster Not. Wer die dialektische Bedeutung solcher Berichte nicht begreifen kann oder will, für den summiert sich die Erinnerung zu einer merkwürdig verzerrten Bilanz: Es entsteht das Bild einer Schreckensherrschaft, der die meisten am Ende doch entronnen sind.

Lilli ist ihr nicht entkommen. Im Grunde steht ihr Schicksal nur für das von Millionen. Und doch steckt hinter jedem Holocaust-Opfer eine ganz eigene, besondere Geschichte. Wer etwas über den epochalen Einschnitt des Jahres 1933 wissen wolle, so schrieb Sebastian Haffner in seiner »Geschichte eines Deutschen«, der müsse »Biographien lesen, und zwar nicht die Biographien von Staatsmännern, sondern die raren Biographien der unbekannten Privatleute«. In diesem Sinne beschreibt die Biographie Lilli Jahns eine private Person: eine jüdische Ärztin, die eine aufmerksame Zeitzeugin der zwanziger und dreißiger Jahre in Deutschland war; eine emanzipierte Frau, die ihren Beruf liebte und zugleich in ihrer Mutterrolle aufging; eine literarisch und musisch gebildete Intellektuelle, die mit ihren Freunden philosophische und theologische Debatten führte. Vor allem aber war Lilli eine leidenschaftliche, temperamentvolle Frau, die in ihrer bedingungslosen Liebe zu ihrem Mann bald schon den eigenen Projektionen erlag und dafür hart bestraft wurde.

Ernst Jahn – ebenfalls Arzt – entsprach in seinem grüblerischen Wesen so gar nicht dieser fröhlichen jungen Frau, die hingebungsvoll tanzte und Klavier spielte, die mit Begeisterung Konzerte und Kunstausstellungen besuchte. Erst die Ehe mit Ernst und dann die Verfolgung durch die Nationalsozialisten brachten in ihr Leben jene Düsternis, die heute jede Erinnerung an sie beherrscht.

Dieses Schicksal teilt sie allerdings mit vielen ihrer Leidensgenossen. Das Leben der assimilierten bürgerlichen Juden Deutschlands im ersten Drittel des 20. Jahrhunderts hat erst im nachhinein, durch das Wissen um den Holocaust, seine melancholische Patina erhalten. Trotz der wachsenden antisemitischen Hetze konnten die meisten deutschen Juden bis 1933 ein ebenso zufriedenes oder glückliches Leben führen wie ihre nichtjüdischen Zeitgenossen.

Mit der Machtergreifung der Nazis änderte sich nicht nur Lillis äußere Lage, sondern auch ihr Verhalten: Selbstbewußtsein und Lebensfreude wurden ihr genommen. Lilli war plötzlich eine ängstliche Frau, die jeder fremden Person auswich. Sie spürte, wie sich ihre ganze Umwelt gegen sie verschwor. Sie verließ das Haus nicht mehr – bis sie daraus schließlich vertrieben wurde. Dann folgten die Festnahme durch die Gestapo, die Einweisung in ein Arbeitserziehungslager und Zwangsarbeit in einer Fabrik; am Ende der Transport nach Auschwitz.

Die Kinder wurden zu Zeugen einer langsamen und qualvollen Entwürdigung ihrer Mutter. Sie protestierten auf ihre Weise dagegen: Mit einer Flut von Briefen an die im Lager inhaftierte Mutter kämpften sie um den Erhalt einer längst verlorenen Normalität, sie bezogen Lilli weiterhin in die meisten Entscheidungen der Familie ein, die Kinder schilderten ihren Alltag bis ins Detail – und brachten dabei doch nur in jedem Brief und jeder Zeile ihren Kummer und ihre Sehnsucht zum Ausdruck.

So wie Lillis Schicksal dem Leidensweg vieler Opfer des Nationalsozialismus entspricht, so ist auch das ihrer Kinder in gewisser Hinsicht repräsentativ: Wie Millionen andere Deutsche erlebten sie in diesen letzten Kriegsjahren den Schrecken an der sogenannten Heimatfront. Sie zitterten vor Angst im Luftschutzkeller, sie wurden ausgebombt und evakuiert. Gerhard mußte als Flakhelfer feindliche Flugzeuge vom Himmel holen, Ilse und Johanna wurden zu Katastropheneinsätzen eingeteilt, um anderen Bombenopfern zu helfen.

Auch das gehört zur Geschichte Lillis. Die Kinder berichteten ihr von all diesen Aufregungen, die sie nun ganz ohne die Hilfe und Fürsorge der Mutter durchzustehen hatten. Schlimmer noch: Lilli selbst war auf die Unterstützung ihrer Kinder angewiesen. Sie hungerte – und die Kinder schickten Pakete mit allem, was sie an Eßbarem auftreiben konnten, ins Lager. Sie fror – und die Kinder brachten Wäsche zur Post. Sie flehte um Fürsprache bei der Gestapo – und die Kinder drängten den Vater dazu. Schließlich bat sie für den Fall ihrer Entlassung um Geld für eine Rückfahrkarte – und die Kinder ließen ihr tatsächlich zwanzig Reichsmark zukommen.

All das geschah keineswegs im Verborgenen. Während Lilli im Lager Breitenau eingesperrt war, lebten ihre Kinder in einem noch weitgehend intakten sozialen Umfeld, zunächst in Kassel, später wieder im Hause des Vaters in der Kleinstadt Immenhausen, wo sie aufgewachsen waren. Dutzende, wenn nicht Hunderte von Freunden, Bekannten und Nachbarn wußten damit auch von Lillis Schicksal. Manche, immerhin, äußerten ihr Mitgefühl, aber die meisten nahmen den Terror hin. Alle wußten davon – aber niemand intervenierte oder protestierte gegen die Zerstörung dieses Lebens.

So ist dieser Briefwechsel auch ein Lehrstück über die Gleichgültigkeit der Menschen im Kriege. Er erzählt von den verheerenden Folgen, die ganz alltägliche menschliche Schwächen wie Feigheit oder Egoismus in einem totalitären System zeitigen können. Zugleich zeugt er jedoch von bedingungsloser Liebe, von Mut und Zivilcourage – auch das waren Wesensmerkmale und Tugenden, die sich unter einem so hohen äußeren Druck entfalten konnten.

Solche Schlüsse und Interpretationen überläßt die hier vorgelegte Biographie allerdings in der Regel dem Leser. Der

Autor beschränkt sich zumeist auf die Rolle des Chronisten und erklärt das Geschehen nur dort, wo es zum Verständnis der Briefe notwendig ist. Die Vielzahl von aussagekräftigen Dokumenten hätte sicher auch eine konventionelle Biographie möglich gemacht. Allein der Respekt vor dem Authentischen, vor den – ohne Übertreibung – herzergreifenden Briefen Lillis und ihrer Kinder legte eine möglichst umfassende Wiedergabe der Originalquellen nahe.

Vor allem Lillis Briefe wurden von den Adressaten als kostbare Andenken betrachtet und bis heute aufbewahrt. Lilli war noch in einer bildungsbürgerlichen Tradition aufgewachsen, zu der auch eine ambitionierte Briefkultur gehörte. Schon in ihrem Kölner Elternhaus besaß man ein Telefon, doch das diente nur zur knappen Nachrichtenübermittlung. Endlose Gespräche waren nicht üblich, bei der noch unzulänglichen Technik wäre das auch kein Vergnügen gewesen.

Lilli schrieb also aus Überzeugung Briefe, zunächst an ihren Freund und späteren Ehemann, dann an die Freunde, schließlich an die Kinder. Und weil sie sich Briefautorinnen wie Rahel Varnhagen oder Caroline Schelling zum Vorbild genommen hatte, schrieb sie auch mit einem erkennbaren Gestaltungswillen: Lilli berichtete über die Dinge des Alltags ebenso wie über ihre Gefühle und Empfindungen, sie philosophierte, politisierte. Und sie vermittelte diese Vorliebe ihren Kindern. Besonders Ilse und Johanna verraten in ihren Briefen eine durch das häufige Schreiben geschulte Fähigkeit zur Selbstwahrnehmung und Beobachtung.

Hätte Lilli einer Veröffentlichung dieser doch so persönlichen Dokumente überhaupt zugestimmt? Diese Frage drängt sich auf – und ist doch schon deswegen nicht sinnvoll, weil sie Lilli nicht gestellt werden kann. Hätte ihr Schicksal einen anderen, besseren Lauf genommen, so hätte allein Lilli über den Umgang mit ihrer Korrespondenz entschieden. Nun, mehr als fünfzig Jahre nach ihrem Tod, bleibt die Entscheidung ihren Nachfahren überlassen. Mit der Veröffentlichung übernehmen sie eine besondere Verantwortung. Aber die Zeit scheint reif für eine Rekonstruktion dieser – nur auf den ersten Blick – privaten Katastrophe.

Eine jüdische Familie in Köln

»*Ein Zeichen unseres Übermuts*«
Lillis Elternhaus, Kindheit und Jugend

Am 2. März des Jahres 1897 machte der Kölner Fabrikant Josef Schlüchterer das, was man damals eine »gute Partie« nannte: Josef heiratete seine Braut Paula, eine junge Frau aus bester Familie.

Paulas Vater, der Viehhändler Moritz Schloß, führte in Halle an der Saale ein erfolgreiches Unternehmen, er importierte und exportierte quer durch Europa – Moritz Schloß galt als wohlhabender, ja reicher Mann.

Josef hingegen stammte aus eher bescheidenen Verhältnissen. Sein Vater Anselm war Herrenschneider im fränkischen Zeitlofs gewesen; schon sein Urgroßvater, ein Rabbiner, hatte in dem kleinen Ort gelebt.

Josef war aus dieser Enge geflohen. Er absolvierte in Stuttgart eine kaufmännische Lehre, arbeitete bei namhaften Handelshäusern wie Krailsheimer in London oder Bernard David in Paris und brachte eine Menge guter Zeugnisse mit nach Hause. »He is an honest and industrious young man«, bescheinigte ihm Mister Krailsheimer am 18. August 1882 – er sei ein ehrlicher und fleißiger junger Mann.

Und ein ehrgeiziger dazu. Josef machte sich selbständig. Das notwendige Kapital stiftete der Vater, freilich zur Hälfte auf Pump. Drei Tage nach seinem 30. Geburtstag, am 8. Juli 1893, quittierte der junge Mann die finanzielle Starthilfe:

Ich bestätige hiermit, von meinem Vater zur Gründung meines Geschäftes 21 000 Mark erhalten zu haben, von welcher Summe ich nach meiner dereinstigen Verheiratung 10 000 Mark zurückzuzahlen verspreche. Falls solche nicht innerhalb drei Jahren erfolgt, verspreche ich die Verzinsung dieser zehntausend Mark mit fünf Prozent vom 1. August 1896 an.

Josef Schlüchterer.

Doch Zins und Tilgung dieses damals hohen Betrages blieben Josef wohl erspart. Zwei Monate vor Ablauf der Frist, am 29. Mai 1896, starb Vater Anselm. Der Jungunternehmer investierte das Geld in eine Fabrik für Haushaltsbürsten und Rasenmäher, die er zusammen mit zwei weiteren Geschäftsleuten im bergischen Solingen aufbaute. Schon 1897, zum Zeitpunkt der Heirat mit Paula, lebte er in Köln.

Seine junge Frau war 1875 im oberfränkischen Oberlauringen zur Welt gekommen, ihre Eltern hatten ihr den etwas altmodisch klingenden Namen Balwine gegeben, doch schon bald wurde sie nur noch Paula gerufen. Paula war das sechste von acht überlebenden Kindern des Ehepaars Schloß; insgesamt hatte Paulas Mutter Ellen Elise nicht weniger als 13 Kinder geboren. Ellen Elise dirigierte den aufwendigen Haushalt des Viehhändlers; sie unterhielt zwei Küchen, eine koschere für die Familie und eine nicht-koschere für die zahlreichen Geschäftsfreunde.

1887 zog man nach Halle und dort in eine Gründerzeitvilla mit vielen Stallungen und Nebengebäuden. Paula besuchte zunächst die Waisenschule der Franckeschen Stiftungen und dann, standesgemäß, die höhere Töchterschule bis zum 16. Lebensjahr. Danach gab es für sie allerdings nur noch privaten Sprach-, Klavier- und Gesangsunterricht – kurzum, Paula Schloß wuchs in soliden, bürgerlichen Verhältnissen auf, freilich mit einer starken Bindung an die jüdische Tradition und Religion.

Davon konnte bei Josef kaum die Rede sein. Er nahm am Leben der liberalen jüdischen Gemeinde in Köln teil, tolerierte auch die religiösen Empfindungen seiner Frau, doch selbst gab er sich eher vernunftbetont. Mit dieser Einstellung prägte er das Leben der jungen Familie und vor allem natürlich seine beiden Kinder. Lilli kam am 5. März des Jahres 1900 zur Welt, ihre Schwester Elsa am 2. Juni 1901.

Die beiden Mädchen wurden in ein neues Jahrhundert geboren, von dem sich viele Zeitgenossen gewaltige Fortschritte versprachen, bahnbrechende wissenschaftliche Erkenntnisse etwa und einen wirtschaftlichen Aufschwung; von einem »Jahrhundert des Kindes« war die Rede, von einer nun anbrechenden großartigen Ära des Friedens. Lilli und Elsa gehörten damit einer neuen Generation an, die mit den besten Chancen für eine erfolgreiche Zukunft ausgestattet zu sein schien. Anders als ihre Eltern wuchsen die beiden schon in einer modernen Kleinfamilie auf, befreit von vielen familiären und religiösen Zwängen; anders als ihre Mutter durften die Mädchen sogar studieren.

Zu Beginn des 20. Jahrhunderts lebten die Kölner Schlüchterers in gutbürgerlichen Verhältnissen. Man hatte eine großzügige Wohnung in der Bismarckstraße gemietet, ließ die Kinder in regelmäßigen Abständen vom »Hofphotographen«

21

ablichten, besuchte die großen Musikabende im Konzert-
haus Gürzenich und nahm hin und wieder am gesellschaftlichen Leben der Großstadt teil. Ein Zeichen der sozialen
Integration der jüdischen Familie war die Verleihung der
preußischen Staatsbürgerschaft durch den »Königlich-preu-
ßischen Regierungspräsidenten zu Cöln« am 22. März des
Jahres 1907.

Ein Jahr zuvor war Lilli eingeschult worden. Bis 1913
ging sie in ein »Privat-Lyceum für höhere Töchter« unter
der Ägide eines gewissen Fräulein Merlo, danach wechselte
sie auf das Real-Gymnasium der Kaiserin-Augusta-Schule
in Köln – ein Privileg: Im späten wilhelminischen Kaiser-
reich besuchten gerade einmal zwei Prozent der Mädchen ein
Gymnasium.

Spätestens im August 1914, mit dem Ausbruch des Ersten
Weltkrieges, waren die schönen Hoffnungen und Utopien für
das neue Jahrhundert dahin. Paulas jüngerer Bruder Julius,
ein Gutsbesitzer, dessen Hochzeit 1911 im Berliner Hotel
Adlon noch glanzvoll gefeiert worden war, zog an die Front
und starb 1918, wahrscheinlich an den Folgen einer Syphilis.

Paula selbst engagierte sich bei der Betreuung verwun-
deter Soldaten. Zusammen mit weiteren Damen der Kölner
Gesellschaft, darunter die Gattin des Regierungspräsidenten
und die des Polizeipräsidenten, arbeitete sie in einem Kölner
Lazarett. Solche Aktionen hatten nicht zuletzt symbolischen
Charakter: Mit der Erfüllung vaterländischer Pflichten löste
sich Lillis Mutter ein wenig aus dem jüdischen Milieu und
paßte sich dem Idealbild einer alle sozialen Grenzen über-
schreitenden Gemeinschaft an, das Kaiser Wilhelm II. zu
Beginn des Krieges beschworen hatte. Für ihre Verdienste
wurde Paula mit einer Medaille ausgezeichnet.

Lilli und Elsa wuchsen währenddessen zu jungen Damen heran. Im August 1918 – noch tobte der Krieg in Frankreich – besuchten beide eine befreundete Familie in Schierke im Harz. Aus diesem Urlaub stammt ein merkwürdiges Dokument, eine am 29. August abgestempelte Postkarte mit einem Foto der Schwestern und ihrer Gastgeber sowie dem ältesten überlieferten Text von Lilli. Das Herstellen und Verschicken solcher Karten war damals große Mode, gerade in Touristenorten wie Schierke machten die Fotografen damit ein gutes Geschäft.

Lilli hatte sich zum Fototermin in einen Herrenanzug gezwängt, der junge Mann dagegen trug Frauenkleider, Elsa und ihre Freundin hatten sich mit Armee-Uniformen kostümiert. Der seltsame Aufzug zeigt, wie alltäglich der Krieg nun, nach vier Jahren, schon geworden war. Möglicherweise nahmen die jungen Leute ihn nicht so recht ernst. Jedenfalls grüßte das komische Quartett die Lieben daheim in Köln, Lilli machte den Anfang:

Herzliebste Eltern!
Hier ist ein Zeichen unseres Übermuts. Was sagt ihr nun?
Für Eure Karte vielen Dank. Innigst Euer Lillimauserle

Es folgten Grüße von Elsa und den beiden Begleitern, auf die Vorderseite der Karte notierte Lilli noch kurz einige Nachrichten aus der Verwandtschaft.

Während sich im Winter 1918 die politischen Ereignisse überstürzten – der Kaiser floh nach Holland, die Republik wurde ausgerufen, vielerorts herrschten bürgerkriegsähnliche Zustände –, bereitete sich Lilli in Köln auf das Abitur vor. Bis Ostern 1919 absolvierte sie alle Klausuren mit Erfolg.

Nun sollte studiert werden, Lilli wollte Ärztin werden –
die Medizin war eines der ersten akademischen Fächer, in
dem Frauen überhaupt zum Studium zugelassen wurden,
und das auch erst seit knapp zwei Jahrzehnten. Außerdem
trug sie sich mit dem Gedanken, eines Tages in die Praxis
ihres Lieblingsonkels einzusteigen: Josef Schloß hatte sich in
Halle als Kinderarzt niedergelassen.

Eine höhere Tochter indessen konnte nicht so einfach
in eine fremde Stadt zum Studium gehen, ein bißchen Auf-
sicht schien den Eltern unbedingt notwendig. Also machte
Lilli ihre akademische Runde unter den kritischen Augen
der weitverzweigten Familie: zuerst zwei Semester in Würz-
burg – im Fränkischen lebte die väterliche Verwandtschaft –,
dann drei Semester in Halle, wo sie im Hause der Großmutter untergebracht und so streng kontrolliert wurde, daß
sie auch schon mal spätabends über den Balkon Reißaus
nahm. Nach dem Physikum in Halle im November 1921 ging
Lilli für ein Semester nach Freiburg, dort lebte ihre schon
etwas ältere Cousine Olga Mayer. Und schließlich kehrte sie
zurück ins Elternhaus nach Köln, nach weiteren vier Semestern stand dort im Frühjahr 1924 das medizinische Staatsexamen an.

In der Zwischenzeit allerdings hatte die heile Welt ihrer
Heimatstadt, aus der Lilli zum Studium fortgezogen war,
düstere Züge angenommen. Das Unternehmen des Vaters
war durch die fortschreitende Inflation in Schwierigkeiten
geraten. Auf langen Reisen durch das ganze Land versuchte
Josef neue Kunden für seine Fabrik zu gewinnen – nicht
immer erfolgreich.

Außerdem hatte sich das Klima in der Synagogengemeinde
verändert. Schon vor dem Krieg lebten in Köln mehr Juden

als in jeder anderen Stadt des Rheinlands, nun wurde ihre Zahl immer größer, 1925 wohnten in Köln bereits mehr als 16000 Juden.

Seit den letzten Kriegsjahren und dann vor allem in den frühen zwanziger Jahren waren etwa 100000 Juden aus Osteuropa ins Deutsche Reich gekommen. Die etablierten Kölner Juden, zumeist assimiliert und bürgerlich-deutscher Lebensart zugetan, sahen ihre gesellschaftliche Anerkennung und Integration durch die häufig ungebildeten und äußerlich auffallenden Fremden aus dem Schtetl gefährdet. Und das alles in einer Zeit, in der der Antisemitismus ohnehin ganz neue, massive Formen angenommen hatte: Die Juden waren an allem schuld, an der Niederlage im Krieg, am sogenannten Schandfrieden von Versailles, an der Inflation und an vielem mehr.

Der wachsende Zustrom von Glaubensgenossen aus dem Osten, so glaubten Lillis Vater und viele alteingesessene Juden der Stadt, würde dem Antisemitismus neue Nahrung geben. Josef Schlüchterer zählte damals als Mitglied des Repräsentantenkollegiums zu den führenden Köpfen der Synagogengemeinde. Und in dieser Funktion versuchte er den Einfluß der Zuwanderer einzudämmen. Geradezu erbost war Lillis Vater über den in der jüdischen Gemeinde entstandenen Plan für ein neues Gemeindewahlrecht, der, wie er meinte, nur dem »Drängen ausländischer und zionistischer Kreise« zu verdanken sei – womit er zu verstehen gab, daß er von der damals viel diskutierten und auch immer häufiger praktizierten Auswanderung der Juden nach Palästina nichts hielt.

Vor allem aber konnte und wollte er sich nicht damit abfinden, daß die Synagogengemeinde eine Art Auffangbekken für durchreisende osteuropäische Juden bilden und ihnen dann auch noch demokratische Rechte zugestehen sollte. Josef Schlüchterer schrieb am 28. April 1921 in dieser Angelegenheit sogar an das preußische Ministerium des Innern in Berlin. Unter Berufung auf zahlreiche Paragraphen und Argumente legte er seinen entschiedenen Widerspruch gegen den Entwurf eines Wahlrechts ein,

der jedem in Köln wohnenden Juden, gleichviel wo er bisher wohnte, das aktive und passive Wahlrecht ohne weiteres bewilligt, so daß jeder hier zugewanderte Jude das Recht hat, über die Geschicke, die Verwaltung und die Zukunft der Kölner Synagogengemeinde mitzubestimmen, obgleich er zufolge seiner Herkunft und Tradition für deren Lebensbedingungen und Bedürfnisse weder Sinn noch Verständnis hat. Mit dem weitaus größten Teil der Kölner Gemeindemitglieder erblicke ich hierin eine große Gefahr für den Bestand, die Zukunft, das Blühen und Gedeihen der Kölner Synagogengemeinde.

Josef Schlüchterers Eingabe blieb erfolglos. Der liberale Innenminister Alexander Domenicus mischte sich in den innerjüdischen Streit nicht ein, die Kölner Gemeinde beschloß das neue Wahlrecht im Mai 1921, und der zuständige Oberpräsident in Koblenz genehmigte es wenige Wochen später.

»Was soll aus uns werden, Amadé?«
Liebesglück und Liebeskummer

Während ihres Studiums mußte Lilli das jüdisch-liberale Milieu immer wieder verlassen. Die meisten Kommilitonen und Professoren waren Nichtjuden. Ihre engsten Freundinnen allerdings stammten aus der vertrauten Umgebung. Mit den angehenden Ärztinnen Lilly Rothschild und Liesel Auerbach verbrachte Lilli einen großen Teil ihrer Zeit in den vier Kölner Semestern. Liesels Vater war zudem zeitweise ihr Chef: Geheimrat Benjamin Auerbach leitete das Israelitische Asyl für Kranke und Altersschwache in Köln-Ehrenfeld – jenes jüdische Krankenhaus, in dem Lilli vor und nach dem Staatsexamen immer wieder arbeitete.

Nach einigen wohl eher oberflächlichen Liebeleien lernte sie im Spätsommer 1923 einen frisch examinierten jungen Arzt kennen, der einen ganz anderen, ihr zunächst fremden familiären Hintergrund hatte: Ernst Jahn, Protestant von Hause aus, aber schon damals mit einer gewissen Neigung zum Katholizismus.

Ernst war am 29. März 1900 in Bielefeld geboren worden, also einige Wochen jünger als Lilli. 1918 hatte er noch ein paar Monate als Soldat im Ersten Weltkrieg gedient. Zu seinem Freudeskreis, in den Lilli nun aufgenommen wurde, zählten vor allem zwei junge Katholiken, die Ernst aus seiner Heidelberger Studentenzeit kannte: der Jurist Leo Diekamp und der Journalist Leo Barth. Dessen Freundin und spätere Frau Hanne gehörte mit zur Clique, sie wurde im übrigen auch von Ernst heftig umworben. In diesem Kreis herrschte ein schwärmerischer Ton, man gab sich literarische

Spitznamen, Leo Barth wurde nur Posa genannt, Ernst hieß Amadé, und Lilli bekam nun, aus welchen Gründen auch immer, den Namen Judith verpaßt. Mit diesem Namen unterzeichnete sie auch den ersten überlieferten Brief an ihren späteren Mann. Sie schrieb ihn am 3. September 1923 in Köln:

Mein lieber guter Ernst Amadé,
ich bin heute so unsagbar müde und zerschlagen, daß ich
zu rein gar nichts fähig bin.
Aber ich möchte Ihnen doch noch wenigstens ganz kurz ...
von Herzen danken für Ihren wunderbar warmen, lieben,
guten und zarten Brief! Mehr kann ich dazu nicht sagen –
und brauche es wohl auch nicht. Wir haben uns wohl in
dieser wortlosen Stunde mehr verraten, als wir in Briefen
auch nur andeuten können.
Riesig gefreut habe ich mich, daß Sie überhaupt gekommen
sind. Ich hatte Sorge um Sie und wäre sehr unruhig gewe-
sen, wenn Sie ausgeblieben wären. Und wie liebevoll und
feinsinnig Sie mir gestern das Buch überreichten! Ich bin
gerührt von so viel Güte und freue mich ganz schrecklich
auf den Augenblick, wo es seiner Bestimmung gerecht
werden wird. Ich danke Ihnen – und nicht nur für das!
Und ich möchte mir wünschen, daß Sie endlich einmal alle
Hemmungen überwinden und sich Ihr großes Leid von der
Seele reden. Bitte, bitte, tun Sie es.
Ich bin ja schon so froh, daß Sie nach dem qualvollen
Zustand der letzten Tage etwas Ruhe gefunden haben.
Wenn Sie am Mittwoch nach Barmen fahren, so komme
ich am Donnerstag nachmittag zu Ihnen, fahren Sie nicht,
so sagen Sie mir, ob ich am Mittwoch schon kommen darf.

Und rechnen Sie es meiner körperlichen – und seelischen
Müdigkeit zugute, daß ich nicht so auf Ihre Worte ein-
gehe, wie Sie es wohl mit Recht erwarten und wie ich es
von Herzen gerne tun würde. Gerade Ihr Brief trägt ein
wenig Schuld an meinem Zustand. Ich hoffe Ihnen bald
wieder mehr sagen zu können.

In aller Herzlichkeit,
Ihre Judith

Schon in Lillis erstem Brief klingt das große Thema dieser
Liebe an: Ernsts Leiden an der Welt, an seinem Schicksal,
aber auch an seiner Person. Zuweilen schien er diese melancholische, ja pessimistische Stimmung allerdings zu kultivie-
ren, zumal sie weibliche Fürsorge und Anteilnahme erkennbar beförderte. Lillis Briefe aus dem Winter 1923/24 zeigen
ein für die kommenden Jahre durchgängiges Verhaltensmu-
ster: sie als mütterliche Freundin, er als bemitleidenswerter
Unglücksrabe.

Doch das Leben hatte es ihm bis dahin auch nicht gerade
leicht gemacht. Sein Vater, zuletzt Kaiserlicher Telegraphen-
direktor in Hamburg, war bereits 1905 gestorben, die tuber-
kulosekranke Mutter dann 1913. Der verwaiste Junge wurde
von den Verwandten hin- und hergeschoben. Und schließlich verlor Ernst 1923, also in dem Jahr, in dem er Lilli ken-
nenlernte, auch das von der Mutter geerbte Geldvermögen:
Die Inflation vernichtete alles.

Ernst war schlicht bettelarm und suchte nun nach dem
Examen händeringend nach einer festen Anstellung. Der
junge Arzt machte diverse Praxisvertretungen, mal verschlug
es ihn nach Barmen, mal nach Burgbrohl, dann nach Zittau
und Dresden.

Lilli absolvierte währenddessen ihr letztes Semester an der Universität Köln. Zusammen mit ihrer Freundin Liesel Auerbach besuchte sie ein Seminar des prominenten Psychatrieprofessors Kurt Schneider. Am 22. Januar 1924 berichtete sie Ernst davon – die beiden waren längst zum Du übergegangen:

Ich habe manches Anregende, Interessante, Geistvolle und Schöne gehört über Liebe und Mitgefühl. Meine Einstellung war heute nämlich eine besonders subjektive, und tausendmal habe ich Dich herbeigewünscht, um mit Dir darüber reden zu können. »Liebe ist Kampf. Ein Kampf um uns selbst, ein Kampf um den anderen«, so wurde wohl heute Jaspers rezitiert. Manchmal allerdings wurde mir dies phaenomenologische, psychologische Kleid zu eng, und ich mußte nach Luft schnappen, weil alles so kalt, so berechenbar ist. Nichts von Wärme, von Glut, von Leben – ich möchte ja Schneider oft mal an den Schultern packen und ihn schütteln: Du lebst – ja – aber Du erlebst nicht an und mit Dir und durch Dich selbst – und so auch heute. Ich weiß nicht, ob ich recht habe, aber ich mußte an die Kunst denken, an die Musik. Sie bringen uns doch viel mehr bei, was Liebe ist, wie sie lebt und bebt – nicht nur die Erotik meine ich. Und dabei steht mir das Mittelstück aus Rubens' Liebesgarten mit besonderer Deutlichkeit vor Augen. Aber schön war es doch, und man horcht gespannter in sich hinein und versucht sich selbst in seinen Beziehungen zu der geliebten Person vor sich hinzustellen. Aber ob es wohl gut ist, wenn man sich selbst so zersetzt und zergliedert?

Lilli mußte sich nun auf ihr Staatsexamen vorbereiten und wurde bald von Prüfungsängsten heimgesucht, wie sie Ernst am 29. Januar gestand:

Daß ich nur noch sechs Wochen Zeit habe, will mir gar nicht in den Sinn. Ich habe nun doch einen ziemlichen Druck und bin dabei nicht halb so leistungsfähig in der Arbeit, wie ich gerne möchte. Außerdem wird mir von verschiedensten Seiten die Hölle heiß gemacht, wie unklug es wäre, zu drei Juden ins Examen zu gehen. Ich bin ganz deprimiert darüber. Da ist doch nun nichts mehr zu ändern dran.

Als es dann aber soweit war, hellte sich ihre Stimmung erkennbar auf. Sogar während der Prüfungswochen arbeitete sie nebenbei im Israelitischen Asyl für Kranke und Altersschwache. Und am 11. April 1924 – Ernst war inzwischen nach Immenhausen bei Kassel weitergezogen und vertrat dort einen Sanitätsrat namens Keil, der ihm Hoffnung auf die Übernahme seiner Praxis machte – offenbarte sie ihm erste Pläne für eine gemeinsame Zukunft:

Mein Amadé, mein lieber kleiner Amadé,
heute morgen erhielt ich Deinen Brief mit Deinen lieben Osterwünschen und das wunderschöne Buch, mit dem Du mir eine sehr große Freude gemacht hast. Hab tausend innigen Dank, Lieb, wirklich, ich freue mich so sehr und will es auch ganz bald lesen.
12. 4.
Weiter kam ich gestern nicht mehr, und nach dem Abendessen war ich so todmüde, daß ich schon um

halb 10 Uhr schlafen ging. Und nun habe ich heute in
Vertretung von Fräulein Lobbenberg auf meiner Station
und der Privatabteilung Dienst gemacht. Und da ich zu
Hause doch nicht viel Ruhe haben werde, schreib ich noch
hier schnell an Dich.
Was wirst Du wohl heute tun, mein Lieb? Ich möcht,
ich hätt Dich hier und könnte Dir all Deine trüben
Gedanken ein wenig zerstreuen. Und nun muß ich noch
ein ganz ernstes Wörtchen mit Dir reden: Du bist ein
ganz hartnäckiger Gesell, und ich verbiete Dir hiermit
ein für alle Mal, Dir nur überhaupt noch irgendwie einen
Gedanken oder einen Vorwurf über Deine Einstellung zu
mir zu machen. Ich bin ja schließlich ein erwachsener
Mensch, weiß, was ich tue und bin mir über die Konse-
quenzen meines Handelns vollständig klar. Daß äußere
Dinge in meinem Leben eine Rolle spielen, weiß ich selbst
am besten, aber Du dürftest mich doch genau genug
kennen, um zu wissen, wieviel stärker mein Bedürfnis
nach geistigem als nach materiellem Reichtum ist.
Ach Du lieber kleiner Amadé, mach es Dir selbst und
uns beiden doch nicht so furchtbar schwer! Ich hab Dich
so lieb!! Du selbst hast mir oft gepredigt: »Mehr alles
hinnehmen, nicht so stürmisch sein«, und nun gebe ich
Dir dieselben Worte zurück. Warte doch erst mal ein paar
Monate ab und sprich bald einmal offen mit Sanitätsrat
Keil. Daß die Praxis vor Ostern stiller wurde, ist doch
ganz erklärlich – an den Feiertagen wollen die Leute nie
krank sein; Du wirst schon wieder genug zu tun kriegen …
Gewiß kann man von 100 Mark im Monat keine großen
Ersparnisse machen, aber das bleibt ja auch nicht so,
und einen Teil der Einrichtung krieg ich doch von meinen

Eltern mit. Sieh mal, eine eigene Praxis ist doch so gut
wie eine Kapitalanlage, selbst wenn hier augenblicklich
nicht viel flüssiges Geld vorhanden ist. Und bei meinen
Freunden Janssens sehe ich doch auch immer wieder, daß
man auch ohne Geld glücklich sein und mit wenigen
Mitteln einen Haushalt führen kann ...
Schreib mir bald, daß alles so bleibt zwischen uns. Willst
Du? Ich küsse Dich, Lieb, und danke Dir nochmals von
Herzen!

Deine Lilli

Noch am selben Abend machte sich Lilli an den nächsten
Brief, um Ernst über den Gang des Examens auf dem laufenden zu halten. Ihre Prüfer, darunter die Professoren Ferdinand Siegert, Erwin Thomas und Ferdinand Zinsser, schienen
sich allerdings eher um Fragen der Tagespolitik zu kümmern:

Mein herzlieber Amadé,
eben als ich von Siegert nach Hause kam, gab mir der
Briefträger Deinen Kartengruß; hab recht schönen Dank
dafür. Du bist sehr lieb, daß Du so oft schreibst; ich freue
mich jedesmal so sehr darüber.
Unser Examen geht doch nicht nach unserem Plan.
Gestern, Freitag, trafen wir Siegert nicht an, da er zu
sehr mit Reichstagswahlreden etc. beschäftigt ist. Bei
einer Reichstagswahlrede in Kalk haben ihn die Kommu-
nisten wahnsinnig angegriffen und ihm gedroht. Wenn sie
ihn kriegten, hauten sie ihn tot. Thomas war verreist,
und so mußten wir heute wieder hin. Nachdem er uns
die Bedeutung der Unglückszahl 13 und des Unglücks-
tages Freitag nach dem neuen Testament erklärt hatte

und uns eine Propaganda-Rede für die Deutsch-Völkischen gehalten hatte, geruhte er uns für Montag zu bestellen. Hoffentlich nimmt uns Zinsser nun am Dienstag noch für Mittwoch an. – Lilly Rothschild und ich fühlen uns sehr wohl, seitdem wir uns »emanzipiert« haben. Nun willst Du gewiß von der »Kassette« hören. Wir hatten noch eine schöne freudige Überraschung, da Schäferlein mittags unvermutet anrief – er war nach Köln gekommen, um sich nach uns umzusehen – und ging dann abends mit uns. Die Darbietungen waren unter aller Kritik, wir waren sprachlos und maßlos enttäuscht, weder Stil noch Esprit noch Künstlerisches – einfach platt und inhaltslos. Das Publikum auch nicht von dieser Qualität und Eleganz, wie immer geredet wurde.

Nachher wurde unten im Weinrestaurant bei ausgezeichneter Musik, herrlichem Tanzboden glänzend getanzt. Wir haben erst zugesehen und beobachtet, dann aber auch selber getanzt und wurden auch verschiedentlich von einem uns vollständig unbekannten Kavalier eines der Nachbartische aufgefordert, glänzender Tänzer mit fabelhaft guten Manieren, Alter Ende der 30, Typ: ehemaliger Offizier, allerdings ohne die übliche Blasiertheit und Verblödung. Jedenfalls fühlten wir uns recht wohl, wenngleich wir uns über die flache, geradezu infantile Musik und Tanzerei als den eklatantesten Ausdruck unserer Zeit durchaus im Klaren waren. Aber es war doch einmal sehr schön, und wir sind erst um drei Uhr nach Hause. Allerhand Leichtsinn in der Examenszeit, gell? ... Übrigens spielen wir so leise mit dem Gedanken, nach meinem Examen eine achttägige Fußwanderung über die Bergstraße zu machen. Dann ist alles in voller Blüte, und

außerdem soll es von da ja auch nicht so weit ins Hessi-
sche sein. Aber vorläufig sind das noch Luftschlösser ...
Ich hab ganz schrecklich viel dumme Sehnsucht nach
Dir, und es wird doch nicht besser, wenn ich Dir das
schreibe. Oft lese ich in Deinen Briefen – doch davon
ein ander Mal –, oder ich spiele Chopin. Der liegt mir
augenblicklich sehr. Ich grüße Dich von Herzen ...,
immer

Deine Lilli

Auch wenn die gemeinsam mit dem Studienfreund Schäfer
besuchte Aufführung der Sternheim-Komödie »Die Kassette« offenbar ein Reinfall war: Lilli ging nur zu gern
ins Theater, sie interessierte sich für Wedekind, Strindberg
und war begeistert von Bernard Shaw. Aber noch häufiger
besuchte sie Konzerte mit klassischer Musik. Und die Stars
der zwanziger Jahre gastierten alle im Kölner Gürzenich.
Lilli hörte Furtwängler mit der 7. Sinfonie von Beethoven
und jubelte danach: »Das ist meine Welt«. Sie erlebte Bruno
Walter und die Wiener Symphoniker mit Mozart und Mah-
ler, den Geiger Adolf Busch und den Pianisten Arthur Schna-
bel. Und die Matthäus-Passion, so berichtete sie am 21. April
1924, habe sie nun »wohl schon zum 10. Mal« gehört.

Sie selbst spielte zudem leidenschaftlich Klavier, neben
Chopin viel Mozart und Beethoven; mal begleitete sie ihre
Schwester Elsa, die Geige spielte, mal spielte sie zusammen
mit ihrer Freundin Änne vierhändig ganze Beethoven-Sinfo-
nien nach.

Vorrang hatte in diesen Tagen aber natürlich das Examen.
Lilli steckte mitten in den Prüfungen bei den Professoren
Külbs und Schneider. Külbs leitete das Augustahospital und

betreute später ihre Doktorarbeit, ein zwanzig Schreibmaschinenseiten starkes Werk »Über den Gesamtschwefelgehalt des Blutes, insbesondere der roten Blutzellen«.

Ernst arbeitete weiter in Immenhausen, die Frage der Nachfolge des Sanitätsrats Keil war jedoch noch immer ungeklärt. Und so erwog Ernst einen Umzug nach Honnef, wo sich offenbar eine neue Möglichkeit bot. Am 4. Mai 1924 ging Lilli auf diese Überlegungen ein:

Mein guter lieber kleiner Amadé,
immer freue ich mich auf den Augenblick, wo ich Zeit
und Ruhe habe, um an Dich schreiben zu können. So auch
jetzt ... Ist denn bei Euch auch nur so elend schlechtes und
trübes Wetter? Hier merkt man gar nichts von Mai und
Wärme und Sonne. Es ist direkt traurig!
Gestern sind wir nun endlich mit der »Inneren« fertig
geworden. Külbs ließ uns wieder drei Stunden warten,
prüfte uns neurologisch, verzapfte unglaublichen Blödsinn
und schrieb uns dann »bestanden«. Also wieder eine Station weniger. Jetzt geht's mit Dampf an die Pharmakologie.
Gestern nachmittag und abend war Änne bei mir. Wir
haben viel geplaudert mit Mutti, nachher lange vierhändig gespielt und noch einen gemütlichen Abend gehabt ...
Meine Eltern lassen Dich recht herzlich grüßen. Und
wenn Du Ende Mai herkommst zwecks Deiner Übersiedlung nach Honnef und Dir Dein Zimmer nicht zur
Verfügung steht, so bitten Dich meine Eltern sehr, doch
die paar Nächte bei uns zu wohnen. Überleg es Dir!
Daß Du herzlich willkommen bist, brauche ich Dir ja
nicht besonders zu betonen!

Am Freitag im Gürzenich war es herrlich schön. Dieser Italiener hat eine fast unglaublich schöne Stimme, wunderbar weich, reich modulationsfähig und warm. Rein musikalisch hat es mir weniger gegeben, da diese italienische Musik doch manchmal recht trivial und äußerlich ist. Der äußere Rahmen war prächtig; der ganze alte Gürzenich-Stamm war vertreten. Man kennt einander ja von all den Konzerten. Sehr viel Vornehmheit und Reichtum und gediegene Eleganz. Wir haben uns sehr wohlgefühlt.

Morgen ist Semester-Beginn. Schneider traf gestern Fräulein Rothschild und hat lange mit ihr bei Bremer gesessen und sich nach uns allen erkundigt. Er meinte, wenn Fräulein Auerbach, Fräulein Rothschild und ich nicht mehr ins Kolleg kämen, außer Herrn Schaefer würde er wohl kaum mehr Hörer haben. Ich werde wohl am Dienstag abend von 6–7 Uhr in seine Vorlesung gehen. Ich freue mich wieder sehr auf die Stunden bei ihm. Allmählich bekommen wir ja auch ein wenig persönlichen Konnex mit ihm. –
Gleich gehe ich »wählen«. Diese ganze elende Judenhetzerei des Rechtsblocks veranlaßt mich doch, meine Stimme abzugeben. Es bleibt uns nichts anderes übrig als demokratisch zu wählen. Am liebsten würde ich noch mehr links wählen.

Der Vater drängt mich, ich muß schließen. Ich umarme Dich von Herzen und geb Dir einen lieben, lieben Kuß,

Deine Lilli

Die Reichstagswahl vom 4. Mai 1924 brachte nicht das von Lilli gewünschte Ergebnis. Der Rechtsblock verzeichnete kräftige Stimmengewinne, die erstmals kandidierenden

Nationalsozialisten zogen auf Anhieb mit 32 Mandaten in den Reichstag ein. Daß Lilli die linksliberale Deutsche Demokratische Partei wählte, war im übrigen wohl ein Zugeständnis an den Vater. Ihre eigenen Sympathien galten eher der SPD, zumal sich ihr großes Vorbild, Geheimrat Auerbach, zum Sozialismus bekannte. Die Erfahrungen, die sie als Praxisvertreterin in Kölner Arbeiterstadtteilen sammelte, ließen sie im Laufe der Zeit politisch immer weiter nach links rücken. »Als ich am Sonntag plötzlich in ein Haus mit mehr als 30!!! Familien kam«, so gestand sie einige Monate später, »verstand ich besser als je, daß man Kommunist werden kann.«

Ernsts Pläne, Immenhausen zu verlassen, zerschlugen sich bald. In seiner depressiven Stimmung suchte er Halt bei alten Freunden und vor allem Freundinnen – für die Beziehung zu Lilli eine erste, schwere Belastungsprobe. Sie vermutete sofort, daß ihn ihre jüdische Herkunft abstoßen könnte. Am 24. Mai 1924 stellte sie Ernst deswegen zur Rede:

Lieb – ich muß ehrlich sein, selbst wenn es Dir sehr weh tut – so sehr ich mich für Dich freue, daß Du ein paar Tage mit Hanne zusammen bist – aber auf die Dauer wirst Du mir dadurch fremd werden, ganz bestimmt. Dann kommt wieder das Andere, diese Welt, an der Du mich nie teilnehmen ließest, vielleicht aus dem Gefühl heraus, daß ich nicht hineinpaßte. Was soll aus uns werden, Amadé, die Sinne allein überbrücken diese Kluft nicht, und man friert innerlich hinterher um so mehr. – Meine Verfassung ist traurig, ein Chaos. Alte Konflikte sind wieder wach. Ich war heute früh in der Synagoge. Mich packte ein Ekel und eine Wut über alles und mich selbst.

Ernsts Reaktion läßt sich nur indirekt aus Lillis nächsten Briefen erschließen. Offenbar versuchte er sie zu beruhigen und zu besänftigen. Im Laufe des Sommers klärte sich das Verhältnis der beiden vorerst. Und Lilli schlüpfte wieder ganz in die Mutterrolle, besorgt um das Wohl ihres »kleinen Amadé«.

Den plagten heftige Geldsorgen. Die Praxis in Immenhausen lief schlecht, an eine Unterstützung durch Lillis Eltern war nicht zu denken. Sie selbst verkaufte in ihrer Not ein paar Kupferstiche – das Stück für fünf Reichsmark – und half damit Ernst: »Ich schicke Dir also das Geld, bitte keinen Dank. Der Gedanke, Dich in Geldsorgen zu wissen, ist mir zu schmerzlich«, gestand sie ihm am 4. Juni. Und es blieb nicht bei dieser einen Geldspende. Sie tat, was sie konnte, um ihren Amadé glücklich zu machen.

»Versteh' doch, wer ich bin!«
Ärztin, Ehefrau und Mutter zugleich?

Auch für Lilli war der Start ins Berufsleben keineswegs einfach. Eine Festanstellung im von ihr so geschätzten Asyl bot sich nicht an, sie wurde immer wieder nur für ein paar Wochen eingesetzt. Beharrlich absolvierte sie eine Reihe von Vorstellungsgesprächen bei diversen Kölner Sanitätsräten. Zunächst mußte auch sie sich mit Praxisvertretungen begnügen, verzeichnete aber immerhin – anders als Ernst – einen erheblichen Zulauf an Patienten. Am 4. November 1924 berichtete sie ihm von ihrer Arbeit in einer Kölner Praxis:

Mein lieber kleiner Amadé,
heute bin ich also schon 14 Tage hier ... Die Sprechstunde
war mal wieder rasend voll, von halb 3 Uhr bis kurz vor
6 Uhr. Zum Glück habe ich fast keine Besuche mehr zu
machen; hoffentlich werd ich nicht mehr gerufen.
Ich will Dir heute nochmals herzlich danken für Deine
feinen Briefe, die ich gestern ja nur nüchtern und eilig
beantworten konnte.
Die Auszüge aus der Ricarda Huch haben mir viel Freude
gemacht und mich veranlaßt, Dir darauf einiges zu erwi-
dern. Die Verwandtschaft und Beziehungen der Künste
untereinander hab ich schon oft empfunden und bin dem
sehr gerne nachgegangen. Und nicht nur das, Du weißt ja
selbst, wie oft ich ein Erlebnis oder einen Menschen sogar
irgendwie musikalisch empfunden habe. Und das, was
Tieck über Michelangelo etc. sagt, hab ich ganz evident
immer wieder in Italien empfunden. Ach, nun wünsche ich

mir die Ruhe, die Umgebung, die Schreibweise und Aus-
drucksmöglichkeit wie eine Rahel Varnhagen, eine Caroline Schelling, um Dir so recht von allem erzählen zu
können. Wir bewegen uns übrigens literarisch in der gleichen Zeit, Du und ich, denn abends im Bett lese ich oft
noch mal ein oder zwei Briefe der Caroline Schelling. Die
bekommst Du später mal von mir.

Und was nun Schlegel über das Verhältnis zur Musik
sagt, so pflichte ich ihm durchaus bei. Im umgekehrten
Verhältnis zum Beispiel habe ich besonders Bergsons Philosophie als köstliche Musik empfunden – nicht allein
durch die Sprache. Die Musik hat genauso ihre Idee wie
die Philosophie, und beide – Musik wie Philosophie –
einer gemeinsamen Zeit weisen gewisse Ähnlichkeiten auf.
Ohne über all das nachgedacht zu haben, passierte mir
letztens im Gürzenich, daß ich beim Hören eines modernen Russen (Prokofjew) mich heldenhaft bemühte, mich
mit dieser und anderer moderner Musik auseinanderzu-
setzen, und dann ganz plötzlich zur Änne sagte, ich
hätte das Gefühl, als ob auch hier der alte Gottesgedanke
gestorben sei – nicht im Sinne irgendeiner Religionsfor-
mel, sondern des kosmischen Gottesgedankens überhaupt.
Verstehst Du, was ich meine? Und da war ich also ganz
intuitiv von der Musik zur Philosophie gelangt.
Wunderst Du dich, dies alles von mir zu hören, nachdem
ich Dir kürzlich erst sagte, wie ich Musik höre, koste,
erlebe? Aber das hat gar nichts damit zu tun, denn diese
Betrachtungen sind ganz im Unterbewußten und kommen
erst viel später zur Oberfläche. – Hast Du in Spanien das
Schloß Escorial gesehen? Ich las in der Kölnischen Zeitung
eine so ausgezeichnete Skizze darüber.

Vorhin habe ich mit zu Hause telefoniert. Vater fährt
erst nächste Woche. Das freut mich. Sag, Lieb, weißt Du
vielleicht, in welcher Freimaurer-Loge Dein Vater gewesen
ist in Hamburg? Es gibt nämlich verschiedene, und es
würde meinen Vater interessieren.
Wie geht es Dir sonst, mein Guter? Hast Du viel Arbeit?
Schreib mir bald wieder einen so lieben Brief und erzähl'
mir von Deinen Büchern und Gedanken ...

Deine Lilli

Ernst hatte 1924 seine Halbschwester Grete in Spanien
besucht, die aus der ersten Ehe seines Vaters stammte. Lilli
wollte nun die Gelegenheit nutzen, ihren Vater für Ernsts
Familie zu interessieren, und sah in dem gemeinsamen Interesse an der Freimaurerei einen möglichen Anknüpfungs-
punkt. Sie selbst war mit Josef Schlüchterer immer wieder in
der Loge gewesen, zum Beispiel bei einem Vortrag über den
jüdischen Philosophen Spinoza. »Manches fand Anklang bei
mir«, erklärte sie später im Hinblick auf die pantheistischen
Anschauungen des Niederländers.

Auch Lilli hatte Reisepläne, im Frühjahr 1925 wollte sie
erneut nach Italien fahren, diesmal zusammen mit einer
Freundin nach Florenz. Doch in Köln hing der Haussegen
schief, Schwester Elsa hatte sich in einen jungen Mann verliebt – in den falschen, wie die Schlüchterers sicher zu wissen
glaubten. Am 1. März 1925, kurz vor ihrer Abreise nach Florenz, notierte Lilli noch schnell den Stand der Affäre:

Nun, der Hans war hier und hat um ihre Hand angehal-
ten. Abgesehen davon, daß er meinen Eltern ebensowenig
gefällt wie mir, hat er keine Existenz ...

Meiner Mutter ist es furchtbar, daß er kein Jude ist, und
seit Tagen liegt sie mir in den Ohren »wenn Du es nur
nicht genauso machst«.
Es ist halt verständlich, Amadé – und nicht ganz leicht
für mich –, aber trotzdem, »der Mensch« ist doch die
Hauptsache und nicht seine »Religion«. Aber es ist mir,
wie gesagt, nicht ganz wohl zu Mute. Mein Vaterle
kommt tausendmal leichter drüber weg. – C'est la vie ...
Heute in acht Tagen sind wir also in Florenz – ach wie
sich Deine Lilli freut! Wenn sie Dich nur mitnehmen
könnte.

Von Elsas Sorgen unbeeindruckt vertraute Lilli nach ihrer
Rückkehr aus Florenz ganz auf eine gemeinsame Zukunft
mit Ernst. Nicht einmal dessen Liebe zu einer anderen Frau
konnte sie in dieser Gewißheit irritieren. Ernst kannte Annekathrin schon länger als Lilli, die Beziehung der beiden blieb
im Grunde ungeklärt. Erst im Laufe des Jahres 1925 sagte
sich Annekathrin von Ernst definitv los, möglicherweise mit
Rücksicht auf Lilli; Ernsts erste große Liebe heiratete einen
anderen – was den Verlassenen erneut in Depressionen stürzte.
Tatsächlich existieren aus den Jahren 1922 bis 1925 noch
heute etwa 50 Liebesbriefe Ernsts an Annekathrin; etwa 150
Briefe der Angebeteten aus den Jahren 1922 bis 1927 finden
sich ebenfalls in seinem Nachlaß.
Offensichtlich war Lillis Liebe zu Ernst eine zuweilen ein-
seitige Angelegenheit. Andererseits schien er emotional sehr
verwirrt und lieferte ihr durchaus immer wieder eigene Lie-
besbeweise. Lilli wußte von der Rivalin und bot ihm nun, am
27. März 1925, in einem sehr persönlichen Brief Hilfe in seiner desolaten Gefühlslage an:

Mein geliebter Amadé,

*eine ganz ruhige Stunde hab ich mir genommen, um mit
diesen Zeilen zu Dir zu kommen, und nun nehm ich
meinen Amadé in den Arm und küß ihn fein und still
und hab ihn herzlich, inniglich lieb und sag ihm all meine
treuen Wünsche zum Geburtstag. Möge Dir das zweite
Vierteljahrhundert Deines Lebens viel Sonne und Frohsinn
und innerste Zufriedenheit und Ruhe bringen, und mögest
Du trotz aller Wolken und aller Schmerzen immer wieder
Dir bewußt werden, wie groß, wie stark, wie wunderbar
das Leben ist!!*

*Und nun bin ich auch soweit, um Dir, mit aller Ruhe und
vollkommenster Gewißheit auf Deinen Brief zu meinem
Geburtstag zu antworten. Du lieber Amadé, ich bleibe
bei Dir! Ich weiß ganz genau, was ich tue und was
das heißt, und soweit man diese Dinge verstandesgemäß
behandeln kann, hab ich sie bedacht und überlegt. Und
als ich Deinen Brief empfing, war ich stark aus dem
Gleichgewicht geraten durch einen Menschen, der mir
unendlich viel geben kann und dem ich mich innerlich
stark verwandt fühle, durch Maler Kroh.*

*Wir sind uns sehr nahe gekommen, und dann hab ich ihm
von Dir erzählt, und da hat er, obwohl es ihm selbst nicht
sehr leicht fiel, aus dem Gefühl heraus, daß es nicht sein
dürfe, alles getan, um mir und auch sich zu helfen und
mich wieder zurückzubringen und mir die Ruhe wieder
zu geben, die er mir genommen hatte. So dankbar ich
ihm dafür war, so sehr hab ich unter diesem Zwiespalt
gelitten.*

*Aber daß ich Dir davon heute schreibe, mag Dir Beweis
genug sein, daß ich damit voll und ganz abgeschlossen*

habe und es nunmehr als ein schönes Erlebnis betrachte,
um das mich das Leben bereicherte. Wir haben uns seit
meiner Reise nicht mehr gesehen. Und wenn ich ihm
wieder begegnen sollte, werde ich ruhig sein.
Und auf der Reise habe ich ohne viel Denken wieder ganz
stark gefühlt, wie lieb ich Dich habe, und mein Herz,
mein Sein, mein Ich hat »ja« gesagt zu Dir, und wenn Du
mich so nehmen willst, wie ich bin, Amadé, dann nimm
mich, und all mein Fühlen und Lieben soll Dir gehören,
und ich will dankbar und zufrieden sein mit dem, was Du
mir gibst und will immer versuchen, Dir den Schmerz um
Annekathrin zu lindern und tragen zu helfen.
Und daß ich Jüdin bin, lieb Amadé!!!, das werd ich immer
ganz bewußt bleiben, und nichts wird mich herausreißen
und entwurzeln können aus der Gemeinschaft meiner
Väter. Mehr bang ist mir um meine Eltern, die doch sicher
darunter leiden werden und denen ich schweren Herzens
diese Enttäuschung bereite. Aber ich kann nicht anders!
Und dann hab ich Sorge, ob nicht Dir die Ehe mit einer
Jüdin in Deinem Beruf und Deinem Vorwärtskommen
Schwierigkeiten bereiten wird, und ich bitte Dich von
Herzen, mir mit aller Offenheit darauf zu antworten.
Was nun die Zukunft angeht, über die Du im letzten Brief
klagtest, mein Lieb, so weiß ich wohl, wie schwer für Dich
die Einsamkeit dort ist, aber sollte Dir die Gewißheit, in
Annekathrin und mir zwei Menschen zu haben, die, wenn
auch nicht äußerlich, so doch innerlich, ganz, ganz nahe
bei Dir sind und Dich nie im Stiche lassen und immer
da sind, wenn Du sie brauchst und rufst, sollte diese
Gewißheit nicht unendlich viel wert und besänftigend und
beruhigend sein!! Ich meine halt, ja!

*Und das Äußerliche! Vergiß doch nicht, wieviel weiter Du
nun schon gekommen bist und daß die Zukunft doch nicht
mehr ein Chaos ist und Du doch ein festes Ziel hast, auf
das Du steuerst.*

*Schließlich holst Du Dir doch eine Frau, die wenigstens
in den ersten Jahren mitarbeiten wird, und ich denke mir,
daß Du doch Ende dieses Jahres mit meinen Eltern reden
kannst und wir dann wieder einen großen Schritt weiter
gekommen sind. Gell, mein Amadé? Und wenn Du wieder
trübe Stunden hast, dann denk daran, daß eine gar nicht
ferne Zukunft viele Deiner Wünsche erfüllen wird und
auch Deine Lilli-Frau dafür arbeitet und sich sehr nach
ihrem Amadé sehnt. —*

*Ich werde mich tüchtig in Innerer, Kinder und Frauen
ausbilden und mich dann als praktische Ärztin für Frauen
und Kinder niederlassen mit Dir zusammen. Meinst Du
nicht, daß das so richtig ist? ...*

*Ich freue mich so sehr auf den Frühling! Auf meinem
Schreibtisch stehen so schöne gelbe Osterglocken, und
mein Zimmer duftet ganz stark nach Hyazinthen, die mir
Mutti zum Empfang geschenkt hat. Wie gerne brächte
ich Dir einen Strauß voll duftender Frühlingskinder zum
Geburtstag. Die Tasse, die hoffentlich heil in Deinen
Besitz gekommen ist, stammt aus Florenz aus einer alten
italienischen Porzellanmanufaktur, sie soll auch Dir eine
Erinnerung sein an meine Reise. Die Reproduktionen und
Karten sind auch Italiengrüße, und nicht zuletzt soll die
kleine Gotik eine Geburtstagsfreude sein. Mir hat sie arg
gut gefallen. –*

*Übrigens ist in den Blauen Büchern ein neuer Band
erschienen, Deutsche Holzschnitte bis zum Ende des*

16. Jahrhunderts, ganz wundervoll, und ich hab es uns
gekauft für unsere gemeinsame Büchersammlung, möchte
es nur gerne noch etwas behalten.
Und nun leb wohl mein Amadé. Nimm auch von meinen
Eltern Glückwünsche und Grüße ... Glück und Segen,
Deine Lilli

Dieser Brief sollte einen Schlußstrich unter den Liebeskummer der vergangenen Monate setzen. Doch Ernsts Lage war zu verworren. Er machte Lilli wiederum Vorhaltungen, verglich sie mit anderen Frauen und warf ihr ihre intellektuelle Selbständigkeit vor. Sie antwortete auf diese Kritik postwendend am 3. April:

Aber Amadé, lieber guter Amadé, willst Du mich denn
so, wie ich bin? Ändern kann ich mich nicht und Du
mich nicht. Einen schlichten, einfachen Menschen wie
die Hanne zum Beispiel kannst Du nicht mehr aus mir
machen. Nach Ruhe und Klarheit strebe ich selbst und
will sie erreichen, und alles Frauliche und Mütterliche
in mir halte ich hoch und heilig und pflege es als mein
Schönstes und Bestes. Wie soll ich Dir nur erklären, was
ich sagen will? Schau, das Liebliche und Sanfte liebe ich
auch sehr, aber es erfüllt mich nicht ganz ... Aber ich liebe
heiß den Michelangelo, ich erglühe für den Faust, mich
packt nichts so arg wie Bach und Beethoven, wie das Meer
und die Alpen. Das Große, Grenzenlose, Erhabene!! Das
Ewige im Werden und Geschehen, mag es alt oder neu
sein. Und auch mit Kunst und Literatur der Gegenwart
muß ich mich auseinandersetzen. Ob Du mich begreifst?
Du kannst doch das Temperament, das Du bei mir auf der

einen, der physischen Seite so liebst, auf der anderen, der
psychischen nicht nicht wahr sein lassen wollen! Versteh
mich doch, und versteh, daß ich natürlich in Extremen
rede, nur um Dich verstehen zu lassen, was und wie und
wer ich bin. Ach, Lieb, sei nicht böse, aber irgendwie
hatte und hab ich Angst, Du wolltest dies und jenes in
mir ersticken und anderes dafür großziehen. Ja, und dann
wäre ich doch nicht mehr ich!!

Im Grunde versuchte das junge Paar, sich gegenseitig zu erziehen. Ernst wollte aus Lilli eine weniger intellektuelle, mehr mütterliche Gefährtin machen, Lilli wiederum wollte Ernsts zu depressiven Stimmungen neigende Natur kurieren. Noch sah jeder in seinem Gegenüber die Möglichkeit, aus ihm einen anderen zu machen.

Unterdessen hatte Lillis Schwester Elsa bereits einen Heiratsantrag erhalten – von ihrem geliebten Hans, den die Schlüchterers nach wie vor nicht akzeptierten. Der junge Mann galt als Hallodri, außerdem war er nun einmal kein Jude. Am 10. April 1925 berichtete Lilli vom vorläufigen Ende dieser Affäre:

Du fragst nach Elsa. Ja, Vater hat den Antrag von Hans
W. nun abgelehnt aus triftigen und nur zu verständlichen
Gründen, die sie allerdings nicht einsehen will. Sie leidet
sehr darunter und meint, es nie verwinden zu können. Bei
ihrer zähen und hartnäckigen Natur fällt es ihr gewiß
sehr schwer.

In der Mitte der zwanziger Jahre schien sich die politische Lage der Weimarer Republik endlich zu stabilisieren. Doch

mit dem Tod des ersten Reichspräsidenten, des Sozialdemokraten Friedrich Ebert, im Februar 1925 geriet dieses Gleichgewicht schon wieder in Gefahr.

Ein Nachfolger mußte gewählt werden, und im zweiten
Wahlgang standen für Lilli nur noch zwei Kandidaten zur
Debatte, die sie aber im Grunde beide ablehnte: der Welt-
kriegs-General von Hindenburg, der Kandidat der Deutschnationalen und der Nationalsozialisten, und der Zentrums-
politiker Wilhelm Marx, der auch von den Liberalen und
Sozialdemokraten unterstützt wurde. Der dritte Kandidat,
der Kommunist Ernst Thälmann, kam für sie überhaupt
nicht in Frage. Am Wahltag, dem 26. April, schrieb sie noch
schnell einen Gruß:

Nachher werde ich wählen gehen – Herrn Marx – von
zwei Übeln das kleinere. Nicht als ob ich gegen diese bei-
den Persönlichkeiten Gründe hätte. Aber die Parteien, die
hinter ihnen stehen! Und da ich als Jüdin meine Stimme
doch den Deutschnationalen nicht gut geben kann, so
bleibt mir nur das Zentrum. Schade, daß diese Leute so
wenig waschecht sind und so gerne – mehr als andere –
ihr Mäntelchen nach dem Winde hängen.

Doch Lillis Kandidat verlor. Hindenburg setzte sich mit
knappem Vorsprung durch – ein fatales Wahlergebnis. Denn
der greise Generalfeldmarschall erwies sich später als unfä-
hig, Adolf Hitlers Aufstieg zu verhindern.

Wie sehr die jüdische Herkunft ihre politischen Orien-
tierungen, ja ihr ganzes Weltbild prägte, wurde Lilli damals
immer mehr bewußt. Zuweilen war es allerdings auch nur
eine emotionale Betroffenheit, die sich bemerkbar machte –

so beim Besuch einer Ausstellung im Kölner Kunstverein
Anfang Mai 1925:

Es ist eine Ausstellung eines Russen, eines Juden Marc
Chagall. Sehr phantasievoll, starke Farbenfreudigkeit und
dennoch eine ungeheure Tragik. Vieles von ihm hat mir
sehr gut gefallen, seine Bilder sprechen zu mir, während
ich das von modernen Künstlern sonst nur wenig behaup-
ten kann. Liegt es daran, weil er Jude ist? Er ist aber
nicht nur modern und revolutionär, er ist auch Russe; und
wie es mir oft beim Lesen russischer Dichter zumute ist,
als krampfe sich mir das Herz zusammen, so auch beim
Betrachten dieser Bilder.

Der Besuch von Ausstellungen und Konzerten lenkte Lilli
immerhin ein wenig von den Schwierigkeiten des Berufs-
einstiegs ab. Nun lag ihr Examen schon ein Jahr zurück,
auch die Promotion war längst geschafft – und das »Fräulein
Doktor« suchte immer noch nach einer Ausbildungsstelle
zur Fachärztin. Sie bewarb sich im Kinderkrankenhaus in
der Kölner Buschgasse, ihr Hallenser Onkel machte ihr vage
Hoffnungen auf eine Assistentenstelle in Berlin, aber nichts
war entschieden. Entmutigt und etwas ratlos berichtete sie
Ernst am 1. Mai von ihren Erkundigungen:

Mein lieber Amadé,
heute bin ich den ganzen Vormittag herumgelaufen, ohne
Erfolg bisher. In der Buschgasse war man sehr freundlich,
aber vor nächstem Jahr ist nichts zu wollen. Dann bin ich
zu ... Fräulein Dr. Franken. Auch sie riet mir, wenn ich
an eine andere Frauenklinik kommen könnte, doch lieber

dorthin zu gehen ... Nun ist guter Rat teuer. Was soll ich tun? Vielleicht fahre ich mal zu Pankow nach Düsseldorf. Ich entbehre es unsagbar, daß Du nicht hier bist und ich gar nicht richtig mit Dir überlegen kann. Das sind doch alles Dinge, die für die Zukunft von so ausschlaggebender Bedeutung sind. Ach weißt Du, diese Ausbildung als praktischer Arzt ist so lückenhaft: »etwas« Innere, »etwas« Kinder, »etwas« Frauen, das ist alles so halb und läßt mich so unbefriedigt. Du wirst mir zur Antwort geben, Du hättest es ja auch nicht anders gemacht. Das stimmt ja schon, aber ich glaube, ich wäre viel befriedigter, wenn ich in einer Disziplin eine gründliche Ausbildung hätte.

Und dann die Möglichkeit, daß ich in Immenhausen auch noch eine Praxis machen könnte, erscheint mir so unwahrscheinlich und vage. Schau, mein Lieb, ich weiß sehr wohl, meine ersten Pflichten liegen auf einem ganz anderen Gebiet: Frau und Mutter – aber dieser materielle und geistige Aufwand des Studiums – soll der umsonst gewesen sein? Dann müßte ich heute Schluß machen. Es ist mir halt ein Ding der vollkommenen Unmöglichkeit, pro forma noch ein bis zwei Jahre auf Kosten der Arbeitskraft und Gesundheit meines Vaters die Medizinerin zu spielen, wenn ich doch genau weiß: Du hängst Deinen Beruf über kurz oder lang an den Nagel. Das kann ich nicht!! Darüber mußt auch Du Dir klar sein. Das ist ja alles so schwer und will auch jetzt entschieden sein, und das so ganz alleine und ohne Aussprache mit meinen Eltern und mit dem Menschen, für den man lebt und da sein will. Schau mal, wäre es denn kein vernünftiger Gedanke, ich ginge doch nach Berlin, würde Kinderärztin und über-

nähme später die Praxis meines Onkels in Halle? Und
Du sparst tüchtig – denn Deine Angst mit der erneuten
Entwertung ist doch sehr unbegründet – und läßt Dich
dann in Halle nieder. Das geht doch bei so vielen jungen
Ärzten, warum soll Dir das nicht glücken. Und schwie-
riger als noch auf Jahre hinaus eine ganze Familie in
Immenhausen mitzuernähren, ist das gewiß nicht.
Irgendwie müssen wir doch jetzt zu einem Entschluß
kommen, überleg Dir alles gut und gib mir bald *Antwort.*
Ich kann nicht mehr lange so herumschwanken. Und ich
meine halt, diese Lösung ist nicht so ganz von der Hand
zu weisen, abgesehen von der Möglichkeit, in einer größe-
ren Stadt leben zu können; denn wenn ich auch auf die
Vorteile einer Stadt verzichten könnte, weil ich Dich so
sehr lieb habe, Du brauchst das geistige Leben ebensosehr
wie ich. Aber wie gesagt, das sind die letzten Gründe, die
ich in die Waagschale werfe. Ausschlaggebend für mich
sind die mißlichen und für mich jedenfalls aussichtslosen
Verhältnisse in Immenhausen.

Hier bricht der Brief ab, ein weiteres Blatt ist nicht erhalten.
Lillis Vorbehalte gegen Immenhausen wurden in dem Maße
stärker, wie sich Ernst dort mehr und mehr einrichtete. Seit
Februar 1925 hatte er in Immenhausen seinen Wohnsitz offiziell angemeldet. Und Lilli mußte davon ausgehen, daß eine
Niederlassung für sie persönlich dort schon deswegen kaum
erfolgreich sein konnte, weil das damals etwa 2300 Einwoh-
ner zählende Städtchen nicht einmal Ernsts Praxis genug
Zulauf verschaffte.

Hinzu kamen sicher noch weitere Einwände ihres zukünftigen Mannes. Die Aussicht, daß die eigene Ehefrau einen

ebenbürtigen beruflichen Status einnehmen könnte, muß für Ernst äußerst gewöhnungsbedürftig gewesen sein. Und schwerwiegender noch: Lilli besaß, im Unterschied zu ihm, sogar einen Doktortitel. In einer Großstadt wie Köln mochte das noch angehen, aber in einem Nest wie Immenhausen? All das dürfte Ernst nie so offen ausgesprochen haben. Wahrscheinlich zog er sich vielmehr auf die damals immer noch allgemein gängigen Vorbehalte gegen das sogenannte Frauenstudium zurück. Diese Vermutung jedenfalls legt Lillis für ihre Verhältnisse geradezu wütender Brief vom 6. Mai 1925 nahe:

Mein lieber Amadé,
jetzt weiß ich gar nicht mehr, was ich tun soll und was
auf Deinen Brief antworten. Wenn ich mir auch stets
denken konnte, daß ich nicht mein Leben lang Praxis
ausüben werde und eines Tages andere und wichtigere
Pflichten mich in Anspruch nehmen würden, so ist doch
durch Deinen Brief diese Frage sehr akut geworden und
hat diesen Konflikt ziemlich heftig bei mir ausgelöst.
Und verzeih, Deine etwas schroffe Art hat mich etwas
verletzt, dieses »entweder – oder«. Allerdings denke ich
heute schon etwas ruhiger darüber als gestern. Ich kann
Dich so gut verstehen und begreife vollkommen, was Du
willst und wie Du mich haben willst, aber lieb, lieb
Amadé, ein klein wenig mußt Du doch auch mir Rech-
nung tragen und meiner Veranlagung und Einstellung.
Und Du kannst sagen, was Du willst, und über das
Frauenstudium denken, was Du willst: Ich habe nie aus
Spielerei studiert, und je länger ich in meinem Beruf
stehe, um so mehr hänge ich daran, um so schwerer wird

mir der Gedanke, später gar nicht mehr darin arbeiten
zu können.
Ich kenne alle Deine Einwände und weiß, wie berechtigt
sie sind – aber das hilft mir doch nicht über diesen
Zwiespalt hinweg. Ach, ich wünschte so sehnlichst, Du
wärest hier – ich glaube ein Tag wie im vorigen Sommer
hülfe mir weiter als all Deine Briefe eines ganzen Jahres.
Amadé, ich bin doch so gerne Ärztin, so furchtbar gerne,
trotz aller deprimierenden Unzulänglichkeit und leider so
häufigen Ohnmacht unseres Berufes. –
Und wer wüßte es denn besser als Du, daß ich trotzdem
kein Blaustrumpf bin? Daß ich Frau in aller erster Linie
bin und – ach, ich kann das nicht alles schreiben! Aber
Du sollst nicht mit einer solchen Handbewegung über
Dinge hinweggehen, die ein Teil meiner Selbst geworden
sind. Und das hat wehgetan. –
Was nun meine eigene Situation angeht, so werde ich
jetzt doch nicht mit meinem Vater sprechen, weil durch
die ganze Sache mit Elsa der Zeitpunkt sehr ungünstig
ist ... Und wenn Du darauf bestehst, daß ich mit dem
Augenblicke meiner Heirat der Medizin Adieu sage, dann
ist der Plan mit Halle ja hinfällig, da ich ja in der
Hauptsache mit der Praxis meines Onkels rechnete. Ich
will Dir in Deine Pläne überhaupt nicht mehr dreinreden
und erst einmal abwarten, was Deine Auseinandersetzung
mit Keil ergeben wird ...
Heute ist das Schumann-Konzert; erst hatte ich mich
so darauf gefreut, und nun hab ich gar keine rechte
Stimmung dazu. Mutter und Elsa gehen auch mit.
So mein kleiner Amadé, schreib mir bald wieder und sag
mir, daß Du mich verstehst in dem, was ich Dir heute

sagte. Und sag, ob Du mich trotzdem lieb hast, ja?
Ich hab viel Sehnsucht nach Dir!
Alles Liebe und Zärtliche!

Deine Lilli

Ernst war mit den Nerven am Ende: Lillis Beharrlichkeit
setzte ihm zu, die Verhandlungen um die Übernahme der
Immenhäuser Praxis mit Sanitätsrat Keil zogen sich hin,
und schließlich war da immer noch der große Kummer
über die gescheiterte Liebe zu Annekathrin. Lilli traf sich
in diesen Wochen sogar mit ihrer Konkurrentin, fand die
junge Frau nicht einmal unsympathisch, erfuhr jedoch von
ihr ziemlich erschreckende Nachrichten aus Immenhausen:
Ernst sei hochgradig nervös und in übler Verfassung. Am
20. Mai gestand sie ihm, daß sie von dem Lagebericht, den ihr
Annekathrin gegeben hatte, sehr beunruhigt sei:

So hat es mich doch erschüttert, daß Du Deine 30 bis 40
Zigaretten täglich rauchst. Amadé, Du warst doch sonst
so mäßig und vernünftig!! Und unfaßlich ist mir, daß Du
Morphium nimmst gegen Deine Schlaflosigkeit!! Amadé,
Du als Mediziner, wo Du doch genau die Folgen all dessen
kennst. Ich bitte Dich flehentlich, tu es nicht mehr.

»Und sind die Wasser auch noch so tief!«
Die Eltern wollen Lillis Ehe mit Ernst verhindern

Die Elsa-Affäre war zwar immer noch nicht ganz ausgestanden, doch schon wegen der nervlichen Zerrüttung von Ernst duldete die heikle Frage nun keinen Aufschub mehr: Lilli mußte endlich ihre Eltern in ihre Heiratspläne einweihen – zumal denen die intensive, fast zweijährige Korrespondenz nicht verborgen geblieben war. Und Lilli hoffte sehr, ihren Vater überreden zu können. Am 29. Mai 1925 schrieb sie an Ernst:

Ich bin beinahe fest überzeugt, daß er trotz mancherlei Einwänden und Gegengründen nie ein so energisches Veto einlegen wird wie bei der Elsa, weil er immer sein ganzes Vertrauen in mich gesetzt hat und immer wieder betont: Die Lilli geht ihren Weg und wird ihn schon recht gehen. Ich sehe in meinem Vater immer mehr einen Freund, und aus diesem Gefühl heraus werde ich zu ihm reden.

Am nächsten Tag war es dann so weit, sie sprach mit Vater und Mutter, und am 31. Mai lieferte sie Ernst einen detaillierten Bericht:

Mein herzliebster Amadé, Du,
also, der erste Schritt ist gewagt und getan, ich habe gestern nach Tisch mit meinem Vater gesprochen und gestern abend mit Mutter. Ich selbst war äußerlich vollkommen ruhig, beherrscht und klar. Vater und ich haben nicht viele Worte gebraucht. Er sagte mir: Von all Deinen Kollegen

und Bekannten ist mir Herr Jahn stets der sympathischste und angenehmste gewesen. *Es ist unter diesen Umständen freilich gar nicht leicht, und ich werde es mir überlegen.* Mehr hat er nicht gesagt, und ich habe ihn nichts gefragt weiter. Er ist nur sehr lieb und zärtlich zu mir.

Mutter ist sehr aufgeregt, machte allerhand Einwände, wollte mich auf die Gefahren einer Mischehe aufmerksam machen, behauptete, mich dadurch ganz zu verlieren und dergleichen mehr. Ich selbst bin blödsinnig erregt und habe ein kaum zu bezwingendes Verlangen Dich zu sehen und zu sprechen. Aber wenn sich auch bisher nichts Tatsächliches ergeben hat, bin ich doch fest überzeugt, daß ich richtig gehandelt habe. Wie es sich nun weiter entwickeln wird, weiß ich selbst noch nicht.

Pfingstsonntag, 1. Juni.

Lieb – soweit kam ich gestern nachmittags. Dann folgte eine lange Unterredung mit meinem Vater, der mir sehr viel Verständnis entgegenbringt und Dir sehr positiv gegenüber steht. Aber – so leid es ihm tut, helfen kann er uns nicht, in keiner Weise. Und er sieht auch vorläufig keinen Ausweg. Wir sollten beide erst versuchen, uns eine Existenz zu gründen, dann könnten wir noch mal wieder über die Sache reden. Es wäre ja wohl kaum je in einer Zeit so schwer gewesen, das Ideelle und das so unerläßliche Materielle miteinander in Einklang zu bringen. Ich sollte Dir ruhig mitteilen, daß ich mit ihm gesprochen hätte, und er gebe mir sowohl wie Dir den Rat, wir sollten uns jetzt noch nicht gegenseitig binden. Wie stark und unlöslich die Bindung zwischen uns beiden ist, konnte ich ihm nicht sagen, hätte ja auch keinen Zweck.

*Er warnte mich vor Immenhausen; ich könnte mich als
Großstadtkind und mit all meinen geistigen und kultu-
rellen Ansprüchen dort nie wohlfühlen, und obwohl er keineswegs an der Echtheit und Tiefe meiner Gefühle zweifle,
glaube er nicht, daß auch selbst die Liebe zu Dir mir ein
ganzes Leben lang über diese Inkongruenz hinweghülfe.
Aber letzten Endes könne er mir ja nicht dreinreden. Dich
kenne er ja nicht weiter, aber der Eindruck, den er von
Dir habe, sei ein durchaus guter, und er achte Dich sehr.
Aber eines könnte er nicht über sich bringen, gerade mich in
äußerlich beschränkten und sorgenvollen Verhältnissen zu
wissen. Der konfessionelle Unterschied sei für ihn der letzte
Hinderungsgrund und schließlich auch das Alter, da eine
Frau eigentlich einen älteren Mann heiraten müsse, um
den Gesetzen der Natur irgendwie Rechnung zu tragen.
Ich soll also ruhig meinen Weg weitergehen und Du auch,
und wenn wir in drei Jahren noch so dächten wie heute
und wir bessere Existenzmöglichkeiten hätten, dann sollte
ich wieder zu ihm kommen. »Ich wünschte, ich könnte Dir
heute 50000 Mark geben, aber ich habe es nicht, die Inflation hat mich kaputt gemacht.« Soweit mein Vater; und
ich habe Dir alles getreulich berichtet, damit Du die groß-
mütige Art und die Liebe meines Vaters zu mir erkennst.
Und nun zu uns beiden. Ich bin froh, daß mein Vater über
uns im Bilde ist, aber ich bin sehr, sehr betrübt, daß er
uns nicht helfen kann. Besonders Deinetwegen. Amadé,
wie sehr leidest Du unter diesen tötenden, monotonen
Verhältnissen, welche Energie brauchst Du, um Dich nicht
davon erdrücken zu lassen.
Dein letzter Brief hat mich so sehr deprimiert, und mein
Gewissen drückt mich, denke ich daran, wie gut, wie*

schön ich es trotzdem habe, und wie Du darbst und
hungerst, Amadé, wenn Du Dich und dadurch auch mich
nicht unglücklicher machen willst, dann mußt Du den
Plan mit Immenhausen aufgeben.

Amadé, hör mir mal gut zu und hab Vertrauen zu Deiner
Lilli, bitte, bitte. Wir beide müssen jetzt ganz mutig
unsere Zukunft und unser Leben in die Hand nehmen.
Und ich denke doch, das Ziel, das uns winkt, sollte so
leuchtend und stark sein, daß es uns Kraft gibt, alle Hindernisse und die Reihe von Jahren noch zu überwinden,
die uns bevorstehen. Wir sind ja beide noch jung und
haben das Leben noch vor uns, und wir haben uns lieb
und vertrauen einander und hoffen gemeinsam, gell Du?!!
Amadé, wir müssen das Leben anpacken und ihm ins
Auge sehen, sonst verschlingt es uns, und wir werden
nicht fertig mit ihm. Ich weiß ja, daß Du mürber bist als
ich und das Leben Dich schon hart mitgenommen hat, und
ich wünschte, ich könnte Dir etwas einflößen von meiner
Lebenslust und -freude, meinem Willen zum Leben, von
diesem lebensbejahenden Gefühl, das einem soviel Kraft
und Mut gibt und uns nicht untergehen läßt!!
Gestern abend konnte ich nicht mehr schreiben, aber heute
nacht habe ich mir vieles überlegt. Ich werde wohl noch
diese Woche an meinen Onkel schreiben und in die Päd-
iatrie gehen, und mein Guter, mein lieber Amadé, wäre
es denn gar so schlimm, wenn ich in den ersten Jahren
unserer Ehe noch Praxis ausübte, wenn es uns dafür die
Möglichkeit brächte, um so eher zusammen zu sein?!!
Ich glaube, das kannst Du noch ruhig mit in den Kauf
nehmen, und ich verspreche es Dir, Du sollst nie darunter
leiden müssen.

Und Du, Du wartest erst mal ab, wie sich Deine Sache
entwickeln wird, und ob Du nun dort oder durch Ver-
tretungen Geld verdienst, ist einerlei. Und das weitere
Deiner Praxis laß mal meine Sorge sein, Lieb, es wird sich
ganz bestimmt die Gelegenheit einer Praxis in Halle oder
sonstwo ergeben. Verlaß Dich mal auf mich. Ich hab Dich
doch so lieb und versprech es Dir heute aufs Neue, ich laß
Dich nicht und bleibe bei Dir, »und sind die Wasser auch
noch so tief!« Lieber, lieber Amadé, ich habe Sehnsucht
nach Dir ...
Ich bleib Dir Deine treue   *Lilli*

Diese Nachrichten waren nun auch nicht gerade geeignet, Ernst aus seinen Depressionen herauszuholen. In den nächsten Wochen bemühte sich Lilli um so mehr, ihn zu ermutigen. »Ich möchte in den traurigen dunklen disharmonischen Klang Deines Lebens den hellen, klingenden strahlenden Ton hineintragen«, versprach sie ihm am 7. Juni. Und sechs Tage später berichtete sie begeistert von der Lektüre von Aufsätzen über Hölderlin, Kleist und Nietzsche: »Gell, Amadé, das Leben ist doch herrlich, ich liebe es so sehr. Und selbst ein noch so harter Existenzkampf soll Dir und mir die Freude nicht daran stehlen können.« Lilli selbst war in diesem Existenzkampf wenigstens ein bißchen weitergekommen. Im Israelitischen Asyl gab man ihr eine – allerdings erneut befristete – Praktikantenstelle. Und am 14. Juli konnte sie ihrem Ernst immerhin melden, daß sie am Vortag ihre Approbation erhalten hatte: »Das klappte sehr schön.«

Mit dem Herannahen der höchsten jüdischen Feiertage wurde ihr freilich das Dilemma ihrer Verbindung zu Ernst wieder allzu deutlich. Nun allerdings wollte sie ihn an ihrer

Welt auch teilhaben lassen, wie sie ihm in einem Brief am 16. September 1925 versprach:

Wir haben übrigens jetzt erst (Samstag-Sonntag) Neu-
jahr und zehn Tage später Versöhnungstag und erst
Anfang Oktober Laubhüttenfest. Wenn Du eine Laub-
hütte bauen kannst, dann kannst Du mehr als Deine
Lilli, aber hast Du denn schon mal eine ganz richtige
gesehen? Am Freitag abend gehe ich mit den Eltern in die
Synagoge, ich erzähl Dir dann von allem.

Die Festtage boten genug Gelegenheit, Lillis Heiratswunsch im Familienkreis erneut zu diskutieren – mit wenig ermutigenden Ergebnissen, wie Lilli fünf Tage später berichten mußte:

Im übrigen hat mir Mutter wieder sehr klar und deutlich
zu verstehen gegeben, daß sie sich mit dem Gedanken die-
ser Mischehe durchaus nicht und nie befreunden könnte.
Es wird ja wohl noch manch harten Strauß kosten –
besonders da ich diese Einstellung sehr wohl verstehen
kann durch Erziehung aus dem Milieu meiner Großeltern
und der Überzeugtheit und Frömmigkeit meiner Mutter.

Paula war freilich nicht nur über Lillis Wünsche besorgt. Dramatischer schien die Lage von Elsa, die sich trotz des väterlichen Machtwortes nicht von ihrem Hans trennen wollte. Im Hause Schlüchterer herrschte größte Aufregung, das Neujahrsfest und Jom Kippur waren überschattet von den Plänen beider Töchter, das angestammte Milieu durch Heirat zu verlassen. Lilli ließ trotzdem nicht locker. Am

10. November konnte sie erste Erfolge nach Immenhausen melden:

Mein guter lieber Amadé,
vielen schönen Dank für Deinen Brief vom Sonntag.
Meine erste Aufregung hat sich ein wenig gelegt; ich hoffe
immer noch, die Elsa reißt sich los. Aber das Ganze läßt
mir keine Ruhe bei Tag und Nacht, und ich versuche durch
Mutter zu erreichen, daß sie für einige Zeit fort von hier
kommt. Es ist allerdings in der jetzigen Lage nicht so
einfach.
Und nun habe ich Dir so allerhand Wichtiges mitzuteilen.
Ich habe Sonntag nachmittag mit Vater nochmals gespro-
chen. Das Resultat war, daß er gerne zu einer Unter-
redung mit Dir bereit ist und im Prinzip einer Verlobung
zwischen uns beiden nicht abgeneigt ist, aber erst dann,
wenn wir eine ausreichende Existenzmöglichkeit hätten.
Er behauptet, mit 400 Mark monatlich könnten wir
nicht auskommen, und er wäre zur Zeit nicht im Stande,
uns beziehungsweise mir einen monatlichen Zuschuß zu
geben. Die ganze Industrie ist so gefährdet, daß die best-
geführten Firmen heute nicht wissen, ob sie morgen nicht
schon unter Geschäftsaufsicht stehen müssen. Denke Dir,
wir hätten Aufträge genug, umzuarbeiten, haben aber
kein Geld, den Betrieb voll aufrechtzuerhalten. Die Hälfte
der Arbeiter ist entlassen, die andere Hälfte arbeitet nur
drei Tage, und am Freitag haben wir nur mit Mühe und
Not das Geld, um die halben Löhne zu zahlen. Und
die drei Herren kürzen sich das Geld, das sie monatlich
entnehmen, bis zum äußersten. Davon weißt Du natürlich
nichts, wenn Vater mal davon erzählen sollte.

An eine Heirat wäre unter diesen Umständen natürlich nicht zu denken. Er hoffe, daß es zum Frühjahr besser würde. Nun, dann ist uns ja gedient, und ich bin sehr glücklich, daß wir das prinzipielle Einverständnis meines Vaters haben ... Er ist übrigens vor wenigen Wochen durch Immenhausen gefahren – mit dem Schnellzug – und war, soweit er vom Zuge aus sehen konnte, doch etwas entsetzt über dieses Nest. Doch das schreckt mich nicht ab. Guter, ich muß Dir noch ganz flink einen Kuß geben vor Freude und Glück! Ich denke, es bleibt dann bei unserem »Weihnachts-Plan« ... Nun mußt Du aber auch endlich mit Deinem Vertrag voran machen. Vier Wochen bist Du nun schon von Deiner Reise zurück und bist noch gar nicht weitergekommen. Den mußt Du haben, wenn Du mit meinem Vater redest! Nicht böse sein, aber ich muß doch mal energisch mit Dir reden!! —
Lieber, lieber Amadé, nun fangen all die Luftschlösser an, allmählich etwas Wirklichkeit zu werden. Weißt Du, ich vertrete später noch ein oder zwei Mal, und von dem Geld kaufen wir noch Möbel und so weiter. Ich bekomme wohl jetzt 240 Mark, wie ich sie anlege, ist mir noch nicht ganz klar, ich will das nochmal mit Mutter überlegen ...
Die Praxis ist etwas ruhiger heute, zum ersten Mal in beinahe drei Wochen. Hier ist es recht kalt geworden, aber schönes Sonnenwetter.
Von Martin Buber wollte ich Dir auch noch erzählen. Er ist ein feiner durchgeistigter Kopf, hat ein kluges Gesicht, sehr blaß, scharf geschnitten, mit langem schwarzem Bart und milden, sehr klaren Augen. Er sprach über den Urgedanken der biblischen Schöpfungsgeschichte. Er ging aus von der Wissenschaft und der Unfähigkeit,

Letztes und Tiefstes zu erklären und zu sezieren, führte ein
feines Beispiel aus dem Talmud an: Bei der Erschaffung des
Menschen sind drei Kräfte am Werk: Vater, Mutter und
Gott. Und dann sprach er davon, daß man die Schöpfung
nicht betrachten dürfe als etwas einmal Geschehenes, son-
dern als etwas Allzeitiges, etwas, das sich ewig erneuert
und immer wieder vollzieht, aber stets in anderer Form.
Daß kein Geschaffenes dem anderen genau gleicht, daß
jede Schöpfung in ihrer Art wieder ewig, einzig ist.
Und anhand von Vergleichen babylonischer und anderer
alter Mythen bewies er, daß keine Schöpfungsgeschichte
so umfassend und erschöpfend ist wie die des alten Testa-
ments, die er zum Schluß noch vorlas.
Es war für mich im Grunde nichts Neues, und doch
freut es mich, einmal solche Gedanken ausgesprochen zu
hören. Denn ich verehre Gott in allem Geschehen, in
jeder Lebensäußerung, in katastrophalen Ereignissen wie
in kleinsten Dingen, ich liebe Gott im Rauschen der
Bäume und des Windes wie in der zartesten Blume, wie
in allem Schönen, Hohen und Edlen. Und ich liebe Gott
auch in Mephisto.
Aber wenn mein Gott hineingepreßt ist in die Formen
einer Religion, sei es, welche es mag, dann kann ich ihn
nicht wiederfinden. Und daher auch jedesmal meine Not
an den Feiertagen. Für mich gibt es keinen Gott der Juden,
sowenig wie einen Gott anderer Völker. Für mich gibt es
nur das »Göttliche an sich«. Aber beten kann ich nicht
zu meinem Gott. Ich trage ihn in mir, und mein Glaube
an ihn hilft mir – aber beten kann ich nicht. Verstehst
Du das? So oft, lieb Amadé, hab ich diesen Gegensatz zu
Dir darin empfunden, so oft hat es mich gequält, so oft

hab ich es schreiben wollen – dieser Stunde nun schien
es vorbehalten. Und nun ist mir bang ums Herz, wie
Du diese Beichte, die noch nie über meine Lippen kam,
aufnehmen wirst. Du, von dem ich ja auch nur ahne, wie
anders Dein Gott ist, wie innig Du lieben kannst, und
ich bitte Dich ganz inständig, sag mir ein paar Worte als
Antwort darauf – eine furchtbare Angst, dies könnte Dich
unendlich von mir entfernen, quält mich so sehr – Dich,
den ich so lieb habe!!! ...

Deine Lilli

Der Martin-Buber-Vortrag, den Lilli zusammen mit ihrem
Vater in der Freimaurerloge hörte, markiert eine wichtige
Trennungslinie im religiösen Empfinden der beiden: Während sich Lilli erkennbar von ihren religiösen Wurzeln löste,
zog sich Ernst immer mehr in seine katholisch geprägte
Denkwelt zurück. Immerhin, als Zeichen ihres Entgegenkommens schmückte sie damals ihr Zimmer mit der Kopie
einer Dürer-Madonna. Diese Madonnenverehrung begleitete
und vereinte die beiden ihr Leben lang. Für Lilli mochte
diese Tradition am Ende mehr ein Ausdruck ihrer Liebe zu
Ernst gewesen sein, für Ernst hingegen war sie wohl von
Anfang an auch ein Symbol seines Frauenideals.

Auf ihr theologisches Bekenntnis hatte Ernst in seinem
Antwortbrief offenbar verständnisvoll reagiert. Und er hatte
noch eine gute Botschaft: Die zähen Verhandlungen um den
Vertrag für die Übernahme der Keilschen Praxis in Immenhausen waren endlich erfolgreich abgeschlossen. In ihrem
Brief vom 18. November zeigte Lilli ihre Freude über diese
Nachricht, von ihrer Überlegung eines Wechsels nach Halle
war von nun an nie mehr die Rede:

Mein guter lieber kleiner Amadé,

gestern nachmittag war ich bei Sanitätsrat Cahen, der mit etlichen »Wenn« und »Aber« schließlich mir doch zusagte; und so kann ich am 1. Dezember im Asyl auf drei Monate wieder beginnen, wenn ich noch die Einwilligung von Auerbach habe. Zu diesem Zweck muß ich gleich raus nach Ehrenfeld, weil er dort am besten zu sprechen ist und Fräulein Lobbenberg mich eben anrief, es nur ja noch heute zu erledigen.

So will ich denn wenigstens noch anfangen, Deinen langen, langen Brief, für den ich Dir von Herzen danke, zu beantworten ... Ich bin schrecklich froh, daß die Vertragsgeschichte endlich so weit erledigt ist, und gratuliere Dir ganz, ganz herzlich dazu, und Amadé kriegt einen lieben Kuß dafür. Dir ist doch sicher auch ein Stein vom Herzen. Wenn Du Weihnachten kommst, bring doch bitte den Vertrag mal mit, ich hab ihn gar nicht mehr ganz genau im Kopf ... So, nun muß Lilli schnell fort. Nachher weiter. –

Also auch Chef Auerbach ist einverstanden. Er war so nett und erkundigte sich eingehend nach der Praxis und wie es mir dort ergangen wäre. Ich freue mich riesig; heute abend bin ich nun bei Lobbenbergs. Kisch hat leider abgesagt, er war bereits eingeladen.

Und nun wieder zu Deinem Brief. Ich denke, in etwa 14 Tagen schreibst Du an Vater, er wisse ja, wie Du zu mir ständest, und da sich Deine Vertragsangelegenheiten nun geordnet hätten, bätest Du ihn um eine mündliche Unterredung, und fragst ihn, ob denn der 23. Dezember angenehm sei.

Und wenn Du dann mit ihm sprichst, ist jede Politik

oder vorsichtige Überlegung dessen, was Du zu sagen
hast, vollkommen überflüssig, sondern Du kannst ruhig
mit offenen Karten spielen und jedes Ding beim Namen
nennen, und kannst ganz in dem Sinne mit meinem Vater
reden, wie Du mir schreibst. Je offener und bestimmter,
um so besser. Ich halte das bei meinem Vater für das Beste
und Richtigste.
Ja, und die geldlichen Angelegenheiten, lieb Amadé!
Ich denke, Du bekommst ab Januar nach allen Abzügen
für Wohnung, Essen und so weiter doch 200 bis 250
Mark monatlich. Da kannst Du Dir doch ruhig einen
Anzug und einen Mantel anschaffen bis zum April und
bis zum Mai auch den Schreibtisch abzahlen. Und schließ-
lich bekomme ich doch von meinen Onkels zur Hochzeit
Geschenke, und da wünsch ich mir halt einen Teppich
oder sonst was uns noch fehlt. Ich glaube doch, daß wir
eine Einrichtung zusammenbringen im Lauf des Jahres,
zumal ich doch auch Kücheneinrichtungen und dergleichen
durch die Beziehungen von Vater zu den Engros-Firmen
wesentlich billiger bekommen kann. Mach Dir darüber
doch nicht soviel Gedanken, Guter ... Lieb, und wenn
Dich all die Schwierigkeiten noch so sehr bedrücken und
fast unüberwindlich dünken, halt den Kopf oben, und
glaub mir, wir kommen durch! ... Deine Lilli

Ein wenig sträubten sich Josef und Paula Schlüchterer noch,
Lilli mußte beide zu der für Weihnachten geplanten Ausspra-
che überreden. Aber dann, Ende November 1925, bekam
Ernst von Paula die formelle Einladung zu einem Besuch bei
Schlüchterers in Köln über die Weihnachtstage.

»*Eine geradezu fieberhafte Ungeduld*«
Hochzeit mit dem Segen des Rabbiners

Am 23. Dezember des Jahres 1925 hielt Ernst bei Josef Schlüchterer um Lillis Hand an. Von Lilli zuvor eingehend beraten, hatte er seine wirtschaftliche Lage keineswegs beschönigt, aber sich auch nicht zu pessimistisch gegeben. Und so verlief die obligatorische Aussprache über die finanziellen Perspektiven des Paares zu einer gewissen Zufriedenheit des Brautvaters. Die jungen Leute bekamen seinen Segen.

Kaum zurück in Immenhausen bedankte sich der Schwiegersohn in spe artig für die Gastfreundschaft, fügte dann allerdings leichtfertig noch ein paar Bemerkungen an, die zumindest Mutter Paula in helle Aufregung versetzten, wie Lilli am Neujahrstag 1926 berichtete:

Die Eltern haben Deinen Brief erhalten und ihn mir nicht
zeigen wollen; nach Deiner Andeutung wußte ich ja, was
drin stand, und es hat mich geradezu lächerlich aufgeregt,
daß man ihn mir vorenthalten wollte. Vater hat ihn mir
dann gegeben, und es war auch nur gut so, denn – er
hat eine gewisse Bestürzung hervorgerufen bei den Eltern.
Ich verstehe recht gut, aus welchen Motiven heraus Du
ihn geschrieben hast, aber ob diese Offenheit so ganz
angebracht war, wenigstens heute möchte ich das aus der
Wirkung, die sie hervorbrachte, bezweifeln. Nun ist nichts
mehr daran zu ändern, und ich möchte Dich herzlichst
bitten, nichts irgendwie Erklärendes oder Verteidigendes
folgen zu lassen. Das wäre verkehrt. Vater hat wohl Ver-
ständnis dafür, aber Mutter regt sich so darüber auf, daß

sie sich heute nachmittag zu Bett legen mußte. Sie quält
sich und mich mit Zweifeln jeglicher Art, die nur die Zeit
beheben kann. Mutter ängstigt sich um mich; sie begreift
nicht, daß ich einer inneren Notwendigkeit folgend diesen
Weg gehen mußte. Vielleicht klingen diese Eröffnungen für
einen Menschen, der sich nicht in all dies hineinversetzen
kann, etwas nüchtern und kalt. Daß ich Dich erst – um
mit Deinen Worten zu reden – erobern mußte, daß ich
jahrelang um Dich gekämpft habe, das versteht sie nicht.
Nun macht sie es sich und mir so schwer. Aber bitte,
schreibe Du jetzt <u>*nicht*</u> *an sie. Und was ich zu dem Brief*
sagte, mein Liebes? Ja, Lilli hat im neuen Jahr schon bittere
Tränen vergießen müssen. Alte Wunden haben wieder ein
bißchen weh getan. Aber nun ist's wieder gut, und durch
die Tränen schimmern wieder ein paar glückliche Augen ...

Auch Josef Schlüchterer ließ die Angelegenheit keine Ruhe.
Doch er brachte seine Skepsis, ob seine Tochter die richtige
Wahl getroffen hatte, höchst diplomatisch zum Ausdruck.
Am 2. Januar 1926, im ersten überlieferten Brief an den
zukünftigen Schwiegersohn, beschwor er ihn in feierlichen
Worten, seiner Lilli treu zu bleiben:

Lieber Ernst,
wie Du siehst, helfen wir Dir über die Dir befremdliche
Anrede hinweg, indem wir Dich nicht mit Deinem offiziel-
len Titel »Schwiegersohn« anreden, sondern wie unseren
leiblichen Sohn kurzerhand mit seinem Vornamen, der uns
so traut und lieb geworden ist.
Wenn wir Dir das zu ersetzen vermögen, was Dir vom
zarten Kindesalter an gefehlt hat, dann wollen wir es

freudigen Herzens tun als Ausfluß unseres Dankes dafür,
daß Du unser Sonnenkind mit Deiner ganzen Liebe und
treuer Hingabe beglückst, die sie voll und ganz verdient.
Der ganze Gang der Entwicklung, den Du uns in solch
klarer, schmuckloser, dafür aber um so überzeugenderer
und rührenderer Weise geschildert hast, mag Dir und uns
die Gewähr sein, daß Lilli, es mag da kommen, was da
will, unentwegt, fest und treu den von ihr als richtig
erkannten und verfolgten Weg weiter gehen wird. Und
daß wir zu Dir das felsenfeste Zutrauen hegen, daß Du
ihr all ihre Liebe, Treue, Hingebung und Güte mit ganzem
Herzen dankbar und freudig erwiderst und vergiltst, mag
Dir unsere Einwilligung zu Eurer Verbindung beweisen.
Wir haben Dir ein Teil des Liebsten und Besten, was wir
haben, gegeben.
Als wir vorigen Freitag abend das Gotteshaus betraten,
klang uns das herrliche Lied zum Preise des Sabbats
entgegen, des Höchsten, Heiligsten und Erhabensten, das
unsere Religion kennt. In diesem Liede wird der Sabbat
verglichen mit einer lieblichen Braut, die dem Bräutigam
entgegenkommt.
Daraus magst Du lieber Sohn ersehen, mit welcher Ehr-
erbietung, Liebe und Ergebenheit die Braut und spätere
Gattin bei uns verehrt und geliebt wird.
Wenn Du Dir für Euer ganzes Leben dies als Richtschnur
gelten lassen wirst, dann wird das, was ihr erhofft und
ersehnt, in Erfüllung gehen, und ein gütiges Geschick wird
Euren Bund segnen.
Euer ungetrübtes Glück und Wohlergehen wird das höch-
ste Glück, der schönste Dank sein für Lillis und Deine

Eltern

Ernst gegenüber zeigte sich die ganze Familie hoch erfreut über Lillis nun für den August geplante Hochzeit. Von allen Seiten trafen Glückwunschadressen und Geschenke ein. Großmutter Schloß in Halle spendierte einen Blüthner-Flügel, ein Onkel in New York stolze 2000 Dollar. Und Lilli wollte in ihrem Überschwang Ernst sogar eine Doktorarbeit schenken. Sie halte zwar von dem »ganzen Zinnober« wenig, aber schaden könne so ein Titel auch nichts. Wenn Ernst zustimme, so bot sie ihm im Januar 1926 an, könne sie die Arbeit noch bis zur Hochzeit fertigstellen, er müsse dann nur noch zur Prüfung nach Köln kommen.

Auf den Schwindel ging der Bräutigam zum Glück nicht ein. Und so konnte sich Lilli in den nächsten Monaten ganz auf die Vorbereitung eines eigenen Hausstandes und auf das Kölner Gesellschaftsleben konzentrieren. Am 25. April etwa besuchte sie eine Party bei ihrem Freund Lutz Salomon:

Die Gesellschaft gestern bei Salomons war trotz allen Luxus und aller Eleganz ziemlich langweilig. Ich fühle mich ja nie sehr wohl in diesen etwas sehr oberflächlichen, unpersönlichen Kreisen und habe dann auch leider nicht das Talent, mich dem Augenblick anzupassen. Rein ästhetisch war es natürlich ein Genuß, diese fabelhaften Räume, dieser Reichtum an Blumen, Kristall und Silber und eine Reihe von äußerst gepflegten, geschmackvollen, zum Teil sehr schönen jungen Frauen! Ein prachtvolles Bild! Wir waren 30 Leute – und eine junge Klavierkünstlerin und ich die einzigen mit langen Haaren! Es waren auch zahlreiche Kollegen dort, die in egoistischer Weise gefachsimpelt haben.

In diesen Jahren setzte sich der sogenannte Bubikopf in der Mode durch. Lilli widersetzte sich vorläufig noch dem Zeitgeist, ein paar Jahre später trug aber auch sie ihre Haare kurz, wie Fotos aus den frühen dreißiger Jahren zeigen.

Schon vier Tage nach der Party bei Salomons ging sie aufs nächste Fest, diesmal im Hause des Geheimrats Auerbach:

Es war im Gegensatz zu Salomons so nett und fein,
wir haben uns so wohl gefühlt, und plötzlich war es
zwei Uhr morgens, ohne daß wir es gemerkt hatten, und
der Geheimrat war noch in lebhaftester Unterhaltung.
Köstliches Essen und mit Hilfe des Radio-Lautsprechers
haben wir auf Londoner Tanzmusik getanzt. Als Tisch-
herrn hatte ich einen Juristen vom Oberlandesgericht und
rechts von mir saß Löwenstein.

Lilli hatte ihren zukünftigen Ehemann noch nicht ein einziges Mal in Immenhausen besucht. Nun aber führte kein Weg mehr daran vorbei. Sie sollte und wollte sich die gemeinsame Wohnung ansehen und zu diesem Zweck mit ihrer Mutter im Mai nach Hessen reisen. Aus Kostengründen schlug Ernst ausgerechnet das Christliche Hospiz in Kassel zum Übernachten vor – was Mutter und Tochter sogleich dankend ablehnten: Ernst möge bitte ein anderes Hotel ausfindig machen.

Nachdem auch das geklärt war, reisten die beiden zu einem Kurzbesuch in die gefürchtete Provinz. Sei es aus Höflichkeit, sei es aus einer gewissen Erleichterung: Lillis Bilanz dieses ersten Besuchs fiel durchaus positiv aus. Ihr Reisebericht vom 17. Mai:

Mein guter lieber, lieber Amadé,
unsere Karte wird Dir inzwischen unsere Ankunft und gut
überstandene Reise gemeldet haben. Hier haben wir alles
in Ordnung angetroffen, auch Nachricht vom Vater. All
die schönen Blumen haben sich herrlich erholt, und wir
können uns so richtig dran freuen. Ich danke Dir auch
nochmals dafür und für alles andere Liebe. Daß ich mich
ganz besonders gefreut habe, Dich am Sonntag vormittag
nochmals gesprochen zu haben, wirst Du wohl gemerkt
haben.
Liebes, ich bin richtig froh! Nun kann ich mir doch
endlich einen Begriff davon machen, in welcher Umgebung
Du lebst und arbeitest, wie Dein Zimmer aussieht, wo Du
die Donnerstagabende verbringst und so weiter.
Und nun haben auch alle Zukunftsbilder eine greifbare
Gestalt angenommen. Daß mir Immenhausen keine Enttäuschung war, dafür hattest Du ja reichlich gesorgt.
Es läßt sich dort schon leben, und Kassel hat mir aus-
nehmend gut gefallen. Und da ja die Eltern in Köln
sind, holen wir uns halt dort geistige Anregung und
Erfrischung, gell? Und wenn wir beide erst in unserer
kleinen Wohnung sind, die Du so lieb und hübsch hast
machen lassen und für die wir schon so feine Dinge
gekauft haben, dann gibt es zwei glückliche Menschen
mehr auf der Welt, gell, mein großes, kleines Amadé-
Kind, und dann wirst Du auch ruhiger und heiterer werden.
Ich will Dir auch bei allem helfen, lieb Amadé, innerlich
und äußerlich, und will Dir dankbar sein für jedes bißchen Sonne und Liebe, das Du mir entgegenbringst.
Und nun habe ich eine geradezu fieberhafte Ungeduld,

bis alles fertig ist und wir endlich zusammen sind!! –
Weißt Du, worüber ich mich noch besonders freue, ist,
daß Du in Bonsmann einen so prächtigen Menschen und
wirklichen Freund hast, dessen herzliches und warmes
Entgegenkommen mich richtig gefreut hat. Sag ihm doch
bitte einen recht schönen Gruß ...
Mit Elsa haben wir vorhin stundenlang telefoniert, sie
wollte schrecklich viel wissen, ist recht munter und kommt
weder zum Schreiben noch zum Lesen, da sie dauernd
Tischtennis spielt (ein Gesellschaftsspiel englischer Land-
sitze!) und jeden Abend Gesellschaft ist ... Dir, mein
Liebes, Dank und tausend innigliche Grüße und Küsse,

Deine Lilli

Mit der bevorstehenden Heirat traten neue Freunde in Lillis
Leben. Dabei zählte der Leiter der Lungenheilstätte Philipp-
stift in Immenhausen, Dr. Bonsmann, als einer der wenigen
Akademiker in der kleinen Stadt fast automatisch zum neuen
Bekanntenkreis.

Lillis Schwester Elsa versuchte derweil als Gesellschafts-
dame einer reichen Familie über den Verzicht auf ihren Hans
hinwegzukommen. In ihrem Fall hatten sich die Eltern also
durchgesetzt – eine Enttäuschung, von der sich Elsa erst nach
Jahren erholte.

Um die Geldsorgen zu mindern, machte Lilli damals noch
eine letzte Praxisvertretung in Köln – was Ernst offenbar
mißbilligte, wie aus einer Bemerkung aus Lillis Brief vom
26. Mai hervorgeht:

Es macht mir wieder rechte Freude, obwohl ich mich in
manchen Dingen noch etwas unsicher fühle. Du brauchst

Dir aber keine Gedanken zu machen, Liebes, ich bleibe trotz allem die Alte. Deine Einwände gegen die Berufs-arbeit der Frau haben in gewisser Weise wohl ihre Berech-tigung; aber Du darfst nicht vergessen, daß die moderne Erziehung und Emanzipation der Frau den Wunsch nach geistiger Arbeit sehr lebhaft in uns geweckt haben und mancherlei dadurch entstehende Konflikte nicht so ohne weiteres zu lösen sind. Wir werden uns wohl später noch-mal darüber unterhalten, gell, lieber Amadé?!!

Am 12. August 1926 erfüllte sich Lillis Traum: In der Woh-nung der Eltern in Köln heiratete sie ihren geliebten Amadé, ein Rabbiner sprach den Segen. Nur Ernst leistete sich noch einen kleinen Fauxpas: Mit den Ritualen der jüdischen Hoch-zeit nicht vertraut, fiel er vor dem Rabbiner auf die Knie. Die versammelte Verwandtschaft guckte für einen Moment betreten zu Boden.

Jahre der Verfolgung in Immenhausen

»*Deine rührende Sorge um mich*«
Die junge Familie

Nach der Trauung im August 1926 fuhren Lilli und Ernst auf Hochzeitsreise nach München. Das Paar besichtigte die Museen der Großstadt, um noch ein wenig Kraft zu tanken für die Übersiedlung nach Immenhausen bei Kassel.

Die hessische Gemeinde besaß zwar Stadtrechte seit mehr als 600 Jahren, war aber kaum mehr als ein Arbeiterdorf. Wer nicht per Bahn in die Kasseler Fabriken zur Arbeit fuhr, der verdiente sein Geld in der Immenhäuser Glashütte oder als Bauer. Die Verhältnisse waren bescheiden, ja ärmlich. Und als dann noch im Zuge der Weltwirtschaftskrise die Glashütte schließen mußte und 190 Männer und Frauen ihre Arbeit verloren, wurde Immenhausen 1930 vom Regierungspräsidenten in Kassel zum Notstandsgebiet erklärt. Im selben Jahr wählte die Stadtverordnetenversammlung erstmals einen Sozialdemokraten zum Bürgermeister.

Die wirtschaftliche Not der Kleinstadt bekamen Lilli und Ernst auch in ihrer anfangs noch gemeinsam betriebenen Arztpraxis zu spüren. Der Zulauf an Patienten war, wie von Lilli befürchtet, zunächst schwach. Schon nach wenigen Monaten wurde sie schwanger und bekam am 10. September 1927 ihr erstes Kind, Gerhard. Von nun an praktizierte in der Regel nur noch Ernst.

Lilli erwartete bald ein weiteres Kind, es wurde zu eng in der gemieteten Wohnung. Nochmals halfen Lillis Verwandte: Ein Siedlungshaus konnte finanziert, gebaut und mitten im bitterkalten Winter 1928/29 bezogen werden. Ilse kam, am 15. Januar 1929, bereits im neuen Haus zur Welt.

Neben die Eingangstür des Hauses in der Gartenstraße wurden zwei Namensschilder montiert, links das für den praktischen Arzt Ernst Jahn, mit Angabe der Sprechstundenzeiten, rechts das für die praktische Ärztin Frau Dr. Lilli Jahn, ebenfalls mit Nennung der Sprechstunden.

Zuweilen besuchte man Verwandte und Freunde. Ernst konnte Immenhausen freilich nur verlassen, wenn er einen Vertreter für die Praxis fand. Im Juni 1930 übernahm diese Aufgabe ein Dr. Janik. Ernst fuhr in den Schwarzwald, um dort Lillis inzwischen an Tuberkulose erkrankte Schwester Elsa zu treffen, und nach Freiburg zu Lillis Cousine Olga und deren Mann Max Mayer. Lilli selbst blieb daheim, zumal sie in wenigen Wochen ihr drittes Kind erwartete. Während des kurzen Urlaubs nahm das Paar seine Korrespondenz sofort wieder auf. So schrieb Lilli am 9. Juni 1930 an Ernst:

Mein Liebster,
nun sind die Pfingsttage auch vorüber, und ich hoffe,
sie waren für Dich so ruhig, schön, befriedigend und
erholsam, wie ich es Dir von ganzem Herzen wünschte.
Warst Du viel mit Elschen zusammen? Was hast Du nun
noch für Pläne? Guter, so leid es mir tut, wie schnell Dein
Urlaub vorüber geht, so sehr freue ich mich darauf, wenn
Du wieder bei uns bist.
Mir haben die beiden Tage Ruhe sehr gut getan. Dr. Janik
war gestern zu Mittag und Abend bei seinen Kasseler

Verwandten, so haben wir für uns nur einfach gekocht, ich habe mich nach Tisch zwei Stunden ins Bett gelegt, habe mir dann meine Kinder fein angezogen und bin mit ihnen etwas spazierengegangen. Sie waren sehr vergnügt und artig, und Ilschen läuft schon ganz ordentlich ...
Der heutige Tag war wundervoll! So himmlisches Wetter, daß wir den ganzen Tag im Garten waren. Wir haben um ½ 9 mit den Kindern draußen gefrühstückt, ich habe den ganzen Vormittag draußen gesessen, später kam Dr. Janik dazu, der übrigens eine sehr nette Art hat, mit den Kindern umzugehen. Wir haben dann sehr opulent gegessen mit Spargel und Ananas und Schlagsahne und einem Glas Wein, dann bin ich wieder ins Bettchen – bin ich nicht artig!! – und Dr. Janik ist in den Wald. Fräulein Anna und ich haben wieder mit den Kindern draußen Kaffee getrunken, und dann hat Fräulein Anna den ganzen Nachmittag mit den Kindern gespielt und sich sehr bedeutsam Bübchens Gunst erworben.
Ich habe nur im Liegestuhl gelegen und gefaulenzt. Und da Dr. Janik um 7 Uhr von Bonsmann zum Essen eingeladen war, haben Fräulein Anna und ich auch draußen zu Nacht gegessen und waren unten, bis es uns zu kühl wurde. Ich sehe so gut aus wie lange nicht mehr. Ilschen ist schon tüchtig verbrannt, nur bei dem Jungen merkt man noch wenig.
Die Praxis ist ganz ruhig, nur gestern gegen Abend zwei sehr unwesentliche Bestellungen, die Dr. Janik auf der Rückfahrt von Kassel erledigte. Übrigens erzählte mir heute Herr Schmidt, daß es seiner Frau noch gar nicht gut gehe, sie hatte wieder sehr hohe Temperaturen und seit einigen Tagen eine Venenentzündung im Bein.

Am 10. 6. 30

*Liebes, heute morgen kamen von Dir drei Briefe und eine
Karte; ich habe mich ganz schrecklich gefreut über so
viel liebe und gute Post und danke Dir innigst für Deine
rührende Sorge um mich …*

*Lieber, ich schreibe Dir dann morgen noch mal nach Frei-
burg an Olgas Adresse, da ich fürchte, in St. Blasien
erreicht es Dich nicht mehr. Zeitungen lohnen sich wohl
kaum noch, denn heute ist gar keine gekommen.*

*Daß Du zu Mayers gehen willst, freut mich. Es sind liebe
prächtige Menschen, die ich wirklich gerne mag und in
ihrer geraden und offenen Art sehr schätze. Sag Ihnen
viele liebe Grüße. Wirst Du Dir die Stadt ein bißchen
ansehen?*

*Deine Berichte über Elschen sind mir eine große Beruhi-
gung, und ich freue mich, daß Ihr eine schöne Autofahrt
gemacht habt und doch relativ viel zusammen sein könnt.
Grüße sie innig und erzähl ihr von allem! Auf dem Feld-
berg bin ich auch schon gewesen, damals lag noch Schnee
oben, und Schluchsee kenne ich auch. Lieber, ich freue
mich schon so darauf, wenn wir einmal gemeinsam in den
Schwarzwald können …*

*Viel Freude noch, mein guter lieber Amadé, und von uns
allen innigste Grüße und alles Zärtliche und Liebe*

Deine Lilli

Am 26. Juli 1930 wurde Lillis drittes Kind, Johanna, geboren.
Die stetig wachsende Familie, so scheint es, machte Lilli so
glücklich wie seit Jahren nicht mehr.

In den dreißiger Jahren gewann sie zudem eine neue, enge
Freundin: Lotte, die Tochter ihrer Cousine Olga Mayer.

Lotte war zehn Jahre jünger als Lilli, studierte zunächst Jura in Freiburg und heiratete später ebenfalls einen Nichtjuden, den Literaturwissenschaftler Ernst-August Paepcke. Das Schicksal, in einer sogenannten Mischehe zu leben, verband die beiden jungen Frauen auf besondere Weise.

Lotte Paepcke wurde nach dem Krieg zur Schriftstellerin und erwähnte bereits 1952 Lillis Schicksal in ihrem Erinnerungsbuch »Unter einem fremden Stern«. In einer längeren Passage erzählte sie die Geschichte ihrer »einzigen Freundin«. Sie beginnt mit Lillis frühen Jahren und dem Einzug in das neue Haus in Immenhausen:

Ein lebensfrohes Gewimmel herrschte in den kleinen Zimmern. Dienstmädchen, Wäscherin, Flickerin, Patienten nahmen den Rest der Räume ein, und Lilli gebot über alle und alles als lebensfrohe und tüchtige Hausfrau.

In einfühlender Liebe folgte sie den eigenwilligen Wegen des klugen, doch immer innerlich umgetriebenen Mannes. Neben seiner großen und anstrengenden Praxis trieb er in den Nächten kunsthistorische Studien, neigte, von Haus aus Protestant, zum Katholizismus, ohne doch den Weg dorthin ganz zu finden, und war in unaufhörlicher innerer Spannung um Klärung und Ordnung geistiger Wirrsal bemüht, ohne ihrer wirklich Herr werden zu können. In mütterlicher Liebe nahm Lilli ihn, ihr ältestes Kind, an ihre Brust und besänftigte zum Bleiben, was in allzu ungebärdigem Streben in ihm umging.

Sie lebten weit von der nächsten Stadt entfernt, doch fanden sie außer an ihrer vorzüglichen Bibliothek feinsinnige Gesellschaft im Pfarrer des Ortes, bei benachbarten Kollegen und einem sehr kultivierten Gutsherrn. Fahrten

in die Stadt zu Theater- und Konzertbesuchen waren
hin und wieder möglich, und schließlich schufen längere
Ferienreisen jedes Jahr neue Anregung und Zerstreuung.

Daß Ernsts depressive und schwierige Natur seine junge Familie immer wieder belastete, wußte er selbst nur zu genau. Er sei »zu einem stacheligen Schalentier für die Umgebung« geworden, bekannte er Ende September 1931 in einem Brief an seinen Studienfreund Leo Barth, der inzwischen in Mannheim als Redakteur einer Tageszeitung arbeitete: »Ich leide unter einer sehr großen nervösen Reizkrankheit – oder nennt's Unbeherrschtheit –, die mir sehr arg ist.«

Im Januar 1932 starb Lillis Vater an einer Hirnblutung, nun mußte sie sich auch noch um ihre Mutter Paula kümmern. Und schließlich verfinsterte sich der politische Horizont. Die Weltwirtschaftskrise und die kräftigen Stimmengewinne der Nationalsozialisten und Kommunisten bei den Reichstagswahlen im September 1930 ließen die Weimarer Republik auf einen Zustand der Unregierbarkeit zusteuern. Am 9. Februar 1932 lieferte Lilli den inzwischen gemeinsamen Freunden Leo und Hanne Barth einen kurzen Stimmungsbericht:

Es geht uns gut; wir haben keinen Grund und keine
Berechtigung zu klagen, und wenn es natürlich auch
Stunden gibt, in denen man die Not und den Druck
der Zeit besonders intensiv empfindet und man sich Sor-
gen macht betreffs des allgemeinen und des persönlichen
Schicksals, so glaube ich doch fest daran, daß die natür-
liche Entwicklung allen Geschehens uns auch aus dieser
schweren Zeit wieder herausführen wird.

Das Gegenteil war der Fall. Das Schicksalsjahr 1933 begann in Immenhausen mit heftigen politischen Auseinandersetzungen. Von symbolischer Bedeutung war der Ausgang der Straßenschlacht vom 13. Januar: Nach einer Demonstration wurden Sozialdemokraten und Kommunisten von Immenhäuser SA-Leuten, die allerdings Verstärkung durch den berüchtigten Göttinger SA-Sturm 99 erhalten hatten, brutal zusammengeschlagen und auseinandergetrieben.

»*Wir haben Erschütterndes erlebt*«
Die Nationalsozialisten übernehmen die Macht

Am 30. Januar 1933 ernannte Reichspräsident Hindenburg
Adolf Hitler zum Reichskanzler, zwei Tage später wurde
der Reichstag aufgelöst, ein neuer Wahlgang für den 5. März
angesetzt. Wie einschneidend diese politischen Ereignisse
waren, war Lilli anfangs wohl nicht bewußt. Am 5. Februar
bedankte sie sich bei ihren Mannheimer Freunden Hanne
und Leo Barth zunächst nur für die ihrer Familie zugedach-
ten Weihnachtsgeschenke:

Meine lieben lieben guten Hanne und Posa,
eine ruhige Stunde an diesem Sonntag morgen will ich
benutzen, um den in Gedanken schon so oft an Euch
geschriebenen Brief zu beginnen. Wenn es mir jetzt nicht
genau so ginge wie Dir, liebe Hanne, daß Müdigkeit und
eine gewisse Trägheit mich hemmen, so hättet Ihr schon
längst wieder von uns gehört.
Wir danken herzlichst für Hannes lieben letzten Brief, für
Euren Kartengruß zusammen mit Leo Diekamp, und nun
nochmals ganz besonders für Euer liebes Weihnachtspaket
und die dazugehörigen Briefe. Der Gedichtband ist so
schön, so warm und innig, von Herzen kommend und
zum Herzen gehend, daß ich ihn immer wieder zur Hand
nehme und gerade in diesen Monaten eine besonders tiefe
Freude dabei empfinde. Und ich glaube, Amadé geht es
damit nicht viel anders ...
Anfang Januar habe ich dann meine Mutter nach Köln
begleitet und bin über den Todestag meines Vaters bei

ihr geblieben. Nun ist sie noch dort, wohnt in einer
Pension, wo sie ganz gut untergebracht ist, und sucht
eine Wohnung zum ersten April. Es ist schwer, weil die
Mieten immer noch ziemlich hoch sind. Ich hoffe aber, daß
sie bald etwas findet und dann noch ein paar Wochen
nach St. Blasien zu meiner Schwester fahren kann; eine
Erholung dort könnte sie gut gebrauchen.
Meine Schwester macht uns nach wie vor viel Sorge. Der
Kur-Erfolg will sich diesmal nur langsam einstellen. Und
nun ist sie doch schon wieder über vier Monate dort. Sie
selbst leidet auch sehr darunter und ist unglücklich über
die Untätigkeit, zu der sie verurteilt ist.
Für mich waren die fünf Tage in Köln sehr schön und
inhaltsreich. Ich habe bei meiner Freundin, der Ärztin
Liesel Auerbach, gewohnt und bin von ihr wunderbar
verwöhnt worden ... Ich war mal wieder im Wallraf-
Richartz-Museum, wo ich in der Kölner Malerschule ver-
schiedenes noch ganz Unbekanntes vorfand und zwei sehr
schöne Grünewald zugeschriebene Porträt-Köpfe bewun-
dern konnte. Dann hab' ich mir die neu geordnete Schnüt-
gen-Sammlung angesehen, die jetzt in Deutz in der recht
gut umgebauten alten Kürassier-Kaserne untergebracht
ist und viel viel besser zur Geltung kommt. Eine Ausstel-
lung im Kunstverein von Modernen war sehr mäßig; daß
in einem anderen Salon gleichzeitig Bilder von Peiner,
Schimpf etc. – unter anderem Nägele! – ausgestellt waren,
wußte ich nicht. Und es tut mir heute noch weh, daß ich
das versäumt habe.
Dafür habe ich allerdings ein besonders gutes Gürzenich-
Konzert genießen dürfen. Das Schönste war ein Flöten-
konzert mit Orchester von Bach. Der fabelhaft virtuose

Geiger Jascha Heifetz war bewundernswert, ließ mich
aber innerlich kalt.

Ein ganz ungetrübter Genuß war dann noch eine Aufführung im Deutschen Theater am Rhein »Die Jungfrau
von Orleans« mit der Tony van Eyck. Ich war wieder
überrascht von der Schönheit, dem Reichtum und der
Tiefe des Stückes; etwas beschämt ob dieser alten und
doch neuen Erkenntnis, und doch beglückt zugleich bin ich
dann nach Hause gegangen ... Daß ich dann auch sonst
die ganze Atmosphäre von unserem geliebten Köln mit
jeder Faser in mich aufgesogen und gekostet habe, könnt
Ihr Euch denken.

Unser Häuschen, so wie es ist, mit seinem ganzen Inhalt,
nach Köln versetzt – ich glaube, ich wäre wunschlos
glücklich! Aber das ist halt zuviel verlangt und zu unbescheiden für dieses Leben ...

Hin und wieder sehen wir Bekannte bei uns oder sind
eingeladen, aber im allgemeinen sind wir zu Hause, und
besonders Amadé ist froh, in dieser Zeit politischer Verhetzung nicht vor die Tür zu müssen (abgesehen natürlich
von der Praxis). Hier gibt es ja nur zwei Extreme,
»Die nationale Front!« und die Linke. Mit ziemlicher
Empörung haben wir die Vorgänge der letzten Tage in
der Kölnischen Volkszeitung verfolgt. Und wie oft sagt
Amadé: »Wie schön wäre das, wenn ich jetzt einmal den
Posa reden hören könnte!!!« Und wir nehmen wohl nicht
zu Unrecht an, daß Du zur Zeit wieder besonders in
Anspruch genommen bist.

Amadé liest und arbeitet viel; er wird wohl bald Spezialist
für deutsche Klöster und Ordensgeschichte. Nichtsdesto-
weniger beneide ich ihn glühend um seine Energie und

geistige Leistungsfähigkeit. Meine Tage sind so ausgefüllt
mit Haus und Kindern, und abends bin ich restlos müde ...
Und nun seid alle beide von Herzen umarmt und lieb
gehalten von Eurer Lilli

Noch waren es die Extremisten beider Seiten, über die sich
Lilli und Ernst empörten, noch schien ihnen der Kampf zwischen Nationalsozialisten und Kommunisten nicht entschieden. Nur beiläufig beklagte sich Ernst zwei Tage später in
einem weiteren Brief an das Ehepaar Barth über die ungewisse
politische Lage: »Und dann noch dieser Reichskanzler, und
diese Art mit dem Judentum – incredibile.« Unglaublich war
das alles in der Tat, doch im Grunde wußten Lilli und Ernst
noch gar nicht, was sie von den Ereignissen halten sollten.

Der Reichstagsbrand am 27. Februar löste eine große Ver-
haftungswelle aus, vor allem die angeblich schuldigen Kommunisten waren davon betroffen. Und doch schien die Lage
sogar nach den Reichstagswahlen vom 5. März, die den Nazis
einen erheblichen Stimmenzuwachs beschert hatten, nicht
wirklich geklärt. Im kleinen Immenhausen hatte die Linke
erneut deutlich mehr Stimmen erhalten als die Rechte. Und
bei den eine Woche später durchgeführten Kommunalwah-
len behaupteten die Sozialdemokraten sogar ihre Mehrheit in
der Stadtverordnetenversammlung, sie gewannen sechs der
elf Mandate.

Dann allerdings setzten sich die Nazis durch: Mit dem
Ermächtigungsgesetz, das der Reichstag gegen das Votum
der Sozialdemokraten am 23. März 1933 billigte, wurde das
Parlament kaltgestellt. Hitlers Kabinett konnte fast unbe-
schränkt agieren. Und es dauerte gerade mal zwei Tage, bis
die Immenhäuser Sozialdemokraten und Kommunisten das

auch zu spüren bekamen: SA-Leute drangen in die Häuser und Wohnungen von etwa 20 Genossen ein und verschleppten ihre Opfer in eine ehemalige Knopffabrik in der benachbarten Kreisstadt Hofgeismar. Dort wurden die Männer vor ein Pseudogericht gestellt und anschließend die Nacht durch geschlagen und gefoltert.

Am nächsten Morgen mußte auch Ernst Jahn die zum Teil übel zugerichteten Leute verarzten. Lilli wurde so mit den Folgen des Naziterrors zum ersten Mal im eigenen Haus konfrontiert. Zudem war es im benachbarten Kassel in diesen Tagen zu antisemitischen Exzessen gekommen. Die Scheiben mehrer jüdischer Geschäfte wurden eingeworfen. SA-Trupps verprügelten jüdische Kaufleute, Rechtsanwälte und Bankiers. Eines der Opfer starb sogar an den Folgen der Mißhandlungen.

Und von Lillis Freiburger Verwandten kamen ebenfalls schlimme Nachrichten: Max Mayer, der Mann ihrer Cousine Olga, war verhaftet worden. Ihn, den jüdischen Lederhändler und sozialdemokratischen Stadtverordneten, hatten die Nazis unter einem Vorwand schon am 20. März zusammen mit der gesamten SPD-Fraktion ins Gefängnis gesteckt und erst am 31. März wieder freigelassen.

Die Aufregung war groß im Immenhäuser Ärztehaus, offensichtlich wollten die Nazis ihre politischen Gegner systematisch einschüchtern. Diesem Zweck diente auch der sogenannte Judenboykott vom 1. April: Von morgens 10 Uhr an wurden überall im Reich sämtliche jüdischen Geschäfte, Rechtsanwälte und Ärzte boykottiert. Die Immenhäuser nahmen es dabei nicht ganz so genau und bezogen auch Ernsts Praxis in die Aktion ein. Ernst wurde damit erstmals öffentlich für seine Ehe mit einer Jüdin bestraft. Am näch-

sten Tag schrieb die ohnehin schon sehr strapazierte Lilli –
sie stand damals kurz vor der Geburt ihres vierten Kindes –
den Freunden Hanne und Leo, was vorgefallen war:

Ihr Lieben,
nur ein paar Zeilen, um Euch zu sagen, daß wir uns von
Herzen freuen über die so guten Berichte von Hanne und
Eurem Baby. Wir denken ja so oft und voll Liebe an Euch!
Dir, liebe Hanne, besonderen Dank für Deine fürsorgliche
Karte. Es hat mir gut getan, daß Ihr auch solchen Anteil
nehmt an den kleinen Alltäglichkeiten dieses Lebens. Aber
ich habe seit dem 1. März eine neue Stütze, die sich
gut eingearbeitet hat und tüchtig und ordentlich ist. Und
gestern abend ist die Pflegerin gekommen, denn von näch-
ster Woche ab erwarte ich unser Kind ... Gesund sind wir
alle, die Kinder sind lieb und munter, und auch ich kann
den Umständen entsprechend zufrieden sein!
Aber sonst! Wir haben Erschütterndes erlebt! Und könnt
Ihr Euch vorstellen, wie mir zumute ist? Könnt Ihr begrei-
fen, wie schwer mir ums Herz ist und wie bitter weh das
alles tut? So, daß die Freude auf das Kommende ganz
verschüttet ist!!
Denkt Euch doch, auch über meinen Amadé hat man
gestern den Boykott verhängt, weil er mich – eine Jüdin –
zur Frau hat!! Wie mich das zutiefst erschüttert hat,
dafür fehlen mir die Worte. Und dazu kommt nun die
große bange Sorge: Wird es noch weitere Folgen für uns
haben? Wir wagen gar nicht weiter zu denken ...
Laßt es recht gut gehen, und denkt auch einmal an Eure
sehr deprimierte und isolierte, sich mehr denn je nach
Euch sehnende.

Lilli setzte ihren Namen nicht mehr unter den Brief, dafür fügte Ernst noch ein beschwörendes »Und doch Christus vincet, Herzlichst Euer Amadé« hinzu.

Christus vincet, Christus siegt – Lilli fehlte dieses Gottvertrauen; sie litt mindestens so sehr wie Ernst unter der ihm angetanen Demütigung. Ihrer jüdischen Herkunft hatte ihr Mann diese Schikanen zu verdanken. Und sie war bei all dem völlig hilflos, zumal wenige Tage später, am 10. April, Eva, ihre dritte Tochter, geboren wurde.

Bald mußte das Praxisschild rechts neben der Haustür abgeschraubt werden. Um keinen Anstoß zu erregen, verzichtete Lilli auf die weitere Ausübung ihres Berufs. Und schließlich war auch an einen politischen Schutz nicht mehr zu denken: Immenhausens sozialdemokratischer Bürgermeister hatte sein Amt Ende März an einen Nationalsozialisten abtreten müssen.

Betroffen von den neuerlichen Schikanen war auch Lillis Schwester. Elsa hatte in Köln Chemie studiert, war promoviert und hoffte auf eine akademische Karriere. Doch jüdische Wissenschaftler wurden jetzt nur noch im Ausnahmefall an den Hochschulen geduldet, Elsas Ambitionen waren damit geplatzt.

Leo und Hanne reagierten schnell auf Lillis Brief vom 2. April und spendeten ein wenig Trost. Lilli antwortete am 10. Mai:

Ihr Lieben, Guten, Hanne und Leo,
laßt mich Euch von ganzem Herzen danken für Eure guten
Wünsche zur Geburt unseres Babys ..., für das mich wäh-
rend des Wochenbetts sehr erquickende Heft über die Jesui-
tenkirche und vor allem für Eure guten Worte, die Beweise

Eures Verständnisses und Eurer Liebe, die meinem so sehr
verwundeten Herzen wirklich wohl getan haben. Und da
will ich mich gleich Amadés Zeilen anschließen und Euch
selbst noch mal innigst bitten, wenn Ihr es möglich machen
könnt, die Pfingsttage mit Ursula bei uns zu verbringen.
Könnt Ihr Euch denken, was das für uns bedeuten würde?
Wir wären Euch von ganzem Herzen dankbar ...
Unser Evalein geht gut voran ..., die Großen verfolgen
mit großem Interesse jede Prozedur des Waschens und
Trinkens und würden ihr Schwesterchen gar nicht mehr
missen mögen. Sonst sind sie natürlich viel zu sehr mit
ihren eigenen Erlebnissen beschäftigt, zumal sie den gan-
zen Tag draußen sind und für nichts anderes mehr Inter-
esse haben – vor allem der Junge – als für SA und SS, sie
marschieren und exerzieren und beglücken uns unentwegt,
von früh bis spät, mit dem Horst-Wessel-Lied. Da wir
die Pflegerin aus bestimmten Gründen schon vergangenen
Samstag entlassen haben, versorge ich mein Kleines ganz
alleine und habe natürlich einen reichlich ausgefüllten Tag.
Das ist auch gut so, denn alles andere, was uns liegt und
Freude macht, ist durch die Ereignisse doch ganz in den
Hintergrund gedrängt, und die Gedanken kreisen immer
um die gleichen Dinge ... Wie immer Eure getreue

Lilli

Tatsächlich hatte der knapp sechs Jahre alte Gerhard irgendwo
eine kleine Reichsflagge aus Kaisers Zeiten aufgetrieben und
stapfte nun stolz und fröhlich singend – »Die Fahne hoch!
Die Reihen fest geschlossen« – mit seinen beiden Schwestern Ilse und Johanna durch den Garten des Immenhäuser
Ärztehauses.

»Das uns auferlegte Schicksal«
Lilli und ihre Familie werden isoliert

Lillis Freundin Lotte Paepcke hatte noch Ende März das juristische Staatsexamen absolvieren können, wurde dann aber aus »rassischen Gründen« nicht mehr zum Referendardienst zugelassen. Wegen ihrer Mitgliedschaft in der Roten Studentengruppe steckten die Nazis sie im Juli sogar ins Gefängnis. Drei Wochen mußte sie dort ausharren, bis sich ein mit ihrem Vater befreundeter nichtjüdischer Rechtsanwalt für sie verbürgte und Lotte gelobte, ihren kommunistischen Ideen abzuschwören. Nach ihrer Freilassung reiste sie über Zürich nach Rom; aber an eine Emigration war nicht zu denken, weil ihr Freund und zukünftiger Ehemann Ernst August weder italienisch sprach, noch dort als deutscher Literaturhistoriker eine Anstellung finden konnte. Im Januar 1934 kehrten die beiden nach Deutschland zurück und heirateten bald, denn schon damals war absehbar, daß die Nazis über kurz oder lang sogenannte Mischehen verbieten würden.

In Immenhausen hatte sich der Alltag derweil völlig verändert. Die eben noch allseits geachtete Arztfamilie wurde plötzlich von den örtlichen Honoratioren gemieden, ja geächtet. Noch ein Auszug aus Lotte Paepckes Erinnerungsbuch »Unter einem fremden Stern«:

Die Bevölkerung des Dorfes, wenn auch mit der gewissen Anhänglichkeit der Abhängigen dem Doktorhaus ergeben, sah doch nicht ohne wollüstiges und selbstgefälliges Gruseln, wie da einer von den Hohen, Reichen von Staats wegen erniedrigt wurde und wie sie selbst, die gewöhnli-

chen Volksgenossen, infolgedessen im Rang stiegen ...
Eines Tages kam der Gutsherr in die Sprechstunde, eine
unbedeutende Verletzung nur, die er den Arzt doch bitte
zu verbinden. Beiläufig nur wollte er ihm, als Freund dem
Freunde, erklären, daß er und seine Frau vorläufig leider
den Verkehr mit der Doktorsfamilie abbrechen müßten.
»Sie verstehen mich, lieber Doktor, es ist eine rein formelle Sache, und es tut unserer tiefen Verehrung für
Sie und Ihre Frau Gemahlin keinerlei Abbruch. Aber in
meiner exponierten Stellung kann ich es mir einfach nicht
leisten ...« Der Doktor verstand und geleitete mit höflicher
Verbeugung den Gutsherrn zur Tür.
Bald danach rief der benachbarte Kollege an, er habe einige
fachliche Dinge zu beraten und komme nachher einmal mit
dem Wagen vorbeigefahren. Nein, zu einem gemütlichen
Abend reiche die Zeit leider nicht, er könne nur eben für
eine Viertelstunde abkommen. Und es reichte gerade nur,
um dem Kollegen zu erklären, daß der freundschaftliche
Verkehr der beiden Familien leider durch die politischen
Verhältnisse gestört worden sei und er es seiner und seiner
Familie Existenz schuldig sei, sich zurückzuziehen. »Sie
kennen mich, verehrter Kollege, und wissen, daß nichts
meine Achtung vor Ihnen und Ihrer Frau Gemahlin schmä-
lern kann, aber die Verhältnisse ...« Der Doktor verstand
und geleitete mit höflicher Verbeugung den Kollegen zur Tür.
Und nach einem halben Jahr kam der Pfarrer und
erklärte, daß er von der Parteistelle nun das dritte Mal
verwarnt worden sei und die schönen Plauderstunden im
Doktorhaus leider ein Ende nehmen müßten ...
Und der Doktor geleitete höflich den letzten Gast zur Tür.
Sie waren nun sehr allein.

Die Freundin Lotte berichtete in literarischer Form aus Lillis Leben. Die Dialoge sind sicher nur dem Sinne nach authentisch. Und doch: So oder ähnlich werden sich die Ereignisse in der Gartenstraße zugetragen haben.

Zeitzeugen erinnern sich zudem an vereinzelte Pöbeleien der Immenhäuser Bürger; noch 1933 sei das Haus einmal von SA-Leuten unter dem Vorwand umstellt worden, die Jüdin Lilli Jahn vor der Erbitterung der Bevölkerung »schützen« zu müssen. Tatsächlich aber war der von der Partei organisierte »Volkszorn« wohl weitaus größer als der wirkliche Unmut unter den Einwohnern der Kleinstadt.

Wenn Lilli das Haus zum Einkaufen verließ, so heißt es heute in Immenhausen, blickte sie stets nur zu Boden, um niemanden in die Verlegenheit zu bringen, sie grüßen zu müssen. Nur wenige Menschen durchbrachen diese Isolation und gingen von sich aus auf sie zu, die meisten kümmerten sich offenbar kaum um das persönliche Schicksal der stigmatisierten Frau und ihrer Familie. Im übrigen war man auf den tüchtigen Arzt Ernst Jahn schlicht angewiesen. Trotz aller Schikanen lief seine Praxis nun immer besser.

Im Laufe des Jahres 1933 emigrierte Lillis Schwester nach England. Elsa war ungebunden, ihre akademische Karriere ohnehin beendet. Außerdem war sie durch die Tuberkulose immer wieder zu langen Kuraufenthalten gezwungen. Elsa ging nach Birmingham. Dort freilich wurden ihre deutschen Zeugnisse nicht anerkannt. Sie mußte also ihre Abiturprüfung und ihre akademische Ausbildung, diesmal mit dem Schwerpunkt Pharmazie, im Schnelldurchgang wiederholen.

Auch von England aus besuchte Elsa ihre Schwester noch einige Male in Immenhausen, aber Lillis Vereinsamung schritt voran. Zwei Freundespaare hielten zunächst noch aus der

Ferne den Kontakt aufrecht: der Rechtsanwalt Leo Diekamp und seine Frau Lise in Bochum sowie, vor allem, Leo und Hanne Barth in Mannheim. Man korrespondierte ein paar Mal im Jahr, man besuchte sich in den Ferien. Am 4. Februar 1934 wurden die Barths von Lilli über die Verhältnisse in Immenhausen informiert:

Meine lieben lieben guten Leo und Hanne,
dieses Mal stehen aber wir sehr tief in Eurer Schuld, und
ich bitte Euch sehr um Entschuldigung wegen unseres fast
ungezogenen Schweigens. Wir haben uns ja noch nicht
einmal so richtig für Eure lieben Weihnachtsgrüße und
warmen Neujahrsgrüße bedankt. Wir sind aber seit vor
Weihnachten kaum zur Ruhe, geschweige zur Selbstbesin-
nung gekommen. Und wir beide, Amadé und ich, sind
reichlich abgekämpft; Amadé durch eine – man muß ja
eigentlich sagen: Gott sei Dank – sehr lebhafte und ange-
strengte Praxis, ich durch allerlei Hausfrauen-Nöte und
durch ziemlich häufiges Erkranktsein der verschiedenen
Kinder.
Sorge macht uns jetzt nur noch unser Gerhardchen. Er
ist doch sehr zart und wenig widerstandsfähig, blaß,
schmal … Letzten Mittwoch habe ich ihn in der Schule
angemeldet. Es war mir dabei nicht ganz leicht ums Herz,
Ihr versteht mich ja. Er selbst war voller Interesse, aber
doch mit einer deutlich spürbaren Zurückhaltung. Daß
er dann zu Hause plötzlich ungefragt die drei Bilder aus
dem Klassenzimmer – wir haben uns keine zehn Minuten
dort aufgehalten – genau und klar beschrieb, mußte selbst
sein Vati, der seinen Kindern gegenüber sehr kritisch und
sparsam mit Lob eingestellt ist, zufrieden anerkennen.

Jedenfalls ist er – soweit man es heute schon beurteilen kann – kein »Kollektivmensch«. Und wenn seine Anlagen sich so weiter entwickeln, wird er es in reiferen Jahren wohl mit Gleichmut zu ertragen wissen, nicht in den »braunen Kolonnen« mitmarschieren zu dürfen.

Ilschen und Hannele gingen am liebsten schon mit ihrem Bübelein in die Schule, sie sind gesund, kräftig und munter, Ilschen mit Stolz ein Hausmütterchen, Hannele ein Racker. Eine ganze Nummer für sich ist die Eva. Leo, wenn Du sie heute sehen würdest, Du würdest nicht glauben, daß das das ruhige, zufriedene Kind vom Sommer ist. So etwas von Wildheit und Temperament habe ich bei den drei anderen nicht erlebt ...

Weihnachten war schön, sehr schön. Die Kinder mit ihrem rührenden Glauben und ihrer strahlenden Freude haben auch unsere Herzen licht und froh gemacht und dadurch reicher und empfänglicher für unsere gegenseitige Verbundenheit und Liebe, die wir immer wieder als Wall aufrichten müssen gegen das »Draußen«.

Ich glaube, ich bin seit dem Herbst doch etwas ruhiger geworden; die Wunde, die man uns geschlagen hat, bleibt zwar und brennt auch, aber ich versuche schon um meines Mannes und unserer Kinder willen das uns auferlegte Schicksal von einer höheren Warte aus zu betrachten. Und es hat vielleicht auch sein Gutes, daß man heute gezwungen ist, sich mit Fragen auseinander zu setzen, die man früher aus Bequemlichkeit und vielleicht auch aus Feigheit nicht wahrhaben wollte. Aber das sind ja Dinge, die eigentlich nicht in einen Brief gehören, über die müßte man reden können in stillen Stunden des Beisammenseins. Solche Stunden brachten uns die Tage mit Lise Diekamp.

Kinder, war das ein Geschenk für uns, war das eine
Oase in unserem sonst so einsamen, so abgeschlossenen
Leben. Aber was ist das auch für eine prachtvolle Frau ...
Nun können wir erst voll begreifen, was auch Euch solch
Zusammensein mit Lise Diekamp bedeuten mag.
Inzwischen hat meine Schwester in London ihr Abitur
gemacht und studiert in Birmingham weiter Pharmako-
logie. Ihre Gesundheit bleibt allerdings weiterhin eine
Sorge. Mutter erwarten wir bald für einige Wochen
bei uns.
Im übrigen ist der gesellschaftliche Boykott hier in
Immenhausen uns gegenüber von einer ungeahnten Voll-
kommenheit. Dem Bonsmann hat die SA-Leitung das
Betreten unseres Hauses verboten!! Daß er sich's hat
verbieten lassen, dazu ist jeder Kommentar überflüssig.
Ich selbst gehe fast überhaupt nicht mehr vor die Tür.
Wie sieht es denn bei Euch aus, Ihr Lieben? Was macht
Leos Mutter? Wir denken oft an sie voll bester, herzlich-
ster Wünsche. Und hat Leo denn jetzt etwas mehr Ruhe?
Mit größter Anteilnahme verfolgen wir alle die Dinge, die
Euch besonders angehen. Und die Adventspredigten von
Kardinal F. waren ein sehr trostreicher Genuß für uns.
Auch darüber müßte man reden können ... Vergeltet nicht
Böses mit Bösem, sondern schreibt uns bald wieder. Ich
grüße Euch von ganzem Herzen als Eure getreue Lilli

Die fünf Adventspredigten des Freisinger Kardinals Faulhaber aus der Vorweihnachtszeit 1933 wurden von den Zeitgenossen als Zeichen des Widerstandes gegen den nationalsozialistischen Rassenwahn verstanden. Tatsächlich war Faulhaber jedoch nur bemüht, das Alte Testament als Teil einer gemeinsamen Tradition von Christentum und Judentum zu verteidigen. Gegen die politische Diskriminierung der deutschen Juden protestierte er keineswegs; später sympathisierte er mit Hitler.

Zur gesellschaftlichen Isolation Lillis kamen viele persönliche Enttäuschungen. Jener Arzt etwa, der ihr beim ersten Besuch in Immenhausen noch so imponiert hatte, Ernsts Freund Dr. Bonsmann, trennte sich nicht nur aus Opportunismus, sondern auch aus politischer Überzeugung von der Familie Jahn. Bereits im Juli 1934 wurde er in einem Schreiben des NSDAP-Kreisleiters in Hofgeismar als »rangältester SA-Führer« bezeichnet. Bonsmann hatte es zum »Sanitätsobersturmführer« in Immenhausen gebracht.

In der Anonymität einer Großstadt wie Köln wäre Lillis jüdische Herkunft manchen Nachbarn womöglich gar nicht bekannt geworden. Im kleinen Immenhausen dagegen wußte jeder davon. Wer sich also an den politisch geforderten Boykott nicht hielt, mußte seinerseits mit Sanktionen rechnen.

Da half es auch überhaupt nichts, daß sich Lilli nach außen hin ganz dem christlichen Familienleben angepaßt hatte. Die Kinder waren evangelisch getauft worden und wurden später der Reihe nach konfirmiert. Selbstverständlich hing im Hause Jahn Jahr für Jahr ein Adventskranz, ein Weihnachtsbaum wurde aufgestellt, Weihnachtslieder wurden gesungen. Und Lilli stickte sogar eine aufwendig verzierte Weihnachtsdecke für den Familientisch.

In die Kirche allerdings begleitete sie ihre Kinder nie, zuweilen fuhr sie allein nach Kassel in die Synagoge. Auf ihrem Nachttisch lag ein in silbernen Buchdeckeln eingefaßtes jüdisches Gebetsbuch; hin und wieder wurde sie von ihren Kindern dabei beobachtet, wie sie abends Gebete sprach.

Und einmal im Jahr, am Todestag ihres Vaters, brannte auf ihrem Sekretär 24 Stunden lang ein Jahrzeitlicht.

Fast scheint es, als sei ihre bis dahin nur schwache Bindung an den jüdischen Glauben mit ihrer Isolation in Immenhausen wieder etwas stärker geworden.

Ernst entfernte sich ja ohnehin aus der protestantischen Welt. Schon seine katholische Mutter hatte ihn und seine Schwester heimlich, und gegen den Willen des evangelischen Vaters, mit in die katholische Messe genommen. Und je mehr er nun auch selbst von Kollegen, Freunden und Bekannten wegen seiner Ehe mit Lilli geschnitten wurde, desto mehr wich er in die aus seiner Sicht integre und moralisch gefestigte Sphäre des Katholizismus aus. So war er ein treuer Leser der Zeitschrift »Das Hochland« und begeisterte sich, sicher nicht zufällig, für die literarischen Werke von Konvertiten. Zu seinen Favoriten, so zeigt sein Brief an das Ehepaar Barth vom 27. Februar 1934, zählte der 1921 zum Katholizismus übergetretene Kulturkritiker Theodor Haecker, dessen Werke trotz ihres sehr konservativen Weltbildes von 1938 an im Dritten Reich nicht mehr gedruckt werden durften, sowie die gleichfalls zum katholischen Glauben konvertierte norwegische Nobelpreisträgerin Sigrid Undset mit ihrem Mittelalter-Epos »Olav Audunsson«:

Liebe Hanne, lieber Leo,
nehmt sehr herzlichen Dank für die gütige Bücherspende,
die endlich in Eure Hände zurückkehrt. In den letzten
Wochen habe ich Olav Audunssohn gelesen. Das ist aller-
höchste Kunst, Lebenswahrheit und eine seelische Größe
und Tiefe, ein Ernst und eine Sittlichkeit, wie sie offenbar
nur aus den Kräften der Religion gestaltet werden kann.

Solches und Theodor Haeckers Geist, »Das Hochland«,
unsere Kunstbücher – das sind unsere Gäste und unsere
Hilfe in dieser Zeit, der es richtig scheint, Menschen
wie uns als verabscheuungswürdig und zu meidende zu
behandeln. Es ist so grotesk, daß jede Erörterung dieser
Tatsache sinnlos wirkt. Wir Eltern würden dies uns zu der
deutschen Erhebung zugeteilte Los mit einigem Gleichmut
tragen in dem Bewußtsein, nicht gegen Volk und Staat
irgendwie uns vergangen zu haben, aber unserer Kinder
wegen lastet alles sehr auf uns. Solange wir leben, sind sie
ja immer noch – so Gott will – behütet, aber hernach. –
Lise Diekamps Besuch war eine große dankbar empfun-
dene unverdiente Wohltat; das Bewußtsein, uns Euch und
ihnen verbunden fühlen zu dürfen, ist uns jetzt noch viel
mehr Halt und Trost.
Wie geht es Euch, Euren Eltern und Ursel und Vroni? ...
So gerne würde ich Euch Lilli schicken, aber immer
kommt was dazwischen, sämtliche Kinder haben nacheinander Angina gehabt, zur Zeit Lilli selbst eine richtige
Halsentzündung mit Fieber. Morgen Mädchenwechsel,
dann steht Lillis Mutters Besuch in Aussicht. Ob wir uns
in diesem Jahr wiedersehen? ...
Dem schriftlich-freundlichen Rat Leo Diekamps folgend
lesen wir statt der Kölnischen Volkszeitung seit einigen
Monaten die Rheinmainische Zeitung und sind sehr
zufrieden über den Wechsel. Noch ein kleiner Trost ist,
daß mein Kasseler Automonteur eine Kölsche Jung ist,
und zwar ein netter, was man nicht von allen behaupten
kann, nicht wahr Johanna?!
Seid 1000fach gegrüßt von

                                    Eurem Amadé

Das ungewisse Schicksal der eigenen Kinder wurde nun auch von Lilli mehr und mehr beklagt. Die »bangende Sorge um ihre Zukunft«, so schrieb sie am 16. Mai 1934 in einem Brief an die Barths, belastete sie sehr. Nach nationalsozialistischer Terminologie waren ihre Kinder als »Halbjuden« abgestempelt und somit schon von vornherein fast aller Berufs-, ja Lebenschancen beraubt. Zwar durften Gerhard, Ilse und Johanna in den nächsten Jahren noch auf Kasseler Oberschulen wechseln, doch daß ihnen der Lebensweg irgendwann einmal verbaut sein würde, war absehbar. Schon die Aufnahme in die Hitlerjugend kam für Gerhard nicht in Frage. Auch Ilse und Johanna wurde nach ein paar Wochen der Zutritt zu den Treffen der örtlichen Jungmädel-Gruppe nicht mehr gestattet. Lillis Kinder litten unter dieser Außenseiterrolle. Beim Appell auf dem Schulhof standen sie – ohne Uniform – stets abseits.

»Daß unsere Bäume nicht in den Himmel wachsen, dafür sorgt ja Herr Goebbels wieder in seiner letzten Rede«, notierte Lilli in dem Brief vom 16. Mai. Und ein paar Monate später, am 25. Oktober, mußte sie den Freunden in Mannheim »weniger erfreuliche Nachrichten« aus Köln und Birmingham übermitteln:

Es ist meiner Mutter unmöglich, zur Zeit Geld an meine Schwester zu senden, nicht einmal den Betrag für die Kolleg-Gelder, geschweige das Geld für den Lebensunterhalt; es liege weder ein außen- noch kulturpolitisches Interesse vor, war der Regierungsbescheid. Was nun? Wir machen uns große Sorge. Ist es nicht eine ganz große bittere Ungerechtigkeit: Erst nimmt man uns hier jede Möglichkeit, und nun unterbindet man uns noch das Fortkommen im Ausland.

Ernst legte dem Brief an die Freunde ein paar »Blätter des rassepolitischen Amtes der NSDAP« bei – noch bemühte man sich, die dem Terror womöglich innewohnende Logik zu begreifen. Und offenbar schmiedete der wachsende äußere Druck Ernst und Lilli in diesen Jahren enger zusammen. Immer wieder erzählte Lilli von kleinen Liebesbeweisen ihres Mannes, so auch in einem Bericht über ihren 35. Geburtstag, den sie am 22. März 1935 an die Barths adressierte:

Amadé hat mich wieder so sehr verwöhnt, hat mir einen ganzen Garten von Frühlingsblumen hergezaubert und mir unter anderem ein paar schöne Bücher hingelegt ... Diese ersten schönen sonnigen Frühlingstage haben die Kinder schon tüchtig ausgenutzt – und es bekommt ihnen herrlich. Amadé und ich haben gestern den ersten Gang durchs Feld gemacht und haben uns gefreut an den Weidenkätzchen und den ersten Lerchen. Wir sind beide abgespannt und sehr erholungsbedürftig; es ist ja nicht nur die Arbeit, die uns müde macht; es lastet doch immer wieder so viel auf uns, nicht zuletzt die bange, bange Sorge um die Zukunft unserer Kinder. Es fehlt uns natürlich auch jede Abwechslung und Anregung.

Ähnliche Klagen trafen nun in immer kürzeren Abständen bei den Freunden in Mannheim ein. »Die Ungewißheit über das zukünftige Schicksal ist quälend. Ihr könnt mir glauben, wir sind sehr, sehr deprimiert und mutlos«, notierte Lilli am 20. Juli 1935. Und am 23. August: »Manchmal weiß ich nicht mehr, woher ich die Kraft nehmen soll, alles zu ertragen.«

Zu den politischen Pressionen gesellten sich noch diverse private Probleme: Ernst war überarbeitet, die Einstellung von Kinder- und Hausmädchen gestaltete sich für sie als Jüdin immer komplizierter, und dann gab es zahllose, zum Teil schwere Kinderkrankheiten. Vor allem die inzwischen fünf Jahre alte Johanna machte ihr große Sorgen. Das Mädchen hatte starkes Asthma und wurde aus diesem Grund zweimal für mehrere Monate in ein Kindersanatorium gebracht. Aber auch das war nicht ganz einfach. Jedesmal mußte zuvor geklärt werden, ob das »nichtarische« Kind überhaupt aufgenommen werden würde.

Der Sommer 1935 brachte immerhin etwas Abwechslung: Lillis Schwester kam für mehrere Wochen aus England zu Besuch. Elsa erkannte schnell die fast aussichtslose Lage der Familie und entwickelte zusammen mit Ernst und Lilli einen Rettungsplan, in dem die in Madrid lebende Halbschwester von Ernst, Grete Jahn de Rodriguez Mateo, eine zentrale Rolle spielte. Grete war mit dem spanischen Journalisten Alfonso de Rodriguez Mateo verheiratet, der zu dieser Zeit wahrscheinlich als Beamter im Madrider Schulamt arbeitete und über einigen Einfluß verfügte. Vielleicht, so Elsas Hoffnung, konnte der Arztfamilie auf diesem Wege geholfen werden.

Um die Zensur zu umgehen, schrieb sie erst nach ihrer Rückkehr aus Deutschland an Grete Jahn, und zwar am 29. August 1935:

Liebe Frau Jahn de Rodriguez Mateo,
meine Schwester und mein Schwager, Herr und Frau
Ernst Jahn aus Immenhausen, haben mich gebeten, Ihnen
von hier aus ihre herzlichsten Grüße zu senden und Ihnen
einmal ausführlich von ihnen und den Verhältnissen in
Deutschland zu berichten. Wie Ihnen wohl bekannt ist,
herrscht in Deutschland immer noch schärfste Briefkon-

trolle, so daß es unmöglich ist, von dort aus offen die
Zustände zu schildern, und Lilli und Ernst bitten Sie
sehr herzlich, in Ihrem Antwortschreiben keinerlei Andeutungen über den Inhalt dieses Briefes zu machen, sondern
lediglich ohne Kommentar meine Fragen zu beantworten.
Die Zustände in Deutschland haben sich derart zuge-
spitzt, daß Ihr Bruder ernstlich um seine Existenz bangt.
Da er mit einer Jüdin verheiratet ist, ist er unaufhörlich
Diffamierungen ausgesetzt. Die Kollegen im Kreis verkeh-
ren nur noch in notwendigsten Fällen telefonisch mit ihm,
er kann nicht Mitglied der N.-S. Ärzteschaft sein, zur
Behandlung der Kinder im N.-S. Kindergarten und der
Frauen von der N.-S. Volkswohlfahrt hat man den Arzt
aus einem benachbarten Dorf gerufen, kurz, man sucht
ihn auszuschalten, wo immer man kann.
Gesellschaftlich sind die beiden vollkommen isoliert, sogar
die treuen Freunde in Mannheim und Bochum haben sich
jetzt mit Rücksicht auf ihre eigene gefährdete Existenz –
beide sind aktiv tätig in der katholischen Bewegung – von
Jahns zurückziehen müssen.
Was Lilli und Ernst seelisch durchmachen, wie sie unter
diesen dauernden Diffamierungen leiden, kann ich Ihnen
nicht beschreiben, aber auch nicht mit welcher menschlichen Größe beide ihr unsagbar schweres Los tragen. Das
Herz zieht sich einem zusammen, wenn man sieht, wie
diese beiden Menschen versuchen, sich gegenseitig Trost
und Stütze zu sein, und wie vor allem ihr ganzes Streben
dahin geht, das Los ihrer Kinder zu erleichtern.
Die Rücksicht und Verantwortung für die Kinder ist es
auch, die sie bis jetzt hat ausharren lassen, denn Ernst
kann nicht seine bisher noch gute Existenz aufgeben,

bevor er die Gewißheit hat, daß er draußen eine neue Existenz aufbauen kann. Die Politik der deutschen Regierung scheint die zu sein, allen Juden, Nichtariern und solchen, die mit Juden versippt sind, nach und nach den Boden wegzunehmen und sie auf diese Weise zu veranlassen, das Land zu verlassen.

Erlauben Sie mir, Ihnen nähere Details über die maßlose Verhetzung des deutschen Volkes zu schreiben. Es gibt in ganz Hessen schon nicht mehr ein Dorf oder eine kleinere Stadt, in der Sie nicht Schilder mit gehässigen Aufschriften des allgemeinen Inhalts »Juden sind hier unerwünscht« finden und ebenso Geschäfte mit Plakaten »An Juden werden keine Waren abgegeben«.

Ein guter Freund von Ernst und Lilli, der in einem benachbarten Städtchen Arzt war – er ist Jude und mit einer Katholikin verheiratet –, sitzt seit acht Wochen in Untersuchungshaft, weil er unter Anwendung hypnotischer Mittel sich an arischen Mädchen und Frauen vergangen habe. Als Zeugen gegen ihn hat man eine Epileptikerin und eine Frau, die seit Jahren in einer Irrenanstalt sitzt, zusammengescharrt und versucht weitere Zeugen zu bekommen, indem man den Polizisten von Patient zu Patient schickt und sie ausfragen läßt. Für Geld ist im heutigen Deutschland jede Aussage zu haben! Und an der ganzen Geschichte ist nicht ein wahres Wort! Aber das sind die Wege und Mittel, mit denen sie versuchen, jede, aber auch jede jüdische Existenz zu vernichten.

Ich schreibe Ihnen das alles, um Ihnen die Dringlichkeit für Ernst, eine Existenz im Ausland aufzubauen, zu zeigen und um Ihnen klar zu machen, wie berechtigt es ist, daß er um seine Existenz bangt.

Der Zweck meines Briefes ist nun der, in Ernsts und Lillis
Auftrag bei Ihnen anzufragen, ob es Ihnen dank Ihrer
und Ihres Gatten Beziehungen möglich sei, für Ernst eine
Position in Spanien zu finden. Es wäre ihm natürlich das
Liebste, wenn er als Arzt eine Stellung finden könnte,
aber er wäre auch, so schmerzlich es ihm auch ist, bereit,
anderweitig tätig zu sein. Er hofft, daß Ihr Gatte es
vielleicht ermöglichen könne, ihm eine Anstellung an
einem großen Hospital zu verschaffen oder für ihn die
Erlaubnis zur Niederlassung zu erwirken. Daß er ein
ausgesprochen tüchtiger und zuverlässiger Arzt ist, mag
Ihnen der Umstand beweisen, daß trotz der großen Hetze
seine Patienten treu zu ihm halten und seine Praxis nach
wie vor sehr gut ist. Aber die Ungewißheit und Unsicher-
heit seiner Existenz und die seelischen Demütigungen,
denen sie beide ausgesetzt sind, haben ihn veranlaßt,
sich mit dem Gedanken, aus Deutschland herauszugehen,
ernstlich zu befassen.
Ich bin seit gestern wieder hier in England, um weiter
zu studieren. Und obwohl unser Leben hier draußen sehr
schwer und entbehrungsreich ist, bin ich glücklich, aus
Deutschland heraus zu sein. Ich war auch 14 Tage in
Immenhausen, und so harmonisch auch unser Beisammen-
sein war, es war überschattet von dem schweren Druck,
der auf uns allen lastet. Die Kinder haben sich prächtig
entwickelt, sie sind wirklich die einzige Freude, die Ernst
und Lilli noch haben, aber auch für ihre Zukunft haben
wir die ernstesten Sorgen ...
Verzeihen Sie, wenn ich Ihnen mit diesen Zeilen das Herz
schwer gemacht habe, aber ich wäre nur zu glücklich,
wenn es in Ihrer Macht stünde, Ernst und Lilli zu helfen.

*Und darf ich noch einmal darum bitten, in Ihrem Brief
keinerlei Anspielungen zu machen, sondern lediglich die
Möglichkeiten zu erörtern, die für den eventuellen Aufbau
einer neuen Existenz bei Ihnen in Spanien bestehen. Sie
würden Ernst und Lilli in größte Schwierigkeiten bringen,
wenn Sie auch nur erwähnten, welch Martyrium die beiden durchmachen.*

*Auch Ihre Schwester Lore mit den beiden Kindern habe
ich dieses Jahr gesprochen. Sie war wieder in Herzhausen
am Edersee, und wir haben sie mit den drei Großen von
Immenhausen aus besucht – nachdem Lore sich vorher erst
erkundigen mußte, ob man uns, als Nichtariern, auch im
Hotel ein Mittagessen verabreichen würde! So weit ist es
in unserem Deutschland schon gekommen! ...*

*Wollen Sie mich bitte unbekannterweise Ihrem Gatten
empfehlen und nehmen Sie selbst mit ... der Bitte, mir die
Offenheit meiner Zeilen nicht zu verargen, die herzlichsten Grüße von Ihrer sehr ergebenen Elsa Schlüchterer.*

Eine Reaktion Grete Jahns aus Spanien ist nicht überliefert.
Offensichtlich zerschlug sich dieser Plan. Alfonso de Rodriguez Mateo floh nach Francos Regierungsantritt mit Mit-
gliedern der republikanischen Regierung nach Südfrank-
reich. Ein Amnestieversprechen ließ ihn später nach Spanien
zurückkehren, er wurde jedoch sofort inhaftiert und im
Gefängnis, laut Aussage seines Bruders, von den Faschisten
erschlagen.

Elsa gab nicht auf, sie fand Freunde in England, die für die
Familie Jahn bürgen wollten. Dr. John Henry Crosskey und
seine Frau Evelyn, ein wohlhabendes Arztehepaar aus der
High Society Birminghams, stellten den deutschen Berufs-

kollegen ein Affidavit in Aussicht. Evelyn Crosskey war eine Verwandte des britischen Premiers Neville Chamberlain und engagierte sich erfolgreich in einem Hilfskomitee für Flüchtlinge aus Deutschland.

Alle formalen Hindernisse waren damit ausgeräumt, die Emigration wurde möglich. Doch Ernst verweigerte sich. Denn trotz aller Schikanen der Nazis lief die Praxis in Immenhausen so gut, daß ihm ein neuer Start in England zu riskant, zu mühsam erschien. Und allein, gar ohne ihre Kinder, wollte natürlich auch Lilli nicht fortgehen.

Schon bald war sie die einzige in Immenhausen lebende Jüdin. 1933 hatten noch zwei jüdische Kaufleute mit ihren Familien in der Kleinstadt gewohnt: der Kolonialwarenhändler Bernhard Friedemann mit seiner Frau Johanna und drei Kindern – zu den Friedemanns unterhielten die Jahns einen lockeren Kontakt –, sowie der mit einer Christin verheiratete Drogist Max Goldin. Beide Familien standen unter regelmäßiger Kontrolle der Obrigkeit. Der Bürgermeister hatte dem Landrat in Hofgeismar einmal im Monat einen politischen Bericht zu erstatten und dabei auch die ortsansässigen Juden zu berücksichtigen. Denen war allerdings nie etwas vorzuwerfen, nur die übrigen Bürger verhielten sich nicht immer wunschgemäß. Eigentlich sollten beide Geschäfte boykottiert werden, doch, so gestand der Bürgermeister etwa im November 1934, es sei nicht zu übersehen, daß bei den Friedemanns »wieder mehr von Christen gekauft wird«. Nach und nach mußten die jüdischen Familien allerdings ihre Geschäfte aufgeben, Goldins wanderten bereits 1934 nach Palästina aus, Friedemanns 1937.

Lilli übrigens wurde in den Berichten des Bürgermeisters nie erwähnt, noch war sie durch ihre Ehe mit Ernst geschützt.

Das Gefühl, allmählich von allen Freunden verlassen zu werden, bedrückte sie sehr. »Nun gehen auch noch unsere einzigen guten Bekannten Mitte Januar nach Südafrika; das ist ein sehr fühlbarer Verlust für uns, denn dann sind wir hier ganz vereinsamt«, schrieb sie am 2. Dezember 1935 an das Ehepaar Barth.

Zwischen den Zeilen appellierte sie damit auch an die Adressaten, allerdings ohne Erfolg. Denn wie schon Elsa bei ihrem Besuch beobachtet hatte: Auch die Mannheimer Freunde zogen sich erkennbar zurück. Im Laufe des Jahres 1936 wechselte Lilli noch ein paar kurze Briefe mit ihnen, dann brach der Kontakt für vier Jahre ab.

»Die jüdische Großmutter«
Eine Hommage an Lillis Cousine Olga

Mit den Nürnberger Gesetzen vom September 1935 verschafften die Nationalsozialisten ihrem Rassenwahn eine absurde Systematik. Dazu zählte ein ganzer Katalog von Schikanen gegen die deutschen Juden, aber auch die sogenannten Mischlinge wurden ausgegrenzt. Lillis Familie war davon ebenso betroffen wie die ihrer Freundin Lotte und alle übrigen jüdisch-christlichen Familien im Deutschen Reich. Die Nazis legten genau fest, wer von nun an welchen Diskriminierungen ausgesetzt werden sollte. Entscheidend für die Bestimmung der Zugehörigkeit zur »arischen Rasse« war die Herkunft der Großeltern. Wer nur eine jüdische Großmutter besaß, galt als Mischling II. Grades, wer zwei jüdische Großeltern hatte, war Mischling I. Grades und somit »Halbjude«. Die »jüdische Großmutter« wurde zum geflügelten Wort. Wer mit ihr »gestraft« war, zählte nicht zu den arischen Herrenmenschen und hatte mit Einschränkungen seiner persönlichen Rechte zu rechnen, die von Jahr zu Jahr spürbarer wurden.

Auch Lottes Sohn Peter wurde 1935 in diese Wahnwelt hineingeboren. Die Paepckes lebten damals noch in Freiburg. Drei Jahre später wurde Lottes Ehemann Ernst August nach Bielefeld versetzt, die junge Familie mußte umziehen. Peters Großvater Max Mayer nahm die bevorstehende Trennung zum Anlaß, um seinem Enkel am 9. Mai 1938 einen langen Brief zu schreiben. Peter wäre mit seinen drei Jahren natürlich noch gar nicht in der Lage gewesen, die ebenso pathetischen wie scharfsinnigen Ausführungen seines Großvaters zu verstehen. Wahrscheinlich hatte Max für seinen Brief ganz andere Adressaten im Blick, seinen nichtjüdischen Schwiegersohn Ernst August etwa, auf dessen Charakterstärke und Standhaftigkeit es nun immer mehr ankam. Tatsächlich aber schickte Max Mayer diesen Brief gar nicht ab. Erst zehn Jahre später, 1948, vertraute er das nunmehr schon historische Dokument seiner Tochter und seinem Schwiegersohn an.

Ob Lilli von diesem Brief wußte, ist fraglich – daß sie seine Aussagen Zeile für Zeile billigte, absolut sicher. Nach dem Krieg wurde der Peter-Brief im Kreise der Mayers, Nördlingers und Schlüchterers zu einer Ikone. Er bezeugt jenes jüdisch-deutsche Selbstbewußtsein, das viele assimilierte Juden im ersten Drittel des 20. Jahrhunderts auszeichnete.

Mein lieber Enkel Peter!
Vor wenigen Tagen, am 3. Mai, bist Du drei Jahre alt
geworden. Du bist bisher in meinem Leben und dem
Deiner Großmutter Olga das Licht und die tägliche Freude
gewesen. Du verdankst diese Feststellung nicht nur der
natürlichen Liebe der Großeltern zu ihren Enkeln, sondern
unserer einfühlenden und darum wissenden Teilnahme
an Deinem Erwachen, an Deinem stetigen Vorrücken in
Deine Eindruckswelt, an Deinem Spieltrieb und seinen
Richtungen und an Deinem charakterlichen Wachstum.
So haben wir den Knaben Peter in seinem Wesen und in
seinen Anlagen kennen gelernt, und so wollen wir ihn
gerne auch weiterbegleiten.
Und wir haben, Deine Großmutter Olga und ich, auch
Deine Gegenliebe. Sie ist nicht mit Schokolade erschli-
chen, auch nicht mit Nachsicht oder anderen Bestechun-

gen. Auch besteht sie nicht in unserer Einbildung; sie ist
Wirklichkeit. Du nimmst uns noch als Hauptpersonen,
die Du anstrahlst. Du interessierst Dich noch für uns.
Die Jahre, wenn wir alte Beigabe sein werden, sind noch
nicht gekommen. So ist die Lage heute am 9. Mai 1938.
Es wird sich am liebreichen Zusammengehören auch weiterhin nichts ändern. Und doch sind beinahe gleichzeitig
zwei Vorgänge eingetreten, über welche zu sprechen ich
das Bedürfnis habe.

Das erste betrifft die bedauerliche Wahrscheinlichkeit,
daß Dein lieber Vater von seiner Firma von hier nach
Bielefeld versetzt wird, daß also er, Deine Mutter Lotte
und Du uns verlassen werden. Dies wird sich in den
nächsten 10 Tagen entscheiden. Wenn es dahin kommt,
dann befinden wir uns – wir und Deine Eltern – im
Verlust eines schönen, auf tiefster Harmonie beruhenden,
immer für einander einsatzbereiten Familienlebens. Die
örtliche Trennung wird daran nichts ändern, aber wir
können es nicht mehr wie bisher genießen und spenden.
An die Stelle des beglückenden täglichen Erlebnisses tritt
der Briefwechsel und der alljährliche Ferienbesuch. Indes –
solche Trennungen ereignen sich normal in allen Bevölke-
rungsschichten.

Der zweite, auf Deinen dritten Geburtstag folgende Vorgang ist derjenige, anläßlich dessen ich diese Niederschrift
mache:

Du bist gestern, den 8. Mai 1938, in der Kapelle der
Lutherischen Kirche in der Stadtstraße in Freiburg getauft
worden. Wir sind auf diese Absicht Deiner Eltern von
ihnen vorbereitet worden. Es hat mir in meinem Judesein
einen Schock gegeben, weil dieses – vordem nur eine zufäl-

*lige, zwar nie verleugnete, aber bagatellisierte geburtliche
Mitgift – in den letzten Jahren der Judenverfolgung meine
Trutzburg geworden ist. Von ihrem Söller aus sollte ich
Dich zur Taufe gehen sehen. Ich habe mich aber alsbald
zu der Überzeugung durchgerungen, daß die Beweggründe
Deines Vaters zutreffend, um nicht zu sagen zwingend sind.
Es wird gegenwärtig in der deutschen Epoche des Masse-
Menschen von jedem Deutschen eine Norm verlangt. Er
braucht seine Nummer, sein Fach, seine Rubrik, seine
Erkennungsmarke, er muß in irgendeine Teilgemeinschaft
hineinpassen. Den Typus dieses standardisierten heutigen
deutschen Menschen zu analysieren, ist nicht mein Begeh-
ren. Damit verzichte ich auch darauf, den Dir durch
Taufe und Eingliederung geöffneten Weg anzuvisieren.
Ein junger Mensch kann seine Orientierung ohnedies nicht
von seinem Großvater nehmen in Fragen, welche von
einem neuen Geschlecht gestellt und beantwortet werden
wollen.
Aber in einer Sache sollst Du meine Stimme hören und
will ich mich vernehmbar machen. Höre, mein Enkel
Peter! Seit fünf Jahren sind die Juden in Deutschland
einem erbarmungslosen Prozeß der Ausstoßung aus dem
Volkskörper überliefert. Die Regierung des dritten Reiches
hat nach jahrelanger agitatorischer Vorbereitung von seiten der sie tragenden Partei das Postulat aufgestellt und
mit Recht-schaffender Kraft ausgestattet, daß die Juden
einen Fremdkörper im Volk bilden, durch welchen die Aus-
erwähltheit des deutschen Volkes in ihrem rechtmäßigen
Ausdruck behindert sei. Dieser bedürfe einer Reinigung
und Befreiung von der jüdischen Mitgliedschaft und
Komponente.*

In Verwirklichung dieser als »Weltanschauung« aufge-
machten These ist eine Orgie von Rassenhaß gemacht und
eine totale systematische Disqualifizierung des jüdischen
Menschen ins Werk gesetzt worden. Der ganze Parteiapparat, die Presse, die Schulungskurse, das Radio, die
offizielle Propaganda, der nationalpolitische Unterricht
der Jugend, der gesamte Lebensbereich der Nation wurde
in den Dienst der Aufgabe gepreßt, die Juden ihrer Ehre
und Gesellschaftsfähigkeit ohne Ansehen ihrer Person zu
entkleiden. Sie werden aus ihren Existenzen und Heim-
stätten verdrängt, mittellos zur Auswanderung gezwungen, und die Überzeugung von der jüdischen menschlichen
Unterwertigkeit soll pflichtgemäß dem Gedankengut des
arischen Menschen einverleibt werden.

Das tragische Schicksal der Betroffenen zu schildern,
gehört nicht hierher, auch nicht ihre sachliche Vertei-
digung. Ihnen gegenüber steht das »arische« Volk. Es
unterzieht sich dieser befohlenen Judenverfolgung zum
Teil bereitwillig unter der gedankenlosen Benutzung der
von der Propaganda gelieferten Schlagworte. Aber zu
einem sehr großen Teil lehnt das Volk im Wissen um
die Unwahrheit und Ungerechtigkeit der Schlagworte
die Verfolgung ab, ohne aber den Betroffenen helfen
zu können.

Um die Distanzierung vom Juden zu vollenden und um
sich für die Zuständigkeit unter dem arischen Dach legi-
timieren zu können, wurde den arischen Volksgenossen
der »Ahnenpaß« verliehen. Keine Station des bürgerlichen
Lebens kann mehr durchschritten werden ohne den Nach-
weis der halb-, dreiviertel- oder voll-arischen Eigenschaft.
Zu dieser jederzeit beweisfertigen Legitimierung beschaf-

fen sich die Menschen zur Zeit in Deutschland einen
Ahnenpaß und eine Ahnentafel.

Und von dieser Deiner Ahnentafel, mein lieber Enkel
Peter, möchte ich jetzt zu Dir sprechen. Die vorhergehende
Darstellung der Lage der Juden war das unentbehrliche
Vorwort zum Verständnis meiner folgenden Ausführungen
über Deine Ahnentafel. Der Termin dafür war Deine
gestrige Taufe. Mit ihr ist, Dir noch nicht bewußt, die
Wanderstelle erreicht, von welcher Du auf eigenem Weg
auf eine Lebenssphäre hinschreitest, wo der Haßchor alsbald in Hörweite kommt. Ich will Dir meine Gegenstimme
mitgeben und das Bekenntnis zu Deiner Ahnentafel.

Der väterliche Zweig Deiner Ahnenreihe bedarf keiner
Fürsprache, weil es der arische Zweig ist. Als Dein Vater
seinen Entschluß kundgab, unsere liebe Tochter Lotte zu
heiraten, haben wir ihn pflichtgemäß und eindringlich auf
dessen schweren Inhalt und auf die vielfachen Belastungen
hingewiesen, welche er durch die Verbindung mit einer
jüdischen Frau auf sich nimmt. Aber diese Überlegungen
waren von ihm schon auf Null abgeschrieben. In seiner
Zuneigung und Hochschätzung für Lotte, außerdem aber
auch aus seiner menschlichen Grundgesinnung stand er
fest und aufrecht in dem antisemitischen Sturmwind,
welcher seit einigen Jahren in das deutsche Volk hinein-
gepumpt wurde.

In seinem Festhalten an Lotte bestand er seine Sturm-
probe. Er hat damit bewiesen, daß er seinen Geist und
seine Seele freigehalten hat vom Anhauch dieser Haß-
Epidemie. Er ist durch seine Heirat nicht pro-jüdisch
geworden. Sondern er hat der jüdischen Welt gegenüber
seine ursprüngliche Objektivität und Unbefangenheit

behauptet. Daß die Ehe nachher, bis zum heutigen Tag und hoffentlich auch weiterhin die von Deinem Vater erhoffte höhere menschliche Einheit geworden ist, erteilt nicht nur ihm selbst und seiner Heirat die verdiente Rechtfertigung, sondern es offenbaren sich darin die schönen Eigenschaften Deiner Mutter, in welchen die Hoffnungen Deines Vaters ihre Erfüllung fanden.

Deine Mutter, wenn sie gesund bleibt, so daß Du selbst bis hoch in Deine reifen Tage sie besitzen darfst, steht Dir so unmittelbar nahe, daß Du aus ihrer großen Güte, Selbstlosigkeit, aus der Reinheit ihres Wollens und ihrer Führung von selbst die heilige geheimnisvolle Kraft der Mutterliebe erfühlen und an ihr erfassen kannst, daß sie hoch über allem lieblosen Tun der Menschen steht. Die Stelle in Deiner Ahnentafel, an welcher Deine Mutter die Reihe aufsteigend eröffnet, wird von Dir selbst geheiligt werden. Wie sehr auch in den Jahren und Jahrzehnten die Menschen sich verändern, die Mutter ruht ungeschwächt in ihren Herzen. Sie verewigt unser Kindsein, und so wirst Du, so hoffe ich, lieber Peter, auch in späteren Jahren noch so zärtlich wie heute im vierten Lebensjahr sprechen: »meine kleine Mama«.

Wie nun die Dinge heute liegen, bist Du der deutschen neuen Gesetzgebung unausweichlich unterworfen, welche Dich als Mischling abstempelt, weil Deine Mutter jüdischen Blutes ist. Du sollst damit um eine halbe Stufe über Deine Mutter erhoben, und Deine Mutter soll unter Deinem Menschenwert notiert werden. Du bist diesen Bestimmungen rechtlich unterworfen. Ob Du diese Bewertung und Rangordnung anzuerkennen und in Deinen Willen aufzunehmen bereit bist, bleibt Dir freigestellt. Daß Du aus dem Gefühl des Kindseins zu Deiner Mutter stehen wirst, darf ich annehmen. Du sollst Dich aber nicht allein auf das Gesetz der Natur stützen müssen, während Deine deutschen arischen Mitmenschen mit ihrer Ahnentafel den Wert ihrer Eltern überdies aus der Zahl, dem Wert und dem Namen der arischen Vorfahren ableiten.

Wenn schon die Mütter von der Vergangenheit durchleuchtet werden sollen, so sollst Du wissen, daß der geschichtliche Überbau auch Deiner Mutterfamilie jeder Bestrahlung standhält. Die Namen Nördlinger, Leser, Levi, Schlüchterer in Deiner Ahnentafel stehen in gleichem sittlichen und menschlichen Rang wie die Namen Lederle, Klausmann, Thorwaldsen oder Finkbeiner in irgendeiner arischen Ahnentafel. Denn ich kenne unter Deinen Vorfahren, welchen ich begegnet bin, keinen Einzigen, welchem der Leumund eines sittlichen Menschen abzusprechen wäre – sittlich im eigenen persönlichen Bezirk und sittlich nach den Forderungen des Zusammenlebens mit der deutschen Volksgemeinschaft. Ich sehe bei kritischer Musterung unserer Anverwandten keinen, welcher an privater Ehrenhaftigkeit, an Berufsehre, an Pflichtauffassung und Reinheit des Familienlebens hinter einer für alle gültigen Norm zurückstände. Diese Feststellung behielte auch dann ihren Wert, wenn irgendwo auf der Ahnentreppe ein Fehltritt vorgekommen wäre. Es ist mir aber keiner bekannt.

Die Kontrolle der rassischen Legierung aber ist in der Person der Großmutter etabliert worden. Zur Herstellung der arischen Ausschließlichkeit des deutschen Volkes unter Ausstoßung des jüdischen Teils bedient sich die deutsche Regierung der Großmutter als trigonometrischen Punkt.

Für alle diejenigen, welche bei der rückblickenden Aus-
richtung auf diesen Punkt auf eine jüdische Großmutter
stoßen, wird diese zur Schicksals-Großmutter. Sie entwer-
tet den Enkel – es sei denn, daß dieser wie Du ein arisches
Elternteil bekommen hat. In diesem Fall überwertet der
Enkel seine jüdische Großmutter um 50 Prozent. Es gibt
je nach der Mischung mehrere Prozentverhältnisse. Der
Rassengehalt in Prozenten ausgedrückt, mit der Großmutter als Blickpunkt, beherrscht zur Zeit die Masse,
welche zur legitimen Unterkunft unter dem arischen Dach
hinstrebt. Die jüdische Großmutter ist das Witz- und
Ernstwort der Gegenwart. Darum ist es mir wichtig, Dir
lieber Peter, Deine jüdische Großmutter vorzustellen.
Deine Großmutter Olga ist von beispielhafter menschli-
cher Gesinnung, Feind jeder Unwahrhaftigkeit im Formalen und Sachlichen. Ohne jede gesellschaftliche Prätention
steht sie trotzdem erhöht durch ihren Überdurchschnitt an
Zuverlässigkeit, Pflichtauffassung, durch ihre Glaubwür-
digkeit in großen und kleinsten Dingen und durch ihren
konsequenten, einfachen Lebensstil.
Deine Großmutter Olga ist opferwillig, gerecht und milde
im Urteil über andere, und versöhnlich gegen alle menschlichen Schwächen unter der Bedingung, daß diese ihrer
eigenen Auffassung von Treue und Reinheit der Lebens-
führung nicht entgegenstehen. Sie ist tapfer in den
Schwierigkeiten des Lebens. Aber die deutsche Judenverfolgung nagt an ihrem Herzen.
Deine Großmutter Olga spendet Liebe aus den reichen
klaren Quellen ihrer tiefen echten Güte – aber sie ist völlig
unsentimental und unproblematisch, offen und durchsich-
tig, im Tiefsten rein und fein. Sie hat einen klaren Geist

und eine strenge Beurteilung ihrer selbst. Im natürlichen Egoismus der mütterlichen Fürsorge für die Kinder und für die Familie hat sie doch immer den lebendigen, erfühlten Zusammenhang mit den Interessen des Volksganzen gehabt, und sie hat an seinen Ideologien – wenn das eigene selbständige Urteil sie nicht verwerfen mußte – ehrlich teilgenommen. Sie hat den Weltkrieg 1914–1918 als nationale Angelegenheit in der denkbar besten Haltung und Bewährung durchlebt.

Eine Frau mit den vorgeschilderten Eigenschaften nennt man bei allen Völkern der Welt: den wirklich sittlichen Menschen. In Deutschland prätentiös: »eine echte deutsche Frau«. Das erste ist ausreichend, lieber Peter. Du kannst auf Deine jüdische Großmutter stolz sein. Du hast nicht nötig, sie als die schwache Stelle in Deinem Ahnenpaß zu empfinden. Du darfst mit vollem Vertrauen den Eintrag betrachten; in keinem arischen Ahnenpaß steht eine höhere Großmutter eingeschrieben. Sie selbst würde diese Darstellung ihrer Person mit entschiedener Selbstkritik ablehnen oder nur mit der Einschränkung gelten lassen, daß sie in allen Volksschichten Millionen ihresgleichen hat. Das ist richtig. Und eben diese Gleichstellung wollte ich vollziehen.

Ich grüße Dich, mein Enkel Peter.

Dein Großvater Max Mayer.

Auf den Tag genau ein halbes Jahr nach der Niederschrift dieses Briefes, am 9. November 1938, inszenierten die Nazis mit der sogenannten Reichskristallnacht einen neuen Höhepunkt der Judenverfolgung in Deutschland. Wie viele andere jüdische Bürger wurde auch Max Mayer aus seinem Haus verschleppt und in ein Konzentrationslager gesteckt. Einen Monat lang mußte der 65jährige in Dachau ausharren, er wurde gequält und gefoltert. Als gebrochener Mann fuhr er heim nach Freiburg; und dennoch hoffte er bis zuletzt auf eine Rückkehr der Deutschen zur Vernunft. Erst spät, fast zu spät entschlossen sich Max und Olga zur Emigration. Am 1. September 1939, dem ersten Tag des Zweiten Weltkriegs, überquerten die beiden die Schweizer Grenze.

»Die Liebe höret nimmer auf«
Die Ehe von Lilli und Ernst zerbricht

Die Friedemanns und Goldins waren längst in Palästina, als auch die Immenhäuser SA-Leute zur »Reichskristallnacht« ausrückten. Nur Lilli und ihre Familie schienen noch als Objekte des Volkszorns geeignet. Am Abend des 9. November 1938 kletterten ein paar, zum Teil betrunkene Nazis auf die Garage, in der Ernsts Opel geparkt war, und warfen im Ärztehaus eine Scheibe ein. Im Haus selbst saßen Lilli, Ernst und ihre Kinder und waren ängstlich auf noch Schlimmeres gefaßt. Doch die Männer grölten und stolperten nur noch ein bißchen durch den Garten, dann zogen sie ab. Am nächsten Morgen fuhr Ilse nicht zur Oberschule nach Kassel, sondern blieb daheim. Gerhard machte sich zwar auf den Weg ins Friedrichsgymnasium, wurde aber von einem besorgten Lehrer sofort zurückgeschickt.

Der zuständige SS-Rottenführer erstattete acht Tage später Bericht über die Vorgänge vom 9. November im Landkreis Hofgeismar. In seiner zynischen Bilanz taucht unter anderem auch der Vorfall in der Immenhäuser Gartenstraße auf:

Im hiesigen Kreis wurde nur die Synagoge in Meimbressen demoliert. Leider waren die Synagogen in Hofgeismar und Grebenstein vorher in arische Hände übergegangen, sodaß hier eine Zerstörung nicht am Platze war.
Im Kreis Hofgeismar wurden insgesamt acht Geschäfts-häuser demoliert. Außerdem wurden noch an drei Privat-wohnungen die Scheiben eingeworfen ...
In einigen Fällen wurden den Juden der Arsch gehauen,

die als besonders übel bekannt waren. Am anderen Tag
mußten sie dann mit blauen Augen und schmerzenden
Gliedern die Straßen reinigen. Zu Plünderungen ist es im
hiesigen Kreis nicht gekommen. Im hiesigen Kreis wurden
insgesamt sieben Juden in Haft genommen.
Kultgegenstände sowie Archivmaterial wurden nicht
sichergestellt. Es ist zum größten Teil verbrannt worden
oder vernichtet. Dafür aber wurden die Geschäftsbücher
der Juden beschlagnahmt, die noch von zuständiger Stelle
überprüft werden.
Zu Selbstmorden oder sonstigen Todesfällen unter den
Juden ist es in dieser Zeit leider nicht gekommen.

Schlimmer noch hatten die Nazis in Köln gewütet. Paulas
Wohnung war total verwüstet worden. Lilli fuhr sofort zu
ihrer Mutter, um ihr bei den Aufräumarbeiten zu helfen. Spätestens jetzt mußte den beiden deutlich geworden sein, daß
jedes weitere Abwarten und Hoffen auf eine Besserung der
politischen Lage aussichtslos sein würde.

Noch im November 1938 wurde den Juden der Besuch
öffentlicher Veranstaltungen, vor allem von Theatern und
Konzerten, grundsätzlich verboten – gerade für Lilli ein
schwerer Schlag. Und am 31. Dezember 1938 erhielt sie eine
Kennkarte, ein mit einem großen J gezeichnetes und für alle
jüdischen Deutschen von nun an obligatorisches Dokument.
Den neuen Vorschriften entsprechend – jüdische Frauen hat-
ten zusätzlich den Vornamen Sara anzunehmen, Männer den
Vornamen Israel – unterzeichnete Lilli den von der Stadt
Immenhausen ausgestellten Ausweis mit »Lilli Sara Jahn«,
außerdem mußte sie die Abdrücke ihres linken und rechten
Zeigefingers hinterlassen.

Paula absolvierte dieselbe Prozedur; sie hatte aber bereits mit den für die Emigration notwendigen Vorbereitungen begonnen. Vierundsechzigjährig und mit nur geringen Kenntnissen der englischen Sprache, blieb ihr nur noch ein Ausweg: der Umzug nach Birmingham zu ihrer Tochter Elsa.

Elsa sorgte in England für die erforderlichen Papiere, Paula mußte sich vom evangelischen Pfarramt in Oberlauringen eine Geburtsurkunde ausstellen lassen und damit in Köln einen Reisepaß beantragen. Vor allem aber mußte sie zahlen: Am 7. März 1939 stellte ihr der Kölner Oberfinanzpräsident eine sogenannte Unbedenklichkeitsbescheinigung aus, in der festgehalten wurde, daß sie den Behörden »gegenwärtig keine Reste an Reichssteuern, Zuschlägen, Strafen, Gebühren. und Kosten« mehr schuldete. Ebenso protokolliert wurde, daß sie zuvor eine »Reichsfluchtsteuer« in Höhe von 20 144 Reichsmark sowie eine »Judenvermögensabgabe« über 21 400 Reichsmark gezahlt hatte. Auch ihre Möbel durfte sie nur nach England mitnehmen, nachdem sie den Kaufpreis für jedes ihr gehörende Stück noch einmal an die Staatskasse entrichtet hatte. Ihr Vermögen war damit weitgehend aufgezehrt. Am 15. Mai 1939 verließ Paula Deutschland.

Lilli blieb zurück. Von einigen Freunden und Verwandten, die mit der Eisenbahn über Kassel nach Hamburg oder Bremen fuhren, um sich dort nach Amerika oder England einzuschiffen, konnte sie sich in den nächsten Monaten noch verabschieden. Auf dem Kasseler Bahnhof kam es dann zu tränenreichen Abschiedsszenen. Schließlich war Lilli von fast allen verlassen, die ihr nahestanden.

Im Laufe des Sommers machte sie mit ihrer Familie eine letzte Reise in den Schwarzwald. Schon in den Jahren 1936 und 1937 waren die Jahns dort gewesen und hatten stets auch Abstecher nach Freiburg zu den Mayers und Paepckes gemacht. 1938 führte die Sommerreise ins Sauerland, dann weiter nach Garmisch und auf die Zugspitze; in diesem Jahr also ging es wieder in den Schwarzwald. Doch die Reise wurde zum Fiasko. Das ursprünglich gebuchte Hotel verweigerte der Familie die Aufnahme: Juden waren unerwünscht. Erst nach langer Suche und mit Hilfe von Max und Olga Mayer fand man schließlich ein Hotel, das über Lillis jüdische Identität gnädig hinwegsah. Auf Lillis Kinder hatte diese Odyssee eine geradezu traumatisierende Wirkung: Wieder mußten sie erleben, daß sie zu den verachteten Außenseitern dieser Gesellschaft zählten.

Möglich geworden waren diese Reisen, weil Ernsts Praxis inzwischen so gut lief, daß die Familie sich diesen kleinen Luxus auch leisten konnte. Entscheidend allerdings war, daß Ernst jedesmal einen Vertreter für seine Patienten in Immenhausen fand. Im Sommer 1939 wurde diese Aufgabe von einer jungen Kollegin aus Göttingen übernommen, die von der ganzen Familie, auch und gerade von Lilli, zunächst als sympathische junge Freundin begrüßt worden war.

Im Familien-Fotoalbum sind die ersten Fotos der jungen Ärztin auf den April 1939 datiert: Rita ließ sich zusammen mit Eva fotografieren, die gerade ihren ersten Schultag hatte. Ernsts Kollegin kam bald auch außerhalb der Ferienzeiten nach Immenhausen und half in der oft von Patienten überfüllten Praxis aus.

In dieser Zeit besuchte Lotte Paepcke die Jahns in Immenhausen und fand ihre Freundin Lilli ziemlich still und verängstigt vor. Zusammen mit ihrem Mann Ernst August, mit Rita, Ernst und Lilli verbrachte Lotte einen denkwürdigen

Abend in Immenhausen, an den sie sich später, kurz nach dem Krieg, in einem Brief an ihre inzwischen in New York lebenden Eltern erinnerte. Am Ende, so erzählte sie, sei die Runde sogar etwas munter geworden, man tanzte ein wenig:

Es war für Lilli seit Jahren das erste Mal wieder, und
sie war so mädchenhaft entzückt und animiert davon,
daß man ganz gerührt war. Ernst kann nicht tanzen und
befand sich sehr verlegen dabei, aber Lilli war einfach selig.

Lotte – auch sie fand Rita zunächst durchaus sympathisch – wurde in dieser Zeit zu einer wichtigen Stütze von Lilli. Zuweilen arrangierte man sogar kurze Treffen an der »Reichsautobahn« bei Kassel; die Paepckes machten dann einen kurzen Stop auf der Fahrt in den Urlaub oder zu Verwandten nach Rostock. Lotte erfuhr wohl auch als erste, wie aus der Freundschaft mit Rita plötzlich eine Katastrophe für die Familie Jahn wurde – ein letztes Zitat aus ihrem Erinnerungsbuch »Unter einem fremden Stern«:

Einzig eine junge Ärztin, die den überlasteten Doktor von
Zeit zu Zeit vertrat, brachte Kunde von der Außenwelt.
Sie war für Lilli ein weiteres Kind, das sie umsorgte und
bewunderte, für die Kinder die junge Tante aus der Stadt,
die immer schöne Geschenke brachte, und für den Doktor
eine fühlbare Entlastung bei dem Übermaß seiner Arbeit.
Und bald war sie ihm Freundin. Und dann Geliebte. Denn
sie wurde ihm der Weg zurück ins Leben, dorthin, wo alle
die anderen waren, die es sich erlauben durften, mit Fingern
auf ihn zu zeigen, ihn zu meiden, über ihn zu spotten.
Nach einer kargen, verwaisten Kindheit hatte der Doktor

sich mühsam die Möglichkeit des Studiums erkämpft und, benachteiligt durch seine Mittellosigkeit, hatte er dem leichteren, glücklicheren Leben der Kommilitonen zugesehen. Endlich aber schien er es erreicht zu haben: die Sicherheit eines geordneten Lebens begann ihm zu winken. Diese Sicherheit war es ja, die er suchte bei seiner Frau. Nach ihr suchte er in der immer wachsenden Schar ihn umgebender Kinder. Sie suchte er im Schoß der mächtigen Mutter Kirche. Und nun? Nun kamen die andern und wollten ihm alles wieder entreißen, den Boden unter den Füßen wegziehen, den er eben erst mit eigener Kraft untermauert hatte. Sie warfen mit Spottworten nach ihm, sie drohten seiner Frau mit Steinen! Ihre schmutzigen Zeigefinger deuteten auf die alten Madonnen in seinen Büchern, auf seinen Bildern, in deren lächelnden Gesichtern er den ewigen Ordo zu finden hoffte, und wollten ihn zerstören? Nein, nein, nein! Er ertrug das nicht.

Er fühlte sich gehetzt und verfolgt, er wurde gereizt und war plötzlich voller Zornausbrüche. Die einst geliebte Frau begann, ihm unerträglich zu werden. Wie sie so unschuldig dasaß und nähte, als ob sie nicht wüßte, was ihm geschah, ihm, der nichts wollte als Frieden! Ehre! Sicherheit!

Oh ja, sie wußte es. Sie sah, was Furchtbares an ihm, an ihnen beiden geschah. Aber sie war ohnmächtig, es zu ändern. Es blieb ihr nur am Tag die Arbeit und in der Nacht das Weinen.

Der Mann begann, die Kinder zu kritisieren – ja, sie waren doch eben nicht blond, nicht einfach strahlend wie die Hitlerjungen, die auf den Landstraßen an ihm vorüberzogen. Wie unglückselig saß dieser Mischlingsjunge

an den Sonntagen daheim herum, statt in der Hitlerju-
gend draußen zu marschieren. Und er wurde so traurig-
erbittert über sie alle, die, ein fünfmal vervielfältigtes
Unglück, um ihn herumstanden, daß die Kinder Angst vor
ihm bekamen.

Doch wie er so dürstete nach dem Leben der Vielen, der
Sicheren, da kam Rita als barmherzige Samariterin und
brachte ihm den ersten Schluck zu trinken. Sie forderte
ihn auf, mit ihr ins Theater zu fahren, damit er einmal
auf andere Gedanken komme. Lilli gab mit Freuden ihre
Zustimmung, und er fuhr. Welch ein Glück, wieder einmal
in der Loge zu sitzen, im Foyer umherzugehen, Seite an
Seite mit seiner schönen Begleiterin! Selbstsicherer und
leicht verlegen kehrte der Doktor nach Hause zurück.

Und Rita schenkte dem Dürstenden mehr: sie arrangierte
eine kleine gemeinsame Reise, da Lilli ja doch nicht mehr
fahren durfte. Sie schenkte eine große Reise. Und schließ-
lich schenkte sie sich selbst.

Soweit Lottes Bericht; er umfaßt etwa das erste Kriegsjahr
1939/40. In einem Punkt irrte Lotte allerdings nach Meinung
von Lillis Töchtern: Johanna und Ilse bestreiten heute ganz
entschieden, daß sie sich jemals vor ihrem Vater gefürchtet
hätten. Lottes Darstellung sei hier überzogen, ja falsch. Nie
habe Ernst seinen Sohn und seine vier Töchter – die vierte,
Dorothea, wurde am 25. September 1940 geboren – als »fünfmal vervielfältigtes Unglück« empfunden, nie die jüdische
Herkunft seiner Kinder als Makel. Bei allem, was vorgefallen
war, sei er dennoch immer ein liebevoller Vater gewesen.

Der Herbst des Jahres 1940 brachte eine neue Hiobsbot-
schaft für Lilli: den Tod ihres Lieblingsonkels Josef Schloß

in Halle. Der Kinderarzt, dessen Praxis sie einst übernehmen wollte, war von den Behörden jahrelang systematisch unter Druck gesetzt worden. Im Herbst 1938 hatte man ihm, wie allen übrigen jüdischen Ärzten, die Approbation entzogen. Im April 1939 mußte er die von seinem Vater geerbte Villa im Rahmen der sogenannten Arisierung abtreten, schließlich wurde er herzkrank. Am 14. Oktober 1940 machte er sein Testament und vermachte einen großen Teil des ihm noch verbliebenen Vermögens ausdrücklich seinen »nichtjüdischen« Großneffen und Großnichten. Am 25. November 1940 nahm sich Josef Schloß das Leben.

Josefs Schwester Marie Klein hatte den Sterbenden in seinen letzten Stunden begleitet und informierte am nächsten Tag die Verwandtschaft.

Lilli fuhr daraufhin nach Halle und half bei der Auflösung des Haushalts; einige Erbstücke, darunter Biedermeiermöbel, medizinische Apparate sowie ein Pelzmantel für Ernst, ließ man nach Immenhausen transportieren. Die Nationalsozialisten verschleppten Marie später ins Konzentrationslager Theresienstadt; dort verliert sich ihre Spur.

Im Laufe des Jahres 1940 nahmen die Barths aus Mannheim wieder Kontakt zu Lilli und Ernst auf. Der Briefwechsel wurde fortgesetzt, nun allerdings nur noch zwischen Lilli und Hanne, denn Leo war zur Wehrmacht eingezogen und in Frankreich stationiert worden. Am 11. Dezember 1940 schickte Lilli ihrer Mannheimer Freundin einen Weihnachtsgruß:

Meine liebe Hanne,
Du hast recht lange nichts von mir gehört, es liegt aber
einzig und allein an der unüberwindlichen Krankheit des
Zeitmangels. Zwar türmt sich gerade jetzt meine Arbeit

berghoch – Amadés nicht weniger –, aber zu Weihnachten
sollst Du doch zusammen mit dem Dir und Leo zugedach-
ten Büchlein ein wenig von uns hören.

Wir hoffen bestimmt, daß Leo zum Fest Urlaub bekommen wird, und wünschen Euch allen ein frohes gesegnetes
Weihnachten. Wie immer werden auch in diesem Jahr am
leuchtenden Weihnachtsbaum unsere Gedanken bei Euch
sein in aller Freundschaft und dankbar für Eure bestän-
dige und treue Gesinnung, die wir stets so wohltuend
und beglückend empfinden ... Leos Brief und liebevolles
Gedenken aus Frankreich hat uns innig gefreut.

Damit Ihr auch wißt, wie das Baby aussieht, das das
goldige Mützchen tragen soll, lege ich Euch zwei Bildchen
ein. Für Deine lieben und guten Wünsche zur Geburt
unseres Dorle danke ich Dir herzlich. Sie geht recht gut
voran und ist natürlich der Mittelpunkt und der Liebling
des ganzen Hauses. Selbst der große Bruder kümmert sich
mit Interesse und Liebe um das Baby. Ich selbst habe
mich recht schnell und gut erholt und kann gottlob wieder
tüchtig schaffen von früh bis abends spät. Die Kinder
sind alle gesund und munter und recht gewachsen, es wird
nicht mehr lange dauern, bis Gerhard uns über den Kopf
gewachsen ist.

Es gäbe noch allerhand zu erzählen, aber wieviel schöner
wäre es doch, Du könntest sie wieder einmal selbst sehen
und erleben. Und ich gebe auch so die Hoffnung nicht auf,
daß es sich von Deiner Seite in hoffentlich nicht mehr
allzu fernen Friedenszeiten ermöglichen läßt.

Und mit diesem uns allen gemeinsamen, brennenden und
innigen Wunsch nach Frieden laß mich für heute schließen, liebste Hanne. Möge das Jahr 1941 uns allen Gutes

bringen und uns allen, denen das Leben so mancherlei zu
tragen gibt, Mut und Zuversicht und ein starkes Herz
erhalten – und Gottes Segen.
Sei von ganzem Herzen gegrüßt, mit Leo, den Kindern,
Opa und Oma, stets Deine Lilli

Der Alltag der Familie wurde nun zu Lillis einzigem Lebens-
inhalt. Alles drehte sich um das Wohlbefinden Ernsts und
der Kinder. Das Haus verließ sie nur noch im Ausnahmefall.
   Am 23. März 1941 wurde der Sohn Gerhard konfirmiert.
Die obligatorischen Fotos zeigen den Knaben im Konfir-
mationsanzug zusammen mit seinen Eltern im Garten des
Ärztehauses. Doch aus demselben Anlaß ließ sich Ernst –
mit finsterem Gesichtsausdruck – auch in einer anderen
Konstellation fotografieren: zu seiner Rechten die sichtlich
mitgenommene Lilli, zu seiner Linken seine Geliebte Rita.
Offenbar sollte hier um fast jeden Preis Normalität simu-
liert werden. Die Konstellation erinnert an Ernsts Doppel-
leben zu Beginn seiner Beziehung mit Lilli. Damals war es
die Freundin Annekathrin gewesen, die ihn in den Bann zog,
nun war es Rita, die ihn fesselte.
   Und wiederum hinderte ihn diese innere Zerrissenheit
keineswegs an Aufmerksamkeiten für Lilli. Zu Ostern 1941
schenkte er ihr ein Reprint des »Hausbüchels« von Jakob
Grimm. Das Kalendarium bot Platz genug für eine Fülle
eigener Notizen – Ernst machte den Anfang, mit einer Widmung und einer Reihe von Zitaten:

Meiner lieben Lilli
voll Dank zum Sonntag, dem 6. April 1941
mit viel guten Wünschen,

damit sie sich mal ein ganz persönliches Büchlein aneig-
nen möge,
sich zur Freude, uns allen zum Heile und zur Bereicherung
Amadé

Auf die Buchinnenseite setzte Ernst ein Zitat aus Dantes
»Divina Commedia«, auf die erste freie Doppelseite klebte
er eine Kunstpostkarte mit Madonnenmotiv und schrieb ein
Goethe-Zitat darunter:

Große Gedanken und ein reines Herz,
das ist es, was wir von Gott erbitten sollten.

Zwei weitere Zitate aus Goethes »Italienischer Reise« notierte
Ernst auf der nächsten Doppelseite. Eines davon lautet:

Was im Anfang einen frohen Genuß gewährte, wenn
man es oberflächlich hinnahm, das drängt sich hernach
beschwerlich auf, wenn man sieht, daß ohne gründliche
Kenntnis doch auch der wahre Genuß ermangelt.

Lilli wiederum setzte später ein Schiller-Zitat darunter, das
Goethes etwas schulmeisterlich klingende Weisheit sinnvoll
erweiterte, ja im Grunde kommentierte:

Die höchste Fülle des künstlerischen Genusses mit dem
Genuß des Herzens zu verbinden, war immer das höchste
Ideal, das ich vom Leben hatte, und beide zu vereinigen
ist bei mir auch das unfehlbarste Mittel, jeden zu seiner
höchsten Fülle zu bringen.

Noch verband Ernst und Lilli das Interesse an Literatur, Musik und Philosophie. Aber jeder setzte die Akzente anders. Während sich Ernst vor allem um den rechten Glauben und die Erkenntnisse der Kunstgeschichte bemühte, spürte Lilli viel mehr den Wegen und Irrwegen der Liebe nach. Die nächsten 23 Seiten füllte sie mit Zitaten, die sich immer wieder um dieses eine große Lebensthema drehen. Auch wenn Lilli mit einem Bibelzitat (aus dem ersten Korinther-Brief) begann – sie blieb ihrer Existenzfrage treu:

Die Liebe ist langmütig und freundlich, die Liebe eifert nicht und suchet nicht das Ihre, sie läßt sich nicht erbittern, sie verträgt alles, sie glaubt alles, sie hoffet alles, sie duldet alles. Die Liebe höret nimmer auf.

Lilli notierte Gedanken und Sentenzen von Hegel, Hölderlin und Schopenhauer, von Albert Schweitzer, Werner Bergengruen und Rainer Maria Rilke. Nach einem Zitat von Ernst Jünger brach sie das literarische Tagebuch ab.

Im September 1941 beendete Lilli auch ihre Arbeit am Familienfotoalbum, das sie Ernst wohl erst kurz davor, vielleicht zu Dorotheas Geburt geschenkt hatte. »Für den Vati ein Bilderbuch von seinen fünf Kindern«, lautete ihre Widmung. Die letzten beiden Fotos zeigen die kleine Dorle am 25. September 1941, ihrem 1. Geburtstag.

Wahrscheinlich waren es Abzüge dieser Fotos, die sie am 23. November ihrer Freundin Hanne nach Mannheim schickte:

Meine liebe Hanne,
ich muß Dir wohl nicht immer wieder betonen, daß auch ohne äußere Zeichen unsere Gedanken in alter warmer

Verbundenheit bei Dir, bei Leo und Euren vier prachtvollen Kindern sind. Die Bildchen, die Du mir im Sommer schicktest, haben uns arg gefreut und noch mehr begeistert. Solch eine entzückende, strahlende Kinderschar, da kannst Du stolz darauf sein, Hanne! Und inzwischen ist der kleine Michael gewiß schon ein strammer Bub geworden und lacht und erzählt. Und es wird nicht anders sein als bei uns, daß das Nesthäkchen der Liebling der großen Geschwister ist.

Wie unser Dorle nun geworden ist, sollst Du aus beiliegenden Bildchen ersehen, sie ist ein kleines Dickerchen, aber läuft wie ein Wiesel, sie ist ungeheuer lebhaft. Es ist jetzt eine schlimme Zeit mit ihr, da man arg auf sie aufpassen muß, weil nichts mehr vor ihren kleinen Patschhändchen sicher ist. Und nun muß sie doch allmählich sauber werden, das ist jedesmal eine Aufgabe.

Und doch empfindet man jeden Tag von neuem das Glück über solch ein warmes liebes, kleines Geschöpfchen.

Die vier Großen wachsen tüchtig heran. Gerhard lernt eifrig Latein, Griechisch und Englisch und fühlt sich nach wie vor sehr wohl in seiner Schule. Ilse lernt schwerer, allerdings fleißig und gewissenhaft, aber mit weniger Glück und Freude. Dafür ist sie ein gutes Hausmütterchen, die viele Besorgungen selbständig erledigt, was mir bei meiner großen Gebundenheit eine fühlbare Erleichterung ist. Sie, wie auch Gerhard und Hannele haben recht aufgeschlossene, empfängliche Sinne und lassen deutlich den Einfluß ihres Vatis mit seinen kunstgeschichtlichen und geistigen Interessen erkennen.

Hannele ist gesundheitlich leider immer noch das Sorgenkind mit ihrem Asthma. Sie war vom 1. September bis Mitte November in einem Kindersanatorium bei Kassel, hat sich allgemein auch ganz gut erholt, aber ihre Asthma-Anfälle sind nach wie vor geblieben. Und unsere Eva ist wirklich ein halber Junge, immer ist sie draußen und hilft, bald da, bald dort, am liebsten auf dem nahegelegenen Zimmerei-Platz, wo sie nach Herzenslust mit Hammer und Nägeln umgehen darf. Sie hat gar kein Sitzfleisch, und die Sonntage, an denen die anderen mit Hingabe lesen, sind ihr eine Qual.

Heute ist Amadé mit dem Gerhard nach Kassel ins Theater gefahren in den »Troubadour«, ich bin gespannt, was sie nachher berichten werden. Amadé ist immer sehr stark mit Arbeit überlastet. Mit großer Mühe ergatterten wir im Juli für 14 Tage einen Vertreter, und Amadé war auf dem Ruhestein bei Baden-Baden. Nur hätte die Erholungszeit doppelt so lang sein müssen.

Rita Schmidt ist … sehr viel bei uns, es geht ihr recht gut, sie läßt Dich vielmals grüßen und schickt Dir inliegendes Fahrscheinheft.

Von mir selbst ist nicht viel zu sagen. Das traurige Lied über die Hausangestellten erspare ich mir, Du kennst es – und außerhalb unseres Hauses führe ich ja kein Leben mehr. Was soll ich viele Worte darüber verlieren, es trägt sich manchmal schwerer, als Du glauben magst.

Nach diesem langen Bericht über uns darf ich Dich wohl bitten, uns recht bald wieder einmal von Dir und Euch allen zu erzählen, besonders von den Kindern, wie sie sich entwickeln und was sie treiben …

Laß es Dir recht gut gehen, Hanne, und sei Du mit all den Deinen aufs innigste gegrüßt

von Deiner Lilli

Warum zog sich Lilli so zurück? Im Prinzip durfte sie sich damals auch außerhalb des Hauses noch frei bewegen. Dank ihrer Ehe mit Ernst mußte sie auch den gelben Stern nicht tragen, der seit dem 19. September 1941 allen Juden vorgeschrieben war.

Aber dieses Privileg war alles andere als zuverlässig. Im Grunde hatte Lilli ständig mit Übergriffen nationalsozialistischer Schläger oder Bürokraten zu rechnen, die sicher nie geahndet worden wären. Und vor allem: Überall im Reich begannen nun die großen Deportationen. Wer konnte ihr garantieren, daß sie nicht doch zufällig aufgegriffen und in einen Zug nach Osten verfrachtet werden würde?

Der erste Kasseler Sammeltransport verließ den Hauptbahnhof am 9. Dezember 1941. In den Tagen zuvor hatte der Leiter des »Judenreferats« der Kasseler Gestapo, August Hoppach, dafür gesorgt, daß auch aus dem Umland möglichst viele Juden in die Stadt geholt wurden, um die von der Reichsbahn bereitgestellte Kapazität von 1000 Personen voll auszunutzen. Dieser erste Transport ging ins Ghetto nach Riga, der nächste, am 1. Juli 1942, in das Konzentrationslager Lublin/Majdanek und der dritte, am 7. September 1942, nach Theresienstadt. Das alles geschah unter den Augen der Kasseler Bürger, ihre jüdischen Nachbarn zogen in langen Kolonnen durch die Innenstadt zum Bahnhof, die zurückgelassenen Habseligkeiten wurden öffentlich versteigert.

Daß Lilli diesem Schicksal entgehen sollte, wollte den Immenhäuser Nazis nicht in den Sinn. Am 20. Januar 1942 schrieb der amtierende Bürgermeister und stellvertretende Ortsgruppenleiter der NSDAP, Karl Groß, an seinen Vorgesetzten in Hofgeismar:

An den Kreisleiter der NSDAP
in Hofgeismar.
Zu Ihrem Schreiben vom 17. Jan. 1942 Nr. 138/42
über privilegierte Mischehen teile ich mit, daß sich die
Bevölkerung sehr darüber erregt hat, daß die hiesige Arzt-
frau (Volljüdin) keinen Judenstern zu tragen braucht. Die
Jüdin nutzt dieses sehr aus, indem sie oft mit der Bahn
2. Klasse nach Kassel fährt und ohne den Stern ungestört
reisen kann. Wenn in dieser Angelegenheit eine Abhilfe
geschaffen werden könnte, würde dies von der ganzen
Bevölkerung sehr begrüßt.
Gleichzeitig teile ich mit, daß bei der hiesigen Jüdin eine
Abschiebung in Erwägung gezogen werden könnte, da der
Mann der Jüdin (Arzt) mit einer Arierärztin ein Verhält-
nis führt und von derselben in den nächsten Wochen ein
Kind erwartet. Bei einer Abschiebung der Jüdin könnte
die Arierärztin den Haushalt des Arztes Jahn weiterfüh-
ren. Vielleicht ist eine persönliche Aussprache über die
angegebenen Verhältnisse richtig. Und es könnte dadurch
erzielt werden, daß die noch hier einzig wohnende Jüdin
von hier verschwindet.
Heil Hitler!

Groß
stellv. Ortsgruppenleiter

Ob die Bürger von Immenhausen wirklich an Lillis Bahn-
fahrten Anstoß nahmen, sei dahingestellt. Wahrscheinlich
hatte die Bevölkerung der Kleinstadt damals, im nun schon
dritten Kriegswinter, ganz andere Sorgen. Es war wohl vor
allem der Parteiapparat der Nazis, der nach weiteren Opfern
verlangte.

Im übrigen mußte Lilli ihre Fahrten nach Kassel zwei Monate später ohnehin einstellen. Eine Anordnung der Sicherheitspolizei von Ende März 1942 verbot den deutschen Juden schlicht die Benutzung öffentlicher Verkehrsmittel – nur wenn sie eine besondere polizeiliche Genehmigung vorweisen konnten, durften sie noch die Bahn benutzen.

Unklar bleibt auch, ob und wie die Parteifunktionäre eine persönliche Aussprache mit Ernst Jahn über seine Ehe mit Lilli geführt haben. Wahrscheinlich aber wurde ihm zumindest nahegelegt, sich scheiden zu lassen.

Lilli und Ernst lebten in einer sogenannten privilegierten Mischehe. Die Nazis hatten diesen Status bereits im Dezember 1938 jenen »halbjüdischen« Ehepaaren zuerkannt, die ihre Kinder nicht im jüdischen Glauben erzogen. Der soziale und politische Druck auf diese Ehen nahm im Laufe des Krieges zu. Eine Trennung war erwünscht, wurde aber nur selten erzwungen. Dabei galt die Verbindung von Lilli und Ernst unter den möglichen Varianten noch als die günstigste: Die Ehe eines jüdischen Mannes mit einer Nichtjüdin hatte zumeist härtere Sanktionen zu erdulden.

1942 gab es im Reich noch etwa 28 000 Mischehen. Hielt nun einer der Partner dem politischen Druck nicht mehr stand und verlangte die Scheidung, so beschleunigten die NS-Richter stets das Verfahren. Das Sorgerecht für minderjährige Kinder wurde dabei fast ausschließlich den Frauen zugesprochen, und das galt auch für Jüdinnen in Mischehen. Die jüdischen Mütter waren nach einer solchen Scheidung vor Zugriffen und Deportationen in der Regel geschützt – eine Sicherheit, die allerdings gegen Kriegsende ausgehöhlt wurde.[1]

---

[1] Diese Darstellung folgt der Dissertation von Beate Meyer, »Jüdische Mischlinge«. Rassenpolitik und Verfolgungserfahrung 1933–1945, Hamburg 1999, S. 92.

Ernst fuhr mit Rita im Laufe des Jahres 1942 nach Bochum, um mit seinem Studienfreund Leo Diekamp die Modalitäten einer Scheidung und einer neuen Ehe zu erörtern. Der Rechtsanwalt warnte seinen Freund eindringlich vor einer Auflösung der bestehenden Bindung. Denn niemand konnte wissen, wie lange der Lilli zu dem damaligen Zeitpunkt gewährte Schutz noch bestehen würde, zumal die NS-Justiz fortwährend und für jeden erkennbar die Rechte der Juden im Lande einschränkte. Doch Ernst vertraute darauf, daß die Nazis auf seine fünf Kinder Rücksicht nehmen und deswegen Lilli nichts anhaben würden. Angeblich, so erklärte er später immer wieder, hätten ihm das die zuständigen Stellen versichert.

Tatsächlich aber blieb Lilli ununterbrochen im Visier der NS-Bürokratie. Am 22. Mai 1942 berichtete Bürgermeister Groß erneut über den aktuellen Stand im Hause Jahn:

An die Kreisleitung der NSDAP
in Hofgeismar.
Betrifft: Den prakt. Arzt Ernst Jahn in Immenhausen.
In vorstehender Sache teile ich mit, daß die Ärztin Dr.
Rita Schmidt ... in der Wohnung des praktischen Arztes
Jahn hier ein Mädchen geboren hat. Der Erzeuger des
Kindes ist Jahn. Nach den eigenen Angaben der Ehefrau
Jahn ist die Geburt des Kindes von Jahn selbst getätigt
worden, während die Frau Jahn zur Hilfeleistung zugegen
war. Die hiesige Hebamme ist am nächsten Nachmittag
hinzugezogen worden, die die Wöchnerin eine Woche täg-
lich zweimal besucht hat. Nach dieser Zeit ist die Wöch-
nerin von einer geprüften Wochenpflegerin aus Göttingen
im Hause Jahn gepflegt worden.

Die Ärztin Schmidt hat Jahn in seiner Praxis wiederholt
vertreten. Vor der Niederkunft war sie längere Zeit im
Haushalt der Familie Jahn aufhältlich. Jahn selbst hat mit
seiner Ehefrau, die Volljüdin ist, auch fünf Kinder.

i. V. Groß

Was mag Lilli wohl empfunden haben, als sie Rita bei der Geburt des von Ernst gezeugten Kindes half? Auch die Ärztekammer nahm an dem Vorgang Anstoß, allerdings mit einer grotesken Begründung: Rita wurden Vorhaltungen gemacht, weil sie ihr Kind mit Hilfe einer jüdischen Kollegin zur Welt gebracht hatte.

Einige Wochen nach der Geburt zog Rita mit ihrer kleinen Tochter nach Kassel in eine Wohnung. Ernst besuchte sie dort regelmäßig, ein für Lilli kaum erträglicher Zustand. Und natürlich litten auch die Kinder unter der unübersehbaren Zerrüttung der Ehe ihrer Eltern.

Lilli hatte seit Kriegsbeginn nur noch wenig Kontakt zu Mutter und Schwester in Birmingham, ein direkter Briefwechsel war praktisch ausgeschlossen. Zunächst schienen die beiden deutschen Emigrantinnen den Briten sogar verdächtig, Elsa verlor ihre Anstellung als Chemikerin. Wenn Lilli Nachrichten übermitteln wollte, bediente sie sich dazu einer in Genf, also in der neutralen Schweiz lebenden »Tante Paula«, die Briefe und Botschaften dann weiter nach England vermittelte.

Am 27. September 1942 schrieb Lilli wieder an diese – heute nicht mehr identifizierbare – Dame. Der Brief wurde von der Zensur offensichtlich kontrolliert, sämtliche Ortsangaben sind unkenntlich gemacht geworden – eine wohl obligatorische, aber völlig unsinnige Maßnahme, denn Lilli berichtete nur vom Schicksal ihrer Familie in Immenhausen, von den persönlichen Interessen und Fähigkeiten ihrer heranwachsenden Kinder. Immerhin gelang es Lilli, ihrer Mutter und ihrer Schwester auf diesem Umweg einen verschlüsselten Gruß ausrichten zu lassen. Gegen Ende ihres Berichtes notierte sie:

Von meiner Familie höre ich auch nichts mehr, nachdem alle meine Tanten ihren Wohnsitz gewechselt haben. Mit größtem, allergrößtem Interesse las ich den letzten Bericht über Deine Namens-Schwester, Du weißt, wie sehr ich sie immer lieb hatte, und ihre Tochter. Es tut mir fürchterlich leid, daß die tüchtige Doktorin wieder krank ist. Solltest Du einmal schreiben, so grüße beide von ganzem Herzen mit tausend guten Wünschen.

Mit Paulas Namensschwester war niemand anderes als Lillis Mutter gemeint, und bei der tüchtigen Doktorin handelte es sich um die an Tuberkulose erkrankte Schwester Elsa. Lillis Tanten hatten im übrigen nicht einfach nur den Wohnsitz gewechselt. Neben der schon genannten Marie wurden auch die Tanten Eva und Margarete Schloß sowie Helene Nördlinger und Ottilie (»Tilly«) Schlüchterer nach Theresienstadt deportiert; keine von ihnen kehrte je zurück. Lillis Mutter Paula zählte nach dem Krieg in ihrer Verwandtschaft nicht weniger als 23 Opfer des Holocaust.

Die Zahl war auch deswegen so hoch, weil in diesen bürgerlichen Kreisen eine Emigration nach Palästina nur im Ausnahmefall erwogen wurde. Die meisten Verwandten teilten Josef Schlüchterers Antizionismus; das nationale Empfinden dieser assimilierten deutschen Juden verbot im Grunde ein Aufgeben der eigenen Heimat. Zudem ließen die Nachrichten aus Palästina auf eher abenteuerliche Lebensbedingungen schließen. Wer also wie Lillis Tanten zu alt oder immobil war, blieb im Lande und fiel den Nazis in die Hände. Und wer wie Lillis Cousine Olga und deren Mann Max Mayer nach New York flüchten konnte, tat dies mit der festen Absicht, eines Tages nach Deutschland zurückzukehren.

Auch Lilli war in diesem Sinne immobil, wenn auch aus anderen Gründen. Im Laufe des Jahres 1942 mußte sie ihr gesamtes Bankguthaben, etwa 10 000 Reichsmark, sowie den auf ihren Namen eingetragenen Anteil am Immenhäuser Wohnhaus auf Ernst überschreiben. Am 8. Oktober willigte sie offiziell in die Scheidung ein. Ein paar Wochen später, am 14. November 1942, heirateten Ernst und Rita.

»Grenzenlos einsam und verlassen«
Unter einem Dach und doch getrennt

An der Konstellation im Ärztehaus änderte die Scheidung zunächst nichts. Ernst fuhr an fast jedem Abend und an den Wochenenden nach Kassel zu seiner neuen Frau, Lilli wohnte vorerst weiter mit den Kindern in Immenhausen.

Und neue Sorgen belasteten Lilli. In Essen lebte Ernsts Schwester Lore mit ihrer Familie. Das Ruhrgebiet war in diesen Wochen schweren Bombenangriffen ausgesetzt. Lore hatte in den Kriegsjahren und vor allem über die Scheidung hinweg zu Lilli gehalten. Am 19. Januar 1943 bot Lilli nun ihrer Schwägerin und ihrem Mann, dem Arzt Dr. Wilhelm Sasse, sowie den Kindern der beiden, Marilis und Wilhelm, eine Übersiedlung nach Immenhausen an:

Meine liebe liebe Lore,
es erschien aussichtslos, Dich telefonisch zu erreichen,
sonst hätten wir Dich sofort nach Erhalt Deines Briefes
angerufen. Du und die Deinen, Ihr sollt nun wissen, daß
wir voller Anteilnahme an Euch denken. Hoffentlich habt
ihr in den letzten Tagen ein wenig mehr Ruhe gehabt und
ein bißchen aufatmen können. Es ist ja fürchterlich, was
Ihr durchmachen müßt.
Deine Aufstellung und alle Angaben und Wünsche werde
ich sorgsamst aufbewahren, und Du kannst ganz beruhigt
sein, Lore, Du kannst Dich jederzeit voll und ganz auf
uns verlassen. Euren lieben Kindern werden wir immer
zur Seite stehen. Du weißt doch, ich hab sie so lieb, als
wären sie meine eigenen. Marilis wird in mir immer nicht

nur eine hilfsbereite Tante, sondern auch eine verstehende
echte Freundin finden. Geb's Gott, daß all Deine Sorge
und Vorsorge umsonst ist. Von Ernst soll ich Euch extra
grüßen. Er meint, ob Ihr nicht auch Essen verlassen sollt.
Für Willy sollte es doch leicht sein, genügend amtsärztli-
che Bescheinigungen zu erhalten, daß er nicht mehr in der
Lage ist, seine Praxis auszuüben, und das Leben in Essen
für seine Gesundheit nur schädlich ist: Kommt zu uns, wir
werden Euch schon unterbringen. Wilhelm geht noch ein
paar Monate in Kassel zur Schule. Auf die Dauer könnt
Ihr das doch nicht aushalten! Oder kommt wenigstens
einmal für längere Wochen, Ihr seid jederzeit herzlich
willkommen. Wir möchten Euch so gerne helfen!
Wenigstens schreib' recht bald einmal wieder, und wenn es
auch nur ein paar kurze Zeilen sind. Hast Du das Paket
mit den Erbsen und dem Mondamin auch erhalten?
Ilschen läßt einstweilen herzlich danken für Deine Glück-
wünsche und für das sehr, sehr feine Kunstbuch.
Überlegt Euch mal unseren sehr ernst gemeinten Vor-
schlag. Für heute lebt wohl. Alles, alles Gute!
Innige Grüße Euch allen von uns allen, Lilli.

Und noch ein Nachtrag:

Möchtest Du mir nicht wenigstens ein paar Koffer mit
Wäsche, Silber etc. schicken? Soll ich Dir einen großen,
neuen Mädlerkoffer zu diesem Zweck senden? Wirklich,
seht zu, daß auch Ihr aus dieser Hölle herauskommt.
Sei fest und herzlich umarmt, liebe Lore!

Deine Lilli

Trotz der Scheidung regelte Lilli viele Fragen des Alltags noch gemeinsam mit Ernst, sei es die Hilfe für Lores Familie, seien es Entscheidungen über die Zukunft der Kinder.

Der Krieg rückte unterdessen auch in Immenhausen immer näher. Im August 1942 war Kassel erstmals zum Ziel eines Großangriffs alliierter Bombenflugzeuge geworden. Lillis inzwischen 15jähriger Sohn Gerhard wurde zusammen mit seinen Klassenkameraden zur Fliegerabwehr nach Obervellmar bei Kassel eingezogen. Am 15. Februar 1943 mußten die jungen Luftwaffenhelfer einrücken, sie bekamen eine erste militärische Ausbildung und nebenher auch noch ein paar Schulstunden. Wenige Wochen später begannen ihre Einsätze bei der Flak, also an den Flugabwehrkanonen, für Gerhard eine willkommene Anerkennung. Zwar hatte er im humanistischen Friedrichsgymnasium in Kassel bis dahin kaum Diskriminierungen erfahren – anders als seine Schwestern Ilse und Johanna, denen schon damals der Rausschmiß aus der Jakob-Grimm-Schule, einer Mädchen-Oberschule, angedroht wurde –, aber auch er empfand die Einbeziehung in die Kriegsmaschinerie als eine Art von Rehabilitation: Hitlerjunge durfte er nicht werden, aber jetzt, in der Not des Krieges, brauchte man ihn offenbar doch. Plötzlich schien er kein Außenseiter mehr zu sein, sondern gehörte endlich dazu.

Ob sich auch Lilli darüber freute? Wenn sie es nicht tat, so hat sie es doch ihren Sohn nie spüren lassen, sondern immer großes Interesse an seinem nun völlig veränderten Alltag gezeigt. Nur am Wochenende durfte Gerhard, wenn überhaupt, noch nach Immenhausen kommen. Dann wurde er gründlich umsorgt und bekocht, seine Wäsche wurde gewaschen und geflickt.

Lilli selbst bemühte sich, ihren Kummer vor den Kindern zu verbergen. Lange verschwieg sie ihre Scheidung gegenüber den wenigen Freunden, die ihr noch geblieben waren. Am 11. März 1943 jedoch informierte sie endlich Hanne Barth in Mannheim:

Meine liebe liebe gute treue Hanne,
laß Dir zuerst einmal von ganzem Herzen danken für
Deine lieben Grüße alle, die ja schändlicherweise immer
noch unbeantwortet sind. Und dabei sind sie uns, vor
allem mir, stets eine solche Freude als Zeichen Deiner
unveränderten Gesinnung und Freundschaft. Und arg
gefreut hab ich mich mit dem entzückenden Notizbuch zu
Weihnachten, das war so arg lieb von Dir. Hab' dafür
extra herzlichen Dank.
Glaub mir, mit allergrößtem Interesse lese ich alles, was
Dich und die Kinder betrifft und was Du von Leo berich-
ten kannst. Ich freue mich jedesmal mit Dir, wenn Du
von glücklichen Urlaubstagen erzählen kannst, und versu-
che Dir nachzufühlen, was es heißt, den geliebten Mann
wieder fortgehen lassen zu müssen. Du bist eine tapfere
Frau, Hanne, und aus ganzer Seele wünsche ich Dir, daß
Euch Euer Vater erhalten bleibt und Ihr alle in nicht
gar zu ferner Zeit wieder vereint sein könnt. Und was
hast Du nicht alles durchgemacht an Krankheiten und
Sorgen mit Dir selbst und den Kindern. Drum war ich
auch besonders froh, als Du auf Deiner heutigen Karte
nur Gutes berichten konntest.
Aber glaube doch bitte nicht, es hätte bei mir an Anteil-
nahme gefehlt, meine Gedanken waren oft und oft an
Dich geschrieben, aber lange Zeit konnte ich diesen Brief

Lilli und ihre Schwester Elsa in Karnevalskostümen, um 1903

Lilli und Elsa 1905 in Köln

Lillis Mutter Paula (rechts hinter dem Bräutigam) bei der Hochzeit
ihres Bruders Julius Schloß mit Lotte Kirschbaum-Springer 1911
im Hotel Adlon in Berlin. Ganz rechts in der ersten Reihe:
Lillis Onkel Dr. Josef Schloß

Lilli im Sommer 1916

Lillis Mutter Paula (zweite von links) während des 1. Weltkriegs
bei einer Weihnachtsfeier in einem Verwundetenlazarett

Lilli (rechts) und Elsa (links) mit Frau M. Wrede und Helmuth Wrede
im August 1918 in Schierke im Harz

Lilli (dritte von rechts) zusammen mit ihren Arztkollegen des Israelitischen Asyls für Kranke und Altersschwache in Köln, um 1924

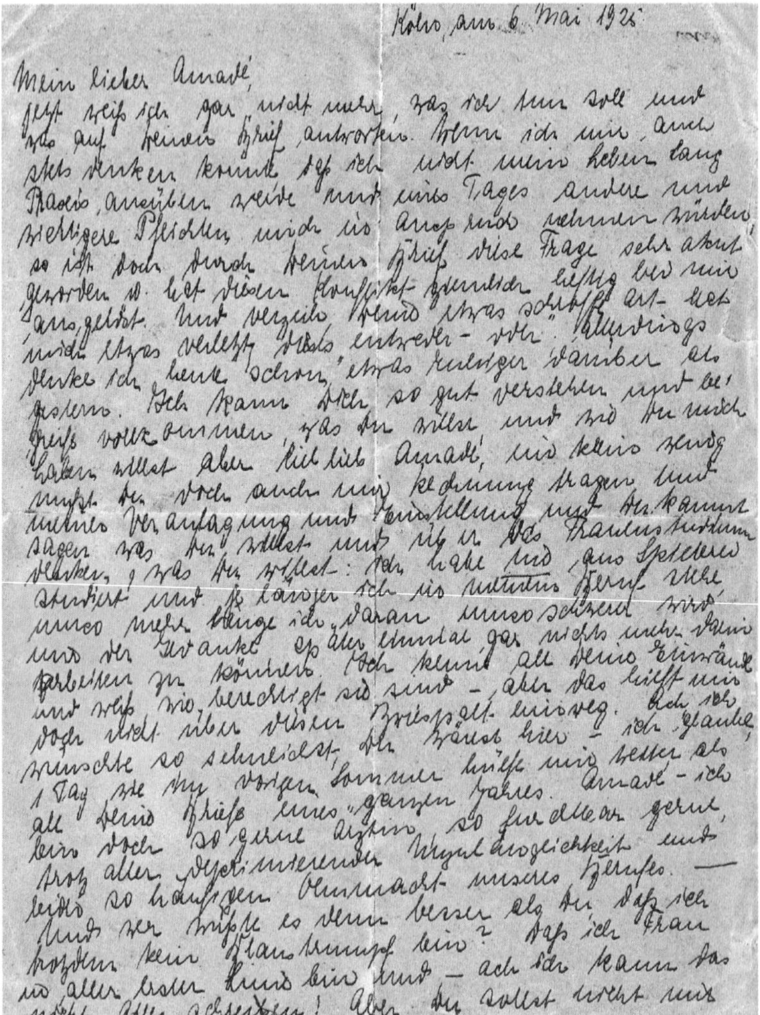
Kairo, am 6. Mai 1925

Mein lieber Amadé,

Brief Lillis an Ernst Jahn, 6. Mai 1925

Lillis Vater Josef Schlüchterer

Lilli und Ernst Jahn, 1926

Lilli mit ihren Kindern Gerhard und Ilse, circa 1929/30

Ernst Jahn mit Gerhard und Ilse 1931 vor dem Haus in Immenhausen.
Links und rechts der Tür hängen die Praxisschilder von Ernst und Lilli.

Gerhard und Ilse 1936 vor dem Haus in Immenhausen.
Lilli Jahns Praxisschild ist inzwischen abmontiert.

Gerhard, Ilse und Johanna, Mai 1933

Brief Ernst Jahns an Hanne und Leo Barth, 27. Februar 1934

Elsa Schlüchterer mit ihrem Patensohn Gerhard Jahn
im August 1936 in Immenhausen

nicht zu Papier bringen, und auch heute fällt es mir
arg schwer; eingedenk unserer alten Freundschaft fühle
ich mich verpflichtet und gedrängt, Dir sehr Ernstes und
Schweres von uns zu berichten, das sich doch kaum in
einem Brief sagen läßt.

Ich habe in den letzten 2 ½ Jahren sehr viel Hartes und
Bitteres durchgemacht und hab's auch jetzt noch nicht
überwunden. Hanne, am 8. Oktober 1942 sind Amadé
und ich geschieden worden, und am 14. November 1942
hat er wieder geheiratet, die Rita Schmidt, die Du ja
kennst, nachdem ... hier bei uns ein Kind der beiden, ein
kleines Mädchen, Magda, geboren wurde.

Wie soll ich das nun alles erklären, vor allem Dir Amadés
Verhalten verständlich machen, damit Du ihn begreifst
und nicht verurteilst?!!

Hanne, ich möchte jetzt bei Dir sitzen, Deine Hand nehmen und Dir ganz leise etwas sagen: Hanne, erinnerst
Du Dich daran, als ich im Sommer 1925 das erste
Mal bei Euch in Mannheim war? Erinnerst Du Dich an
jenen Sonntagnachmittag, als Amadé, um dessentwillen
ich allein nach dort gekommen war, mich unter dem
Vorwand, er habe Dienst in der Klinik, allein ließ und
zu Dir geflüchtet war? Weißt Du noch, wie erschrocken
und getroffen ich war, als ich es dann am anderen Morgen
von Dir erfuhr?

Siehst Du, das hätte mir eine Warnung sein sollen, und
daß ich diese Warnung nicht erkannte, das muß ich nun
nach langen Jahren, in denen ich mich und uns beide
glücklich wähnte, für mein ganzes übriges Leben büßen.
Denn in dieser schicksalhaften Begegnung mit jener anderen Frau, mit der Rita Schmidt, mußte Amadé erkennen,

daß er mit seiner Verbindung mit mir seinem eigensten
innersten Wesen untreu geworden war.

Und nun fand er plötzlich diesen weiblichen Mitmenschen,
der ein unsagbares, bis dahin nie empfundenes Glück
schenkte, der ihm Heimat wurde, der ihn zu sich selbst
und ihn, den ja auch Du als Gottsucher kennst, zu Gott
zurückführte. Ein ganz tiefes religiöses Moment ist bei
Amadé die Wurzel dieser Liebe, zu der er sich bekennen
mußte, weil er sonst nicht mehr im tiefsten Sinne leben
konnte. Und Du kennst ja auch den Amadé mit all seiner
weichen, zarten Empfindsamkeit, die es ihm unmöglich
gemacht hätte, an einer Entsagung und Überwindung
innerlich zu wachsen und zu reifen. Sein Bestes und
Wertvollstes wäre zugrunde gegangen.

Ich brauche Dir ja wohl nicht zu betonen, daß dieses
Erleben und diese Entwicklung auch ihn schwere Kämpfe
gekostet hat und er immer und immer wieder versucht
hat, sich vor sich selber Rechenschaft abzulegen, um dann
doch diese Liebe mit allen Fasern des Herzens und der
Seele bejahen zu müssen.

Siehst Du Hanne, sie gehen zusammen zur Kirche, der
Amadé und die Rita. Und es ist wohl nur eine Frage
der Zeit, daß er konvertiert. Und sie ist eine Frau deutschen Blutes und verwandterer Art für ihn. Und daß die
unglückliche, fast unerträgliche Situation, in der er mit
mir leben mußte, wenn auch nicht ausschlaggebend, aber
doch sehr erschwerend ins Gewicht fiel, wirst Du erst voll
ermessen können, wenn ich sie Dir einmal in Worten und
Erzählungen vor Augen führen kann.

Wirst Du wohl einmal versuchen, den Amadé zu verstehen, wirst Du ihn nicht gar zu schwarz beurteilen?

146

Er verdient es nicht, denn weder Leichtsinn noch Herzlosigkeit noch Schlechtigkeit kann man ihm vorwerfen. Auch Lise und Leo Diekamp, die von allem unterrichtet sind und seit über einem Jahr alles miterlebten, haben sich in persönlichen Aussprachen mit Amadé und durch seine Briefe überzeugen lassen müssen. Ich selbst habe in äußerster Zerrissenheit und Not ... Lise eingeweiht – zu Dir konnte und wollte ich nicht kommen mit meinem Leid, da Du selbst genug zu tragen hast, gute Hanne. Aber für mich ist Lise eine Enttäuschung gewesen, in dieser ganzen Zeit erhielt ich einen direkt an mich gerichteten Brief, und der war sehr kühl und verstandesmäßig, so daß er mich schmerzte. Und der regere Briefwechsel zwischen ihr und Amadé wird mir schon lange vorenthalten.

Was soll ich von mir selber sagen, Hanne? Ich fühle mich im Innersten grenzenlos einsam und verlassen, ich kämpfe einen schweren Kampf gegen Bitterkeit, Enttäuschung und um den Glauben an die Menschen, seit wenigen Wochen erst finde ich ganz langsam einen Weg zu mir zurück und zu dem Vertrauen in Gottes Fügung. Wie krank vor Kummer ... ich war und wie groß das Leid ist, das ich für meine Kinder – die drei Großen haben auch schon viel mitgemacht – und für mich trage, das wirst Du, liebe Hanne, einfühlend und mitfühlend begreifen. Schau, Hanne, von Anfang an hab' ich begriffen und verstanden, was da geschah in und mit meinem Amadé, von Anfang an hab ich ihn, wenn auch nicht immer leicht und einfach, seinen Weg gehen lassen, aber immer im Vertrauen darauf, daß unsere Gemeinsamkeit trotz allem bestehen bleiben würde. Und als ich dann sah, daß ich

mich getäuscht hatte und seine Ehe mit mir ihm nur eine Last war und er dieses doppelt gebundene Leben nicht ertragen konnte, hab' ich ihm seine Freiheit zurückgegeben.
Von der Rita kann ich nichts sagen, ich fürchte, ich bin nicht objektiv genug, und ich kann mich von dem Vorwurf gegen sie nicht freimachen, daß es in ihrer Hand gelegen hätte, es nicht zum Äußersten kommen zu lassen. Ich habe sie in allen Dingen, in großen und kleinen, in Dingen des Herzens und des geringen Alltags, als einen rücksichtslosen und sehr egozentrischen Menschen kennengelernt, vor allem in den drei Monaten, die sie vor und während und nach der Geburt des Kindes hier im Hause war. Und alle Bemühungen, um Amadés willen, in ein freundschaftliches Verhältnis mit ihr zu kommen, schlagen immer wieder fehl, gewiß auch durch meine große Empfindsamkeit ihr gegenüber, aber nicht nur allein dadurch. Es bleibt immer nur alles an der Oberfläche bei ihr, und auch mit den Kindern versteht sie es in keiner Weise.
Unser äußeres Leben ist nun so, daß die leibliche Fürsorge für die Kinder mir vom Jugendamt zugesprochen ist.
Wir bleiben hier im Haus, Amadé führt seine Praxis hier weiter, die Rita ist Assistentin in einem Kinderkrankenhaus in Kassel, hat eine entzückende kleine Wohnung, und Amadé ist seine ganze freie Zeit, viele Abende in der Woche, alle Wochenenden und Feiertage bei seiner Frau. Daß er in großzügigster Weise für die Kinder und mich sorgt und weit über seine gesetzliche Verpflichtung um uns alle bemüht ist, versteht sich von selbst. Aber nichts, gar nichts kann uns seinen Verlust ersetzen.
Ich habe mir oft gewünscht, ich könnte einmal zu Dir kommen, liebste Hanne, um auch mit Leo einmal reden

zu dürfen. Aber das geht ja nicht. Amadés Schwester
hält in großer Liebe zu den Kindern und mir, aber von
meiner Familie und allen mir nahestehenden Freunden ist
ja niemand mehr da. –
Gerhard ist seit vier Wochen als Luftwaffenhelfer einge-
zogen worden und liegt in einer Flakstellung bei Kassel.
Er hat nur ganz selten Urlaub. Die vier Mädels sind
gesund und vergnügt, Dorle wirklich eine Gottesgabe,
mein ganzes Glück am langen Tag, wenn die andern alle
fort sind. Ich lebe ja nur in meinen vier Wänden.
Liebe gute Hanne, nun verstehst Du wohl mein langes
Schweigen. Grüße Leo viel-vielmals mit tausend guten
Wünschen, erzähle ihm alles, damit auch er die scheinbare
Untreue an ihm begreift. Wenn Du magst und es für
richtig hältst, so schicke ihm diesen Brief. Und nun wirst
Du auch noch besser begreifen, wie sehr mich Deine gute
neue Anhänglichkeit beglückt, für die ich Dir so sehr
danke.
Für heute leb' wohl. Alles Gute Dir und den Kindern und
einen festen herzlichen Kuß,

Deine Lilli

In der Zwischenzeit hatte Lore Lillis Angebot angenommen
und ihre Kinder für ein paar Wochen aus Essen in das sichere
Immenhausen geschickt. Am 30. April bedankte sich Lilli für
diesen Besuch:

Nicht wahr, Du bist nicht böse mit Marilis und Wilhelm,
daß sie so lange hiergeblieben sind! Wenn Du wüßtest,
welch seltene und große Freude mir das Zusammensein
mit Deinen Kindern ist, ich bin Dir von ganzem Herzen

dankbar, daß Du sie mir geschickt hast. Wilhelm haben
wir mit großem Jubel empfangen ... Und die Kinder
schickst Du mir, so oft es geht, so oft sie Lust haben und
Du sie entbehren magst.

Lores Sohn Wilhelm, ein charmanter junger Mann von 18 Jahren, wurde von seinen Cousinen ein wenig angehimmelt.
Einige Wochen nach dem Besuch in Immenhausen kam er am
28. Mai 1943 zusammen mit seinem Vater bei einem Bombenangriff auf Essen ums Leben.

Die Verbannung nach Kassel

»Der Abschied ist doch bitter schwer«
Lilli wird mit ihren Kindern aus Immenhausen vertrieben

Die Nationalsozialisten wollten das Zusammenleben des seit einem dreiviertel Jahr geschiedenen Paares im Immenhäuser Ärztehaus nicht länger hinnehmen. Mit einem Doppelschlag zerstörten sie die merkwürdige Wohngemeinschaft. Anfang Juli 1943 wurde zunächst Ernst zur Wehrmacht eingezogen, und zwar zum medizinischen Dienst in einem Lazarett bei Kassel. Er war als »k. v. Heimat«, also kriegsverwendungsfähig in der Heimat, gemustert worden; ein anderer Arzt, Dr. Karl-Werner Schupmann, übernahm seine Aufgaben in Immenhausen. Ernst selbst begriff die Einberufung als Schikane, zumal man ihn in der militärischen Hierarchie ziemlich weit unten einstufte, als Unterarzt. Jedenfalls sollte er wohl für seine mangelnde Konsequenz – seine neue Ehefrau lebte mit dem gemeinsamen Kind allein in Kassel, Lilli dagegen mit ihm unter einem Dach – bestraft werden.

Dann aber mußte auch Lilli auf Anordnung des amtierenden Bürgermeisters Groß Immenhausen verlassen und mit ihren Kindern nach Kassel ziehen. In der Großstadt gab es genügend freien Wohnraum; wegen der häufigen Bombenangriffe hatten viele Bürger ihre Wohnungen aufgegeben.

Am 21. Juli 1943 zog Lilli mit den fünf Kindern in ein Mehrfamilienhaus in der Motzstraße 3. Im Kasseler Hausstandsbuch Nr. 431, Blatt 14, findet sich ein entsprechender Eintrag. Als Religion wurde bei Lilli »Jüdin« angegeben, bei ihren fünf Kindern »evangelisch«.

Das Haus stand zum Zeitpunkt des Einzugs überwiegend leer, das Erdgeschoß war überhaupt nicht vermietet. Die Jahns bezogen eine Wohnung im zweiten Stock. Große Teile des Mobiliars wurden aus Immenhausen herbeigeschafft, darunter auch der schöne Blüthner-Flügel, den Lilli zur Hochzeit von ihrer Großmutter geschenkt bekommen hatte.

Mit der Familie wechselte noch eine weitere Person in die neue Wohnung, die »Hausangestellte« Julia Maguestiaux, eine damals 37jährige Fremdarbeiterin aus Belgien. Laut Hausstandsbuch war sie katholisch und verheiratet. Das heißt: Julia, die Familie nannte sie Julie, war sicher nicht freiwillig in Kassel, sondern von den Nazis nach Deutschland geholt worden.

Seit Oktober 1942 galt in den besetzten Ländern Westeuropas eine Arbeitspflicht, die, wenn die Behörden so entschieden, auch in Deutschland abzuleisten war. Und da Lilli als Jüdin seit Ende Februar 1943 keine deutschen Hausmädchen mehr beschäftigen durfte, wurde ihr die junge Frau aus Belgien zugeteilt. Lillis Töcher erinnern sich noch heute daran, daß Julie immer so »mürrisch« und »unwillig« gewesen sei – verständlicherweise.

Für Ilse und Johanna hatte der Umzug immerhin einen Vorteil: Sie mußten jetzt nicht mehr jeden Tag mit dem Zug zur Oberschule nach Kassel fahren. Ihre Schwester Eva allerdings durfte nur auf eine einfache Kasseler Hauptschule gehen. Als Eva im Frühjahr 1943 auf die Oberschule nach Kassel geschickt werden sollte, war das bereits mit dem Hinweis auf ihre jüdische Mutter abgelehnt worden.

Lilli berichtete am 12. August 1943 in einem Brief an ihre
Mannheimer Freundin Hanne Barth über die Umstände des
Umzugs von Immenhausen nach Kassel:

Meine liebe gute Hanne,
nicht nur Dank und Freude will ich Dir sagen über Deine
lieben Zeilen, sondern in erster Linie meinen Wünschen
Ausdruck geben, daß Euch allen bei dem Angriff auf
Mannheim nichts passiert ist. Du sollst jedenfalls wissen,
daß ich herzlich an Euch denke.
Deine Nachrichten haben mich außerordentlich erfreut.
Die Urlaubszeit für Leo ist wohl wieder abgelaufen, aber
diesmal ist der Abschied wohl nicht gar so hart. Und ich
kann Dir versichern, ich bin wirklich glücklich mit Euch
über seine Versetzung nach Berlin. Nun wirst Du ihn
sicher auch hin und wieder einmal besuchen können. Wie
unsagbar erleichtert mag Dir ums Herz sein, ihn nicht
mehr im Osten zu wissen. Und doch – möchte doch der
Krieg bald ein Ende nehmen!!
Denke Dir, seit drei Wochen wohne ich mit den Kindern
in Kassel. Es kam alles so plötzlich und ganz ohne mein
Dazutun, geschweige denn meinen Willen. Es ist alles so
kompliziert – und so viele Dinge spielen dabei eine Rolle,
daß ich es Dir brieflich gar nicht auseinandersetzen kann.
Wir haben eine schöne, helle, geräumige und bequeme
Wohnung. Und für die Schulkinder ist es ja in mancher
Hinsicht eine große Erleichterung, aber der Abschied vom
Haus, in das nun die Rita gezogen ist, ist mir doch
bitter, bitter schwer geworden. Und die innere und äußere
Umstellung macht mir doch schwer zu schaffen, zumal
auch meine ganze Situation jetzt sehr beschwert ist.

*Und zu allem Unglück bekam Amadé ein paar Tage vor
dem Umzug einen unerwarteten, ganz kurzfristigen
Stellungsbefehl. Er macht jetzt hier in Kassel einen vier-
wöchigen Unterarztkursus mit, und wird zum Teil arg
geschliffen, was ihm bei seinem Alter sehr schwer fällt.
Ende nächster Woche ist die Unterarztprüfung – was
dann aus ihm wird, ist noch nicht abzusehen. Er ist zwar
nur »k. v. Heimat« geschrieben, aber deswegen kann er
doch Gott weiß wohin kommen. In Immenhausen hat man
einen mehr als zehn Jahre jüngeren Arzt eingesetzt.
Inzwischen hatten wir nun auch zwei Tagesangriffe auf
Kassel und öfters Alarm. Und man lebt hier in einer
dauernden Unruhe. Weißt Du, liebe Hanne, manchmal
verschlägt es mir doch das innere Atemholen, weil die
Schicksalsschläge gegen mich gar nicht abreißen wollen,
und oft kann ich mich einer ganz großen Traurigkeit
kaum erwehren. Es ist nur gut, daß die Kinder mit all
ihren äußeren und inneren Ansprüchen unbewußt immer
wieder von neuem meine ganze Energie hochreißen.
Sei nicht böse, wenn ich heute nicht ausführlicher
schreibe, ich kann mich zu keinem langen Brief aufraffen,
bin innerlich viel zu nervös und gespannt – und mit
mir selbst nicht im Reinen, ich muß sehr gegen mich
ankämpfen, um nicht bitter und hart zu werden.
Und Du liebe Hanne, urteile nicht falsch und ungerecht
über Amadé, darum muß ich Dich immer wieder bitten.
Wenn Du Zeit hast, schreib mir ein gutes Wort, aber die
Adresse laß' vielleicht von Ursula an Ilse schreiben ...
Voll Dank für Deine treue Freundschaft und mit den
allerbesten Wünschen für Dich und die Deinen,*

Lilli

Lilli wußte nur zu genau, daß sie unter Beobachtung stand. Ihre Briefe wurden zensiert; und sie mußte sogar damit rechnen, daß ihre Grüße den Adressaten schaden konnten. Wer mit ihr, einer Jüdin, korrespondierte, konnte womöglich selbst unter irgendeinem Vorwand belangt werden. Ob allerdings ihr Vorschlag, daß in Zukunft nur noch Hannes Tochter Ursula das Briefcouvert beschriften möge, die Zensoren überlisten konnte, scheint fraglich. Jedenfalls brach der Briefwechsel mit Hanne und Leo nun offenbar ab, weitere Briefe sind nicht überliefert.

»In einem neuen Hexenkessel«
Die Verhaftung durch die Gestapo

Lilli Jahn hatte nach ihrem Umzug eine Visitenkarte als provisorisches Namensschild an die Türklingel gesteckt. Der knappe Text, »Dr. med. Lilli Jahn«, verstieß gegen die von den Nazis bereits am 17. August 1938 erlassene Verordnung, wonach jüdische Frauen den Namen »Sara« ihrem Vornamen hinzufügen mußten. Außerdem hatte Lilli noch versäumt, ihren Doktortitel zu streichen. Der war allen Juden pauschal aberkannt worden.

Die kleine Nachlässigkeit – oder war es ein bewußtes Nichtbeachten dieser Diskriminierungen? – stieß vermutlich irgendeinem Mitbewohner oder Besucher des Hauses in der Motzstraße auf. Lilli wurde bei der Gestapo denunziert – und die zitierte Lilli in ihr Hauptquartier an der Wilhelmshöher Allee. Sie wurde vernommen, durfte dann aber nach Hause zurückkehren. Ein paar Tage später kamen einige Gestapo-Leute in die Motzstraße. Ängstlich beobachteten Lillis Kinder, wie die Männer mit den langen schwarzen Ledermänteln ihre Wohnung heimsuchten und die Schränke durchwühlten – ohne erkennbares Ergebnis. In dieser angespannten Lage berichtete Lilli ihrer inzwischen in Leipzig lebenden Freundin Lotte von der Vorladung bei der Gestapo. Lotte antwortete ihr am 29. August 1943:

Meine liebe Lilli,
umgehend hätte ich Dir auf Deinen lieben und so schwerwiegenden Brief geantwortet, wenn ich nicht schon wieder mal krank gewesen wäre. Ich hatte eine scheußliche Grippe ...

Und Du, Arme, bist mitten in neuen Schwierigkeiten
drin. Und wie haben wir Dir doch gewünscht, daß Du
nun, trotz des schweren Alleinseins, langsam einer neuen
Ruhe entgegengingest.
Und nun bist Du in einen neuen Hexenkessel geraten.
Wir haben überlegt, ob es nicht richtig gewesen wäre oder
wäre, wenn Ernst selbst einmal zur Gestapo ginge und die
Sache dort darlegte. Aber man kann das aus der Ferne
nicht beurteilen. Es müßte doch zu erreichen sein, daß die
Sache wenigstens für die Dauer des Krieges einmal auf
sich beruhen bleibt.
Nun steht man wieder da und kann nichts und nichts für
Dich tun. Es ist einfach zuviel, was Dir aufgebürdet wird,
es müßte jetzt genug sein. Es vergeht kein Tag, ohne daß
ich an Dich denke ...
Bitte, bitte schreib mir doch gleich, wie sich Deine letzte
Unterredung mit der Gestapo gestaltet hat und wie jetzt
alles steht. Tu mir den Gefallen und schreib gleich in ein
paar Zeilen, wie jetzt alles ist; ich mache mir solche
Sorgen und habe nun, durch mein eigenes längeres
Schweigen, zu lang nichts von Dir gehört. Nicht wahr,
Du schreibst bitte gleich!
Ich kann mir das so gut denken, wie Du die Natur jetzt in
der Stadt vermissest. Als ich jetzt von Freiburg aus noch
ein paarmal in den Bergen war, fühlte ich auch wieder,
wie unendlich leichter doch eigentlich das Leben ist, wenn
man es in der Nähe der Natur leben kann. Man besitzt
dann etwas, was einen auch im ärgsten Wirbel nicht im
Stich läßt. Mir ist auch der Abschied von dem allen sehr
schwer gefallen, und ein Heidekrautstrauß ist alles, was
ich nun noch davon behalten habe!

Wenn Du einmal ein wenig Lust dazu hättest – ich wüßte
so gerne, wie Du Deine Wohnung eingerichtet hast. Nur so
ungefähr möchte ich es mir so gerne vorstellen können ...
Daß für die Kinder das Leben in der Stadt manches für
sich hat, könnte ich mir denken. Wenn nur sonst ihre
Situation sich nicht verschlechtert.
Wie mag sich nun Deine Schwägerin entschlossen haben?
Ob das helfen mag, wenn sie zu Dir kommt? Mir wäre es
eine große Beruhigung.
Hier ist alles nervös wegen der Fliegergefahr, und es
wird davon gesprochen, daß die Schulen evakuiert werden
sollen. Jedenfalls ist es in Vorbereitung. Wie schrecklich
es mir wäre, wenn wir Peter nun schon wieder weggeben
müßten, wirst Du Dir denken können. – Einige Pakete
und eine Kiste sind wir im Begriff wegzuschicken. Ich
selber bin zwar ein großer Fatalist und nicht so arg für
solche Sachen. Aber ich fühle mich doch verpflichtet dazu.
Ich will nun machen, daß dieser Brief heute wenigstens
noch wegkommt, damit Du mir möglichst bald schreibst,
wie Deine Situation jetzt ist.
Ich bitte Dich, Liebe, halte noch eine Weile durch, wie Du
es durch so viel Schweres nun schon getan hast. Es wird
wieder hell, ganz bestimmt!
Und wisse, daß wir hier jeden Tag Deiner gedenken, mit
Sorge und mit heißen Wünschen und in Liebe. Ich küsse
Dich und umarme Dich – Deine Lotte

Wahrscheinlich schon am nächsten Tag, also am 30. August,
mußte Lilli erneut bei der Gestapo erscheinen. »Bis gleich,
Kinder«, rief sie ihren Töchtern noch zu, dann machte sie
sich auf den Weg in die Wilhelmshöher Allee.

Nach einer Weile wurden Ilse, Johanna und Eva unruhig. Die Mädchen gingen auf den kleinen Balkon der Wohnung und lehnten sich über die Brüstung, um ihre Mutter möglichst früh zu erkennen, sobald sie in die Motzstraße einbiegen würde. Lilli trug an diesem Tag ein blaues Kleid. Und bei jeder Frau in einem blauen Kleid schöpften die Kinder zunächst Hoffnung.

Lilli kam nicht. Statt dessen klingelte irgendwann das Telefon. Die Gestapo, so hieß es, habe ihre Mutter festgenommen. Nichts weiter, keine Begründung, keine Erklärung. Tatsächlich wurde Lilli nach ihrer Festnahme zunächst ins Polizeipräsidium am Königstor gebracht und dort in eine Zelle eingesperrt.

Die Kinder blieben vorerst sich selbst überlassen. Anfangs hofften sie noch auf ein Mißverständnis und rasche Aufklärung. Weil ihr Schwager bei der Gestapo war, erfuhr allerdings Maria Lieberknecht, eine Kasseler Bekannte der Familie Jahn, von der Verhaftung Lillis. Marias Mann, ein der »Bekennenden Kirche« angehörender Pfarrer, beschrieb später in einem Brief an Ernst Jahn den Ablauf der Ereignisse. Paul Lieberknechts Brief, verfaßt im Januar 1947, dokumentiert die Verbitterung über das Verhalten Ernst Jahns und seiner neuen Frau:

*Einen Tag nach dieser Verhaftung kam meine Frau in
die Bibliothek gerannt und erklärte, daß ihr Schwager ...
dringend gebeten hätte, daß wir Sie veranlassen sollten,
die fünf Kinder nach Immenhausen in Ihr Haus zu holen,
da sonst die Gestapo die verwaisten Kinder in ein Lager
verfrachten könne. Meine Frau telefonierte lange Zeit im
Beisein der Beamten seiner Abteilung ... herum, bis sie Sie*

endlich erreichte. Sie lehnten damals ab mit den Worten:
»Ich kann es nicht, ich weiß nicht, wie sich meine Frau
in Immenhausen dazu stellt, versuchen Sie es doch bei ihr
zu erreichen, daß die Kinder wieder nach Immenhausen
kommen.«
Meine Frau rief anschließend dort an und bekam die Ant-
wort: »Das ist ganz ausgeschlossen, die Kinder können
nicht hierher. Ich werde der Tante Lore schreiben, daß
sie kommen soll, die weiß ja doch nicht, wo sie bleiben
kann. Sie kann den Haushalt in Kassel für die Kinder
dann führen.«
Meine Frau antwortete, bis dahin könne es für die Kinder
zu spät sein, sie wolle es sich überlegen, ... was für die
Kinder getan werden könne, damit man sie nicht auch
noch hole. Meine Frau ging dann zur Gestapo und bat
Hoppach, die Frau um der Kinder willen freizulassen.
Was meine Frau damals von diesem zu hören bekam,
brauche ich wohl nicht alles wiederzugeben. Jedenfalls
wurde ihr gesagt, daß ich als Judenknecht ihnen bekannt
sei und die Kinder wie Juden behandelt würden, also
auch einen Stern zu tragen hätten. Meine Frau erklärte,
daß die Kinder halbarisch seien und sie aus Dankbarkeit
täglich für die Kinder sorgen würde, bis eine Verwandte
käme.

Die Drohungen des Kasseler Gestapo-Referatsleiters August
Hoppach blieben ohne Folgen. Lillis Kinder mußten keinen
Judenstern tragen, ihre Mutter wurde aber weiterhin festge-
halten.

Ernst und Rita sorgten immerhin dafür, daß zumindest
eine erwachsene Person von jetzt an bei den Kindern in

Kassel übernachtete. Zuerst kam Ernst selbst, dann kehrte seine Schwester Lore, die in Essen ausgebombt worden war und auf deren Hilfe Rita vor allem hoffte, nach Kassel zurück; sie übernahm vorläufig die Mutterrolle. Ilse war zu diesem Zeitpunkt 14 Jahre alt, Johanna 13, Eva 10 und Dorothea 2. Der fast 16jährige Gerhard kam als Luftwaffenhelfer allenfalls am Wochenende nach Hause.

Schon bald freilich war Lore mit der Suche nach einer neuen Wohnung so beschäftigt, daß sie für die Betreuung von Lillis Töchtern immer häufiger ausfiel. Wenn Lore also nach Essen und später nach Süddeutschland fuhr, mußte meistens Rita in der Motzstraße übernachten. Und wenn Rita nicht konnte oder wollte, übernahm Lores 18jährige Tochter Marilis diese Aufgabe.

Man arrangierte sich mit der neuen Situation. Nur die Kinder konnten nicht begreifen, daß ihnen die Mutter genommen worden war. Ilse ging in den Tagen nach der Verhaftung zweimal zur Gestapo und fragte, wann die Mutter denn zurückkehren dürfe, ohne jeden Erfolg. Beim zweiten Mal sagte einer der uniformierten Männer zu ihr: »Wenn du noch mal kommst, behalten wir dich auch hier.«

Im Arbeitserziehungslager Breitenau

»Etwas Brot, ein bißchen Salz«
Hunger und Kälte in der »Anstalt«

Wenige Tage nach ihrer Inhaftierung im Kasseler Polizeipräsidium wurde Lilli in das von der Gestapo eingerichtete
Arbeitserziehungslager Breitenau gebracht. Im Aufnahmebuch des Lagers findet sich zwischen den Namen der Arbei-
terin Valentina Iwaschkewiteck und der Lehrerin Luba Ju-
tschenko unter der Häftlingsnummer 1764 die »Hausfrau
Lilli-Sara Jahn«. Aufnahmedatum: 3. September 1943.

Die Familie wurde vorerst nicht informiert. Nach einer
Woche, am 10. September, ließ die Gestapo die Kinder in
Kassel dann wissen, wo ihre Mutter eingesperrt war. Ilse, die
Älteste, schrieb noch am selben Tag an Lilli:

Liebes Muttchen!
Heute haben wir erfahren, wo Du bist. Schreib uns doch
bitte bald, wann Du wiederkommst. Wir erwarten Dich
sehnsüchtig. Kriegst Du satt zu essen? Darf man Dir
was zu essen schicken? Wäsche werden wir Dir schicken.
Heute war Gerhards Geburtstag. Es war sehr schön, aber
auch wieder nicht schön. Es hat Apfelkuchen aus Hefe
und Rührkuchen gegeben ...
Hast Du ein Zimmer für Dich? Hast Du ein erträgliches

Bett? Ich denke nur an Dich, herzliebstes Muttilein.
Heute kam Marilis. Marilis schläft bei uns und nicht in
Immenhausen. Ich lerne jetzt viel Latein und Französisch.
Es ist alles noch beim Alten sonst. In allen Zimmern sind
jetzt Gardinen.
Hoffentlich geht es Dir gut. Schreib doch bald wieder ...
Schreib doch bitte genau, was man Dir schicken kann.
Vati ist jede Nacht bei uns und tagsüber Tante Lore. Dorle
und Eva und Hannele sind alle recht vergnügt. Gerhard
hat sich sehr mit den Büchern gefreut. Es gab für die
Kinder bis 14 Jahre Bonbons. Davon haben wir dem
Gerhard welche gegeben. Hoffentlich kommst Du bald
wieder! Also viele, viele liebe Grüße und Küßchen von
Deiner Ilse!
Und einmal feste Umarmung.

Lillis Kinder hatten, wie wohl viele Zeitgenossen, keinerlei Vorstellung, wie es in einem Arbeitserziehungslager zuging. Dabei hatte die Gestapo schon 1940 mit der Einrichtung solcher Lager im ganzen Reich begonnen. Schließlich waren es mehr als 200 Arbeitserziehungslager, und sie hatten vor allem eine Funktion: Wer nach den Vorstellungen der Nazis seinen Arbeitspflichten nicht nachkam, wurde hier bestraft und diszipliniert. Die meisten Häftlinge waren ausländische Zwangsarbeiter, die sich dem Arbeitszwang – angeblich oder tatsächlich – widersetzt hatten.

Schon im 19. Jahrhundert war in dem ehemaligen Benediktinerkloster Breitenau in Guxhagen südlich von Kassel ein Arbeitshaus für Bettler und Landstreicher eingerichtet worden, von 1933 bis 1934 diente die Anstalt kurzzeitig als Konzentrationslager. Im Mai 1940 schließlich wurde das

Arbeitserziehungslager eingerichtet; die Kasseler Gestapo überwies nun laufend Schutzhäftlinge nach Breitenau. Das zum Gefängnis umgebaute Kloster galt jetzt offiziell als »Vorstufe eines Konzentrationslagers«.

In Breitenau war Platz für etwa 350 Häftlinge, in der Regel blieben sie nur drei bis vier Wochen, danach wurden sie wieder an ihre Arbeitsplätze zurückgebracht. Neben den zumeist aus Osteuropa stammenden Zwangsarbeitern waren allerdings auch deutsche Männer und Frauen inhaftiert, sei es, weil sie politisch gegen die Nazis rebelliert hatten, sei es, weil sie »gegen das gesunde NS-Volksempfinden« verstoßen und Liebesbeziehungen zu Fremdarbeitern oder Juden unterhalten hatten – oder weil sie, wie Lilli, Juden waren. Im Aufnahmebuch von Breitenau finden sich die Namen von mindestens 145 jüdischen Schutzhäftlingen, etwa jeder zweite wurde später in ein Konzentrationslager deportiert und dort getötet.

Lilli hatte natürlich weder ein Zimmer für sich noch genügend zu essen.

Sie wurde im Frauenhaus untergebracht, in dem sich Schlafsäle und Zellen befanden. Die Frauen schliefen auf Holzbrettern, Strohsäcken oder einfachen Strohlagern. Wie alle übrigen Gefangenen mußte Lilli täglich zwölf Stunden arbeiten. Die Verpflegung war mehr als dürftig und die Behandlung fast immer grob. Als Wachleute fungierten gewöhnlich die Aufseher der Landesarbeitsanstalt, manche waren wegen ihrer Brutalität und Rücksichtslosigkeit gefürchtet. Prügelstrafen und Isolationshaft gehörten zum Repertoire der Disziplinierung. »Schlagen und Treten« seien »an der Tagesordnung« gewesen, erzählten ehemalige Häftlinge später. Einige Gefangene wurden angeblich von Wachleuten ermordet. Im

Sommer 1943 bestätigte der Fuldaer Landrat der Lagerleitung in Breitenau, er habe schon mehrmals von ehemaligen Inhaftierten gehört, »daß sie lieber tot sein wollten, als noch einmal nach Breitenau« zu gehen – der Landrat wollte das als Kompliment an die Lagerleitung verstanden wissen.

Am 12. September 1943, noch bevor Lilli Ilses Nachricht erhielt, durfte sie erstmals einen Brief an ihre Familie schreiben. Auf der Vorderseite finden sich zwei Vermerke einer zur Zensur eingesetzten Aufseherin namens Steinmetz: »durch die Anstalt« und »Jahn, 13. 9. 43 / St.«. Lillis Absenderadresse lautete: Breitenau bei Kassel, Post Guxhagen, Adolf-Hitlerstr. 6:

Meine lieben geliebten Kinder, <u>alle</u>, einschließlich Marilis
und meine gute liebste Lore,
morgen bin ich nun schon 14 Tage fort – und seit 10
Tagen bin ich hier, und ich bin froh um jeden Tag, der
vorüber ist. Aber die Tage, bis ich wieder bei Euch sein
kann, zu zählen, das wage ich noch nicht. Macht Euch
keine Sorge um mich, es geht mir ganz bestimmt gut,
ich bin gesund, und Ihr wißt ja, Eure Mutti kann schon
immer gut früh aufstehen, und das Arbeiten ist eine
Wohltat. Es bleibt immer noch viel zu viel Zeit zum
Denken und Grübeln, und dann kommt natürlich die
Sehnsucht nach Euch und das Heimweh.
Aber nun könnt Ihr mir ja schreiben, Kinder, so oft Ihr
wollt, und Ihr schreibt mir nun <u>bitte</u> ganz bald und ganz
viel, und erzählt mir von allem, vom Guten und vom
Schlechten, von Euren Freuden und Eurem Kummer. Ant
worten darf ich vorläufig nicht, aber deswegen schreibt
Ihr mir doch bitte. Auch Du, Lore, kannst mir schreiben,

und wenn Post von Lotte oder Onkel Georg da ist, dann schickt sie bitte.

Was macht denn mein Dorlekind?? Ist es lieb? An seinem Geburtstag werde ich ja noch nicht zu Hause sein, seine große Geburtstagskerze und 3 Taschentüchlein findet Ihr im vorderen Flurschrank im untersten Fach und ein paar Bonbons im Buffet (Mitte).

Bist Du wieder gesund, mein Evalein? Hast Du viel versäumt in der Schule, und hast Du nun Deine Bücher? Gefällt es Dir in der Schule, und fährst Du noch nach Immenhausen?

Und Hannelekind, was macht Heidi, was die Geige? Wie ist's im Konfirmanden-Unterricht? Bekommst Du bald Dein Vögelchen?

Und Du meine gute große Illemaus, Du bist sicher Tante Lore eine große Stütze! Wie geht's Dir denn und Ulla und Gisela? Kommen sie noch zu Dir? Was macht das Latein?

Dir, meine Marilis, innige Wünsche und Grüße zum Namenstag. Gehst Du nach Göttingen? Werden wir uns wohl endlich bald mal sehen?

Und was macht mein Gerhard, kommt er regelmäßig, wie war sein Geburtstag?

Lore, Du Gute, wie geht's Dir denn? Wird Dir die Arbeit auch nicht zuviel? Kommst Du zurecht? Wie benimmt sich Julie? Wenn sie's verdient, grüßt sie.

Und wie geht es dem Vati? Wo ist er? Was tut er? Grüßt ihn sehr lieb und herzlich, ach, wie wohl täte mir ein gutes und tröstliches Wort von ihm, aber das wird wohl nicht gehen.

Und nun hab ich viele viele Wünsche, und ich danke Euch schon im voraus für alle Mühe. Vielleicht macht Ihr ein paar Päckchen, die gehen vielleicht schneller. Vor allem

schickt mir bitte regelmäßig Zeitungen, dann ein Buch
zum Lesen (Vati wird schon was aussuchen), vielleicht
den »Nachsommer« von Stifter. Auf dem Bücherbrett im
Flur findet Ihr sicher noch ein weniger wertvolles Buch für
meine Saalkameradinnen. Dann bitte: meine Nagelfeile,
meine Pinzette, den Spiegel aus meiner roten Handtasche,
einen Beutel Vasenolpuder und die 2 Beutel Schlemmkreide aus dem Schränkchen in der Kinderkommode,
meine Pantoffeln und ein paar alte schwarze Schuhe, und
dann, wenn es Euch möglich ist, hin und wieder etwas
Brot, ein bißchen Salz, vielleicht habt Ihr ein wenig
Käse übrig oder Marmelade, und legt mir eines von den
alten silbernen Messern (rechte Schublade) bei. Und hättet Ihr vielleicht ein paar Äpfel, wir bekommen hier nur
Suppe oder Pellkartoffeln. Aber nur, wenn Ihr's entbehren
könnt, auch 4–5 Beutel einfaches Puddingpulver. Und
nun lebt wohl für heute, seid alle, alle umarmt und
geküßt, meine Gedanken, meine Wünsche und all mein
Sehnen sind Tag und Nacht bei Euch. In Liebe!

Mutti.

Einige Begriffe in Lillis Brief, etwa die Worte »Nagelfeile«,
»Pinzette«, »Spiegel«, »Schlemmkreide«, »Pantoffel«, »Brot«,
»Salz« oder »Puddingpulver«, wurden offensichtlich im
nachhinein mit Bleistift unterstrichen – entweder von einer
Aufseherin oder von den Briefempfängern. Möglicherweise
kennzeichneten die Kinder damit all das, was sie für die
Päckchen an Lilli zu beschaffen hatten.

Der Appell, von nun an regelmäßig zu schreiben, löste eine
Flut von Briefen aus. Die Kinder begriffen sofort, daß die
ohnehin schon praktisch vaterlose Familie nur noch auf diese

Weise zusammengehalten werden konnte. Ilse und Johanna schrieben jetzt sechs Monate lang etwa jeden zweiten Tag an ihre Mutter in Breitenau, Eva ungefähr zwei mal in der Woche und Gerhard jeweils am Wochenende. Zunächst beschränkten sich die Briefe auf kurze Fragen und Mitteilungen an die Mutter, doch schon bald nahmen sie mehr und mehr den Charakter von Tagebuchnotizen an, aus denen sich Lilli ein recht genaues Bild vom Alltag, von den Sorgen und kleinen Freuden ihrer Kinder machen konnte.

Lillis erster Brief aus Breitenau wurde von Ilse offenbar postwendend erwidert. Ilses Antwort traf, so hat es eine Aufseherin notiert, am 17. September 1943 in Breitenau ein:

Liebstes, gutes Muttilein!
Wie froh war ich, als ich von Dir Nachricht bekam.
Muttilein, schreib doch mal, was Du arbeiten mußt. Wirst
Du denn satt? Darfst Du rauchen? Wir haben alles gut
übrig, was wir Dir schicken. Ich habe Tante Lotte 4 Pfund
Brot geschickt und 1,5 Pfund Nährmittel. Kannst Du
auch was an Nährmitteln gebrauchen? Wir schicken Dir
die alten Pantoffeln, denn die anderen sind doch wohl zu
schade. Hoffentlich sind die Schuhe recht. Wir schicken
Dir alles nach und nach ... Das Puddingpulver ist schon
fix und fertig, das braucht man nur in Milch aufzulösen.
Also liebes Muttilein, Gute Nacht. Tausend liebe Küßchen
von Deiner Dich nie vergessenden Ilse.

Auch Johanna schrieb nun regelmäßig nach Breitenau. Am 17. September schickte sie Lilli eine Kunstpostkarte, auf der eine Madonna abgebildet ist. Die 13jährige wußte, wie wichtig der Mutter dieses Motiv war.

Mein liebes Muttileinchen!
Hoffentlich bekommst Du diese Karte noch zum Sonntag,
es würde mich sehr freuen ... Die Karte ist hübsch, nicht
wahr. Gestern konnte ich leider nicht schreiben. Unsere
Klasse einzig und alleine mußte einen Aufsatz von gestern
auf heute machen über den weiblichen R. A. D. auf
Zettel, denn er wird weitergegeben an den Obersten des
Reichsarbeitsdienstes, der wissen will, wie die Meinung
im Volk über den weiblichen R. A. D. ist. Ernste oder
heitere Erlebnisse mußten wir schildern. Marilis hat mir
ordentlich geholfen. Die drei besten werden in der Zeitung
veröffentlicht, meiner aber nicht.
Evchen hat bei Röschen Äpfel geholt und bei Wittichs
Zwiebeln ... Vertrau nur auf den lieben Gott!
Viele liebe Grüße und Küßchen, Dein Hannele-Kind.
Alles Gute

Anders als ihre beiden großen Schwestern war Eva ein
Naturkind. Auch von Kassel aus besuchte sie mehrmals in
der Woche zwei Bauernfamilien in Immenhausen. Die 10jäh-
rige half auf dem Hof, versorgte die Tiere und wurde dafür
mit Lebensmitteln beschenkt, die sie dann mit nach Kassel
brachte. Einer ihrer ersten Briefe aus dem September '43:

Liebes, gutes Muttilein,
Wie geht es Dir? Uns geht es allen gut. Hoffentlich geht
es Dir auch gut. Ich soll Dir von vielen Leuten viele
Grüße bestellen. Von Bäckers, Hirdes, Neuman, Minna
und von so vielen Leuten, daß ich gar nicht mehr alle
weiß. In der Schule nähen wir eine Dirndlschürze. Am
letzten Sonnabend habe ich bei Röschen zwei Stunden

Äpfel gepflückt, und ich habe schon viel Obst geschenkt
bekommen. Viele, viele tausend Grüße und Küsse von
Deiner Eva

Eva war mit ihren zehn Jahren noch zu jung, um diese Herzlichkeit zu durchschauen. Aber auch heute läßt es sich nicht eindeutig erklären, warum ihr die Immenhäuser damals Grüße an die Mutter auftrugen – so, als sei Lilli nur mal eben ein paar Tage verreist. War es schon fast ein Akt des Widerstands, daß man die inhaftierte Jüdin grüßen ließ? Oder war es nicht vielmehr ein Ausdruck von Gedankenlosigkeit? Tatsächlich gab es nicht einmal in all den Monaten ein heimliches oder gar offenes Wort des Mitleids für die vier Mädchen. Jeder Bürger der Kleinstadt wußte doch, was Lilli angetan wurde, jeder wußte, daß die einst so angesehene Ärztin ohne triftigen Grund aus dem Kreis ihrer Kinder gerissen und eingesperrt worden war.

Während Eva für ihre Hilfe auf den Bauernhöfen stets mit frischem Gemüse und Obst, Fleisch und Wurstwaren belohnt wurde, kaufte Ilse mit den der Familie zustehenden Lebensmittelmarken in Kassel ein. Ihr Vater versorgte sie mit dem nötigen Kleingeld, sie selbst organisierte zusammen mit ihrer Tante Lore den Haushalt.

Inzwischen war ein weiterer – nicht überlieferter – Brief ihrer Mutter eingetroffen, in dem Lilli offenbar erneut über den Hunger im Lager geklagt hatte. Ilse antwortete am 19. September:

Mein allerliebstes, gutes Muttchen!
Oh, Mutti hat geschrieben, unbeschreiblich war unsere
Freude. Wir haben uns über fast alles arg gefreut. Aber

darüber, daß Du noch nicht weißt, wann Du wieder bei
uns bist, darüber nicht, und daß Du nicht so gutes Essen
hast. Wir werden Dir alles schicken, was wir übrighaben,
und nicht nur das, sondern auch, das, wovon wir wissen,
daß Du es gerne ißt. Hoffentlich schmeckt Dir alles gut,
was wir für Dich haben. Möchtest Du wohl einige Nährmittel haben, um sie in die Suppe zu tun? Wir hätten Dir
schon gerne eher etwas Marmelade geschickt. Aber wir
dachten, ein Glas ginge entzwei. Und deshalb haben wir
erst mal eine Büchse gesucht.
Wir haben viel eingeweckt. Mehrere Gläser Apfelbrei,
Apfelkompott, Birnen, Weintrauben, Tomatenmark,
Spinat und Kürbis. Wir haben in den ersten Tagen, als
Du weg warst, einen Kürbis gekauft. Und mit Kunzes
zusammen noch einen. Als Kunzes ihre eine Hälfte vom
Kürbis einweckten, mußten wir die andere Hälfte ein-
machen. Ich habe mir das Rezept geben lassen und habe
ihn eingeweckt. Mutti, das schmeckt!! Die Kleinen wollten es gleich essen, und ich sollte ihn nicht in Gläser tun,
so gut hat es ihnen geschmeckt, als ich sie probieren ließ.
Man braucht nur furchtbar viel Zucker …
Alle Kinder von 3 bis 18 Jahren haben 200 Gramm Nüsse
bekommen. Käse und Brot haben wir genug. Julie ist
furchtbar ungezogen. Tante Lore kocht und flickt, und ich
kaufe alles ein, und ich habe das Haushaltungsgeld. Das
macht alles viel Arbeit.
Aber zuerst wurde es mir immer arg schwer, wenn ich
ohne Dich ins Bett gehen muß und ohne Dich wieder
aufstehen muß. Aber jetzt habe ich mir den Wahlspruch
genommen: »Was helfen uns die schweren Sorgen, was
hilft uns unser Weh und Ach, was hilft es, daß wir alle

Morgen beseufzen unser Ungemach, wir machen unser
Kreuz und Leid nur größer durch die Traurigkeit.«
Ach, Muttilein, es ist so schwer ohne Dich. Komm doch
bald wieder.
Tante Lotte hat mir arg lieb geschrieben. Ich hab ihr schon
wieder geschrieben und warte auf Antwort. Frau Zschieg-
ner ist bald ohnmächtig geworden, sie wurde kreidebleich.

Zur Erklärung: Die Ohnmacht von Frau Zschiegner, der
Ehefrau des Klavierlehrers von Ilse und Gerhard in Kassel,
wurde von Ilse mit Bedacht nicht näher interpretiert. Tatsächlich war die Dame vor Schreck blaß geworden, als sie
von Lillis Verhaftung erfuhr. Das aber schrieb Ilse nicht,
diese Information konnte bei der Zensur in Breitenau bean-
standet werden und damit der Mutter schaden. Ohne daß
darüber wohl je geredet wurde, wußten die Kinder ganz
genau, was sie Lilli schreiben durften und was besser nicht.
 Weiter in Ilses Brief vom 19. September:

Tante Rita hat mir eine rote Halskette geschenkt. Sie ist
ganz nett. Aber Tante Rita! Ich vertrage mich mit ihr
nicht gerade sehr gut. Sie macht immer Annäherungsver-
suche, und was will man machen, man muß mittun, um
Vatis willen ...
Dorle freut sich sehr auf seinen Geburtstag. Vati hat ihr
noch ein süßes Bilderbuch gekauft. Dann kriegt sie noch
eine Puppe, von denen aus Immenhausen. Ich hoffe, es ist
Dir recht.
Gerhard kommt morgen auf Urlaub. Ich habe ihm heute
durch Marilis 4 Äpfel, 1 Tomate, Weintrauben und
5 Nüsse und Kuchen geschickt. Wir hatten Apfelkuchen

und an einer Ecke etwas Käse. Abends gab es Fischbrote
und Wurst. Wir sind augenblicklich sehr reich an Fischen.
Im Fischgeschäft haben wir uns auch eintragen lassen.
Wir haben einmal Sardellen bekommen. Bei uns ist es
sehr gut mit dem Essen.
Hoffentlich kommst Du bald!!!!! wieder. Vati ist ab heute
nicht mehr in der Standortambulanz. Er ist ab heute in
dem Lindenberg-Lazarett. Das liegt noch hinter Betten-
hausen. Das ist ganz hinterm Mond. Deswegen kann er
nicht mehr so oft nach uns sehen. Vati hat eine Offiziers-
uniform und sieht erträglicher aus. Er hat ein Zimmer für
sich und ißt mit im Kasino.
Hast Du noch Bücherwünsche? Sollen wir Dir noch etwas
schicken? Schreib mir. Aber bestimmt!!! ... Wir sitzen alle
in unserem Zimmer und schreiben an Dich. Nachher wird
noch was gepackt für Dich. Hoffentlich gefällt es Dir. Ich
hab nur einen kleinen Beutel Puder für Dich gekriegt. Es
gibt sehr wenig ...
Entschuldige doch bitte, daß ich so selten schreibe, aber
ich habe gar so wenig Zeit. Du sollst nicht denken, ich
dächte am allerwenigsten an Dich. Gleich werden noch
die Schul- und Frühstücksbrote für Hannele und Eva
gemacht, denn dann brauch' ich nicht schon um ½ 7
aufzustehen.
Also mein herzensgutes Muttileinchen, Aufwiedersehen
und tausend Grüßchen und Küßchen von Deiner Dich nie
vergessenden Ilse.

Nach diesem Brief legte Ilse, krankheitsbedingt, eine kleine
Schreibpause ein. Nun mußte Johanna die Mutter auf dem
Laufenden halten. Ihr Brief vom 22. September:

Mein allerliebstes Muttileinchen!
Wie geht es Dir? Du wirst Dich wundern, daß nur immer
ich schreibe. Das ist so: Ille liegt im Bett mit einer leichten
Grippe, es ist nicht so schlimm. Morgen steht sie vielleicht
schon wieder auf. Evchen ist so ein bißchen faul. Und da
schreibe ich Dir.
Ich muß Dir erst mal beichten: Ich habe an meinem Ran-
zen die Riemen abgetrennt. Nun hat Heidi den Ranzen
mit nach Hümme genommen, da macht mir der Sattler
einen Griff daran. Außerdem war ich an Deiner Flik-
kenschublade und hab ... mir ein Stück weißen Stoff
(kein Leinen) für die Dirndlschürze genommen. Ist es
schlimm? Eben ist Tante Rita wiedergekommen. Sie sitzt
bei Ilschen, und sie erzählen sich. Evchen schläft schon,
und Dorle babbelt. Heute abend haben wir Nudeln und
Apfelbrei gegessen.
Für heute viele liebe Grüße und Küsse, Deine Hannele

Schon damals gehörte es zu den kleinen Ritualen des Erwach-
senwerdens, daß man den Schulranzen nicht mehr auf dem
Rücken trug, sondern wie eine Aktentasche. Für Ilse, die ein
Jahr ältere, ergab sich dieser Abschied aus der Kindheit von
selbst: Lillis Abwesenheit zwang sie in die Rolle der Ersatzmutter, sie hatte nun für ihre jüngeren Schwestern zu sorgen und
war somit plötzlich in die Welt der Erwachsenen aufgerückt.
 Am 25. September richtete sie Dorles dritten Geburtstag
aus und berichtete wenige Tage später an Lilli:

Mein allerliebstes Muttileinchen!
Ach, ich konnte Dir nicht eher schreiben, ich war ja
krank. Es war nicht so schlimm, aber wenn Du bei mir

gewesen wärest, wäre ich viel schneller gesund geworden.
Heute bin ich zum ersten Male wieder auf. Wir haben
heute unsere Wintersachen anprobiert. Wir wissen nicht
gerade allzu gut Bescheid. Mutti, hör einmal: Du frierst
doch jetzt ganz bestimmt. Sollen wir Dir nicht ein
Kleid oder ein Paar Handschuhe schicken? Muttiherzchen,
schläfst Du denn auch wirklich?
Am vorigen Samstag sollte ich zur Gisela nach Nienhagen
kommen. Aber ich konnte nicht, weil ich im Bett lag.
Am Abend kommt das Mädchen von Dr. Stephan an und
fragt, ob ich mit dem Omnibus um ¾ 2 gefahren sei, denn
dieser Omnibus hat seinen Anhänger verloren, und daher
hatten Stephans so wahnsinnige Angst. Am Sonntag-
morgen hat Tante Lore nach Nienhagen telegraphiert, daß
ich noch lebe. Am nächsten Sonntag fahre ich mal rauf.
Hoffentlich kommt nichts dazwischen.
Wir bekommen drei Zentner Kartoffeln vom 21. November bis zum 21. Juli 1944. Das wird schon reichen. Äpfel
haben wir jetzt pro Mann und Nase neun Pfund gekriegt.
Also es steigert sich in einer Tour. Heißes Badewasser
haben wir jetzt jeden Samstag und Sonntag, oder Freitag
und Samstag.
An Dorles Geburtstag gab es viel Radau. Dorle hat sich
mit seinen Sachen viel gefreut ... Nun einen festen Kuß
und tausend Grüßlein von Deiner immer an Dich
denkenden Ilse.

In den ersten Wochen der Abwesenheit Lillis waren Ilses
Briefe noch ein wenig von dem Stolz beherrscht, daß es ihr
offenbar gelang, den Haushalt der Kinder-Familie weitgehend selbständig zu organisieren. So erklärt sich auch ihr

Bericht vom 1. Oktober, in dem sie von einer besonders reichhaltigen Mahlzeit schwärmte:

Mein herzallerliebstes Muttileinchen!
Eben stehe ich von einem phantastischen Abendbrot auf.
Wir hatten erst einen Rest gebackener Nudeln, dann Bechamelkartoffel mit Mixpickel und dann geräucherten Aal.
Das war ein Götterfraß. Muttilein, das hat uns geschmeckt, und Marilis und ich waren froh, daß wir gerade heute so etwas Gutes hatten, denn Gerhard war ja da.
Er kam um ½ 2 und hat noch einen Apfel mit uns als Nachtisch gegessen. Dann ist er zum Vati auf den Lindenberg gefahren und hat sich dort lange mit dem Vati unterhalten. Vati hat ihm alles gezeigt, und Gerhard ist sehr überrascht von all dem Ordentlichen und Schönen da oben in dem Lazarett.
Mutti, ehe ich es vergesse: Wo ist Gerhards hochgeschlossener, blauer Pullover? Und wo ist der Schlüssel für den Schrank, wo unsere Wintermäntel drin sind? Schreib uns das doch bitte. Wenn Du nicht viel Platz zum Schreiben hast, dann schreib nur: der Schlüs. ist da und da, der Pull. ist da und da. Nicht wahr, so machst Du es.
Jetzt sitzt Gerhard mit Marilis zusammen und unterhält sich mit ihr.
Hoffentlich frierst Du nicht so viel!! Gestern, oh Wunder, ging die Heizung doch noch an. Aber die Heizkörper sind 20 cm heiß, und alles andere an ihnen ist kalt. Heute morgen bis heute abend um 6 Uhr waren sie wieder ganz kalt. Nun sind wieder die oberen 20–30 cm heiß. Witzig! Was!!! Morgen bekommst Du wieder ein Päckchen. Hoffentlich schmeckt Dir auch alles.

Ilses Brief ist nicht vollständig erhalten, an dieser Stelle bricht er ab.

Mit ihm endete zugleich die Zeit der fast unbekümmerten Hoffnung, daß Lilli bald aus Breitenau zurückkehren würde. Immer wieder findet sich nun die eine, schlichte Formel der Verzweiflung in den Briefen: »Wann kommst Du wieder?«, fragte etwa Eva am 3. Oktober 1943 und setzte dann noch ängstlich hinzu: »Hoffentlich bald.«

»Um so stärker wird die Sehnsucht«
Lillis heimliche Briefe an die Kinder

Weil Lilli in der Regel nur einmal pro Monat einen Brief nach Hause schreiben durfte, suchte sie nach Mitteln und Wegen, um ihren Kindern heimlich weitere Botschaften zu übermitteln. Und da sie in Breitenau über kein eigenes Briefpapier verfügen durfte, mußte sie improvisieren. Am Sonntag, dem 3. Oktober 1943, verwendete sie für ihren Brief die Rückseiten von fünf Banderolen für das Medikament Sanatogen, ein »Kräftigungsmittel bei allgemeiner Körperschwäche« und »Erschöpfungszuständen«. Der Brief ist mit Bleistift geschrieben und nicht nur an die fünf Kinder, sondern auch an ihre damals ebenfalls in der Kasseler Wohnung lebende Nichte Marilis gerichtet, die dort die letzten Wochen bis zum Beginn ihres Studiums in Marburg verbringen wollte:

Meine innigstgeliebten Kinder, alle 6,
erst heute in 8 Tagen darf ich wieder an Euch schreiben,
aber ein <u>guter</u> Mensch hat mir Freimarken und Umschlag
geschenkt und wird mir auch morgen diese Zeilen besorgen.
Ich hoffe also, daß Ihr Dienstag oder Mittwoch diese Zettel
erhaltet. Ihr dürft in Eurer Antwort nur <u>nicht</u> verraten,
daß Ihr von mir einen Brief hattet, unter <u>keinen</u> Umstän-
den, das würde mir sehr schlecht bekommen. Vor 8 Tagen
hab' ich Euch schon mal geschrieben, hatte aber erst Freitag
Gelegenheit den Brief fort zu bekommen, auch <u>ohne</u> Mar-
ken. Hoffentlich habt Ihr ihn dennoch erhalten. Ihr, meine
lieben guten Kinder, ich denke so viel an Euch Tag und

Nacht, und je länger ich von Euch fort bin, um so stärker
und schmerzlicher wird die Sehnsucht nach Euch! Wenn ich
doch nur wüßte, wann ich wieder nach Hause darf! Ach,
wenn es doch nur __bald__ wäre!
Meine größte und meine einzige Freude hier sind Eure
Briefe und Grüße, und ich kann Euch gar nicht genug
danken dafür! Ob's nun die lieben ausführlichen Briefe
von Gerhard oder Marilis sind, oder die fast regelmäßigen
Zeilen von Hannelekind mit den Grüßen und Berichten
von Dorle, oder ob's Evalein's Karten sind, immer bin ich
glücklich und traurig zugleich und doch wieder froh.
Und auf den Brief von Illemaus hab ich diese Woche beson-
ders gewartet, weil ich mir Sorge gemacht habe, wegen
ihrer Grippe. Und darum war ich doppelt froh. Seid alle
miteinander von Herzen bedankt!
Nur dürft Ihr mir nicht alle Eure schönen Kärtchen schicken,
die sollt Ihr __bitte, bitte__ für Euch behalten. Ach, und gestern
Abend kam als richtiger Gruß zum Sonntag Evaleins Päck-
chen mit den Apfelschnitzen und den Plätzchen. Du liebes
Kind, ich hab mich so gefreut. Zweimal Zeitungen hab
ich bekommen und drei Päckchen diese Woche (im Ganzen
jetzt elf Stück), eins mit Brot, eins mit Äpfeln und zwei
Nüßchen, eins mit Äpfeln und Käse. Tausend Dank. Könnt
Ihr denn den Käse wirklich entbehren? Und das Brot? Ich
bin jedenfalls sehr dankbar für all das, was Ihr schickt,
denn wir bekommen nur wenig zu essen, nie Butter, nie
Fleisch, alle 14 Tage ein kleines Stückchen Wurst, immer
nur Suppen, und sonntags ist es ganz schlimm. Da gibt
es ½ 7 Uhr morgens ein Stück trockenes Brot und diese
elende Kaffeebrühe, um 11 Uhr entweder eine dünne Suppe
oder Pellkartoffel, Sauce und Gurke und um 4 Uhr wieder

ein Stück trockenes Brot abwechselnd mit etwas Wurst oder einem Löffel Quark und dazu Kaffee und dann nichts mehr bis zum anderen Morgen. Da bin ich dann sehr dankbar, daß ich am Abend noch Brot und Käse habe und zwischendurch immer von Euren ganz köstlichen Äpfeln. Aber um Gottes willen erwähnt ja <u>nichts</u> davon in Euren Briefen.

Schickt mir nun bitte nochmal etwas Salz, wenn's möglich ist, ein bißchen Marmelade, <u>keine</u> Nährmittel und sobald wie möglich Camelia.

Ob es nicht praktischer ist, wenn Ihr doch Pakete schickt? Vielleicht gleich montags, dann ist's wohl auch Ende der Woche hier und Ihr braucht nicht so oft zur Post und spart auch Porto. Aber ganz wie Ihr wollt.

Ist denn Tante Lore nach Essen? Ich dachte mir schon, daß sie diesen Monat fahren würde, glaubte aber erst Ende des Monats an Wilhelms Geburtstag. Ich denke viel an sie und vergesse nie ihr Leid und ihren Kummer.

Schreibt auch Tante Lotte <u>viele liebe</u> Grüße! Ich hab mich so sehr gefreut mit ihren Zeilen, sie kann ohne Bedenken öfter mal schreiben. Die Briefe gehen alle durch, nur antworten kann ich nicht. Und ich wüßte gerne, wie es ihr und Peter geht.

Schade, daß Vati nicht mehr so oft zu Euch kommen kann; sieht er jetzt etwas besser aus? Bestellt ihm extra liebe Grüße, und ich hätte auch eine Bitte an ihn: Er möchte mir doch ein Buch besorgen von meinem so verehrten Karl H. Ruppel: »Berliner Theater – Dramaturgische Betrachtungen«, im Verlag Paul Neff (Berlin-Wien). Es war eine gute Besprechung darüber in der Kölnischen Zeitung, in der ich immer wieder etwas Erfreuliches und Schönes finde. Sonst komme ich leider nicht zum Lesen, es ist doch zu unruhig hier.

Ob meine Ille heute in Nienhagen war? Das Wetter ist ja
ganz herrlich. Und ans Hannele hab ich auch heute sehr
gedacht um 10 Uhr während des Gottesdienstes. Ist es
gut gegangen mit dem Gedicht? Wann fährst Du mal zur
Heidi? Wann bekommt Ihr wohl Herbstferien? Marilis
war sicher beim Gerhard. Ach, ich wage gar nicht dran zu
denken, daß er nächstes Wochenende zu Hause ist – wie
gerne wäre ich dann auch bei Euch. Aber ich bin froh, daß
Marilis bei Euch ist. Hast Du Dich schon entschieden für
Marburg? Es ist bestimmt auch dort schön.
Evchen, machst Du auch fleißig Kartoffeln aus? Und
Dorle zeigt mir sein neues Bilderbuch, wenn ich wieder
bei Euch bin, ja, mein bester Schatz? Ach wenn ich Dich
doch einmal wieder ganz fest lieb halten könnte, Dich und
Euch alle miteinander.
Warme Sachen braucht Ihr mir nicht zu schicken, wir
tragen ja Anstalts-Kleidung. Daß Ihr mit den Winter-
sachen nicht zurecht kommt, kann ich mir denken. Im
Kampferschrank in Immenhausen liegt noch ein altes rotes
Wollkleid von mir, und bei meinen Flickresten liegt auch
noch Stoff dazu; davon soll eine von Euch ein Kleid
bekommen. Vielleicht kann Tante Lore auch Stoff kaufen,
auf meiner Kleiderkarte, ich hab genug für den Winter.
Es sind auch noch alte Faltenröcke im Schrank bei Euch,
vielleicht kann man für Dorle was davon verwenden.
Nun hab ich kein Papier mehr und muß aufhören. Grüßt
auch Tante Maria herzlich, kann sie mir nicht helfen??
Euch, meine geliebten Kinder, behüte Gott! Ich grüße
Euch aus ganzem Herzen und küsse Euch in inniger Liebe
und voll Dankbarkeit.

Eure Mutti.

Anders als in ihren offiziell übermittelten und von der Zensur geprüften Briefen konnte Lilli in den herausgeschmuggelten die elenden Zustände in Breitenau ungeschönt darstellen. Und doch blieb sie in ihren Beschreibungen stets zurückhaltend, um ihre Kinder nicht allzu sehr zu schockieren.

Lillis Frage am Ende des Briefes, ob Maria Lieberknecht ihr nicht helfen könne, wurde in den kommenden Monaten immer wieder von den Kindern aufgegriffen. Marias Schwager war ja bei der Gestapo und hatte sie Ende August schon über Lillis Inhaftierung informiert. Nun ruhten alle Hoffnungen Lillis und ihrer Kinder auf diesem Kontakt: Ob Maria mit Hilfe ihres Schwagers bei der Gestapo die Freilassung erwirken konnte?

Vielleicht war es dem Schwager zu verdanken, daß Lilli immerhin die meisten Päckchen und Pakete ihrer Kinder ausgehändigt bekam. Denn eigentlich durften seit 1941 jüdische und polnische Häftlinge in Breitenau keine Pakete mehr empfangen. Für Lilli galt das offenbar nicht.

Am Abend dieses 3. Oktober wurde die Stadt Kassel zum Ziel eines großen britischen Luftangriffs. Wohl deshalb notierte Lilli am Rand ihres Briefes noch nachträglich: »Wir haben auch immer Alarm, wenn Ihr Alarm habt, und dann denke ich ganz fest an Euch.« Die meisten Bomben schlugen allerdings in den Vororten ein, so daß die Stadt selbst fast unbeschädigt blieb.

Ilse hatte die Bombennacht im Nienhagener Wochenendhaus der Eltern ihrer Kasseler Freundin Gisela Stephan verbracht und schilderte die Ereignisse dann am 6. Oktober:

Mein herzallerliebstes Muttilein!
Hoffentlich hast Du bei dem Angriff nichts abbekommen.
Ich war gerade in der Nacht bei Gisela in Nienhagen,
von dort aus konnten wir alles gut sehen. Es ist ja nur
gut, daß uns nichts geschehen ist. In der Nacht, als ich
in Nienhagen war, hatte ich doch große Sorge um alle –
erstens um Dich, zweitens um die in Kassel, drittens um
Gerhard. Aber es geht uns allen, samt Gerhard, ja Gott
sei Dank gut, und dasselbe wünsche ich ja so sehr von
Dir. Nun, in der Annahme, daß es Dir gut geht, schreibe
ich alles an Dich.
Am Montagmorgen bin ich mit der Kutsche von Nienhagen nach Kassel gefahren. Die Fahrt war sehr schön.
Schule hatten wir ja nicht, denn die Schule ist Obdach-
losensammelstelle. Am Morgen nach dem Angriff kam
Tante Rita und sah nach uns. Vati hat heute Urlaub
bekommen, von heute mittag bis morgen abend. Tante
Lore kommt Donnerstag oder Freitag wieder.
Wir haben den großen Kürbis jetzt auch eingeweckt. Es
hat vier Zweiliter-Gläser und ein Halbliter-Glas gegeben.
Und einmal haben wir so gegessen. Die Kinder essen
den Kürbis furchtbar gern. Aber wir haben sehr viel
Zucker dazu gebraucht. Wir wollten sparen für nächstes
Jahr, sind aber nicht sehr weit damit gekommen. Von Frau
Stephan habe ich einen großen Spankorb voller Äpfel
geschenkt bekommen, die beim Pflücken beschädigt wur-
den. Davon werden wir wahrscheinlich Apfelgelee kochen,
wenn es den neuen Zucker gibt. Sonst geht es uns mit dem
Essen wirklich gut. Es gibt ja jetzt soviel auf die Karten.
Hoffentlich wirst Du auch satt?!
Heute haben wir wieder ein Päckchen geschickt.

Die Ölsardinen, die darin sind, hat es hier auf die Karte
für Jugendliche über 14 Jahre gegeben. Und da ich ein
solcher Kartenbesitzer bin, habe ich eine Dose bekommen.
Wir hatten ja nun neulich den Aal, und da dachte ich,
Du würdest das sicher auch gerne essen. Hoffentlich geht
es nicht auf der Post trotz Einschreiben verloren. Der
Puder ist zwar Fissanpuder, doch glaube ich, daß Du
ihn trotzdem gebrauchen kannst. Den anderen Kleinkram
kannst Du doch sicherlich auch gebrauchen. Schreib uns
doch mal: Wo liegen Julies Papiere? Wir müssen es doch
wissen, im Falle, daß wir sie mal nötig haben, Du kannst
es wieder abkürzen: J. Papiere sind ..... Kriegst Du wohl
die Büchse von den Ölsardinen auf? Ich hoffe doch!!! ...
Ich schreibe alles so bunt durcheinander, denn ich habe
Dir ja so viel zu erzählen. Dorle ist recht artig. Gestern
abend war Vati gerade da, und da hat er sie ins Bett
gebracht und gewaschen. Da hat Dorle sich arg gefreut.
Mein gutes Muttilein! Frierst Du mir nicht? Schläfst Du
auch nachts? Sorg Dich nicht soviel! Hast Du verstanden?
Ich mache alles so gut ich kann, und es wird allmählich
Deiner Arbeit ähnlich. Natürlich, so wie Du kann ich
es nicht. Mein Muttchen, Du wirst immer und immer
von mir in meinem Herzen gehütet, damit Du Dich nicht
soviel sorgst. Gute Nacht. Tausend liebe Grüßchen, einen
lieben Kuß von Deiner Ilse.

Am selben Abend schrieb auch Johanna nach Breitenau. Für
sie war in diesen Tagen ein kleiner Traum wahr geworden:
Sie bekam ihren heißersehnten Wellensittich. Das Projekt war
schon beschlossene Sache gewesen, bevor Lilli verhaftet wurde.
Nun mußte Ernst bei der Beschaffung des Vogels helfen.

Meine liebes, gutes Muttileinchen!

Wie geht es Dir? Rate mal, weißt Du, was ich bekomme?
Einen Wellensittich, einen hellgelben. Also paß mal ganz
gut auf: Motzstr. 6 wohnt ein Oberregierungsrat Weber,
dessen Sohn ist Famulus in Vatis Lazarett. Der studiert
im 8. Semester Medizin und macht während seiner Seme-
sterferien seinen Famulusdienst hier in Kassel. Dieser ist
sehr nett. Er erzählte einmal dem Vati, daß er einen
jungen Wellensittich bekommen hätte. Vati, der Gute,
wußte doch, daß ich einen suchte, und da fragte er gleich
den Mann aus, wie und was und wo! Da sagte der
Famulus, ich sollte doch am soundsovielten abends um
sieben Uhr mal zu ihm kommen. Also bin ich dann
hingegangen. Er war sehr nett und gab mir die Adresse
von so Leuten in Wilhelmshöhe. Er versprach mir, daß
er mir einen Bauer besorgen wollte von seiner Braut.
Er wollte es dem Vati sagen, wenn er den Bauer hat.
Also bin ich am nächsten Morgen nach Wilhelmshöhe
gefahren, Kunoldstraße war die Haltestelle. Da muß man
eine Straße rechts runter gehen, dann stößt man auf
die Lange Straße. Ein bißchen weiter nach links, dann
kommt Nr. 76. Das ist so ein Eilbotengeschäft. Der Mann
hat aber wahnsinnig viele Vögelchen. Ich hatte das Dorle
mitgenommen. An der Tür war ein Zettel, ich komme
gleich wieder. Da standen wir nun und warteten. Überall
kam ein lautes Gezwitscher her. Da konnte ich zu einem
Fenster reinschauen. Da war ein riesiger Käfig mit einem
großen bunten herrlichen Papagei. Ein herrliches Tier!
Dann kam der Mann. Er zeigte uns drei Wellensittiche.
Einen grünen zu 15 RM. Dieser konnte nicht recht flie-
gen, weil seine Flügel zu lang gewachsen waren. Den

wollte ich aber nicht nehmen. Dann war in demselben
Käfig ein hellgelber Wellensittich zu 25 RM. Der gefiel
mir einfach am besten. Dann war noch einer da zu
30 RM, der war aber auch grün. Ich weiß nicht, der
liebe gelbe war doch noch schöner und billiger. Auch war
er gesund. Alle drei waren erst fünf Wochen alt. Da
bat ich den Mann, er möge mir doch bitte den gelben
zurückhalten, in drei bis vier Tagen würde ich ihn holen.
Das habe ich alles dem Vati gesagt, und er war damit einverstanden. Also morgen abend bekomme ich den Bauer
von der Braut des Herrn Doktor Weber. Bei Frau Paack
habe ich mich über das Futter erkundigt. Die Tierchen
bekommen jeden Tag, das heißt, wenn sie sprechen sollen,
unter ihr Futter ein paar Körnchen Sprechsamen. Alles
eine ganze Menge zu lernen. Ich freue mich! Wenn ich
den gelben bekomme, so wird er Hänschen getauft ... Ich
glaube, das paßt so ... Nun Schluß! Schreibst Du bald?
Alles Liebe und Gute. Viele liebe Grüßchen und Küßchen
von Deinem Hänschen.

Hans oder Hänschen war nicht nur der Name des Wellensit-
tichs, sondern auch Johannas Spitzname – insofern »paßte«
er tatsächlich.

Ilse machte sich in diesen Tagen besondere Sorgen um
Lilli. Die Mutter war gegen den frühen Kälteeinbruch im
Herbst 1943 nicht gewappnet. Ilse wußte, daß Lilli nur die
dünne Häftlingskleidung tragen durfte: Hemd und Hose aus
grau-braunem Sackleinen, und das bei Frosttemperaturen.
Ilses Brief vom 7. Oktober:

Mein allerliebstes Muttilein!
Wie mag es Dir wohl gehn! Ich möchte so gerne, daß es
Dir gut ginge. Frier mir nur nicht. Zieh Dir doch warme
Wäsche an, die Du doch noch hast. Gell, tu das, damit
Du nicht krank wirst. Werd mir nur satt. Laß Dir gut
schmecken, was wir Dir schicken. Hoffentlich wirst Du
mir auch satt. Sei nicht so arg traurig. Für uns sorgt nun
wieder Tante Lore. Heute kam sie wieder ...
Vati und Tante Rita sind heute zu uns gekommen. Und
Vati ist mit allen 4 Kindern zu Paulus gegangen. Dort
haben wir jeder 2 Stück Kuchen und Eis gegessen – das
Eis und ein Stück Kuchen haben sehr gut geschmeckt. Aber
das andere Stück hat grauenhaft geschmeckt. Sonst war
es sehr schön da. Marilis ist mit Tante Lore hiergeblieben
und nicht mitgegangen. Marilis schläft ab morgen auch in
Immenhausen, denn Tante Lore hat zu große Angst. Dann
kommt Tante Rita wieder jeden Abend zu uns.
Gerhard hat Samstag, Sonntag Urlaub ...
Gute Nacht, schlaf gut, laß Dich fest umarmen und einen
lieben Gruß von Ilse.

Vom Besuch im Café Paulus berichtete auch Johanna noch am selben Abend. Außerdem erzählte sie amüsiert, daß Nachbarn gefragt hätten, »ob wir keine Eltern hätten, toll was?« Und so ganz falsch schien die Frage ja auch nicht, zumindest tagsüber waren die vier Mädchen in diesen Wochen trotz der eskalierenden Bombenangriffe immer wieder sich selbst überlassen.

Johannas größte Aufmerksamkeit galt nach wie vor dem Wellensittich. Am 10. Oktober sorgte der Vogel für erhebliche Aufregung:

Mein allerliebstes, gutes Muttilein!

*Es ist Sonntagabend, und ich bin furchtbar fertig, ganz
alle. Stell Dir mal vor! Marilis und ich sind heute
Nachmittag zum Gerhard gefahren. Als wir nach Hause
kamen, ist mein Hänschen fort. Der Käfig zu und
das Vögelchen weg. »Marilis«, schreie ich, »komm mal
schnell.« Als Marilis das hört, sagt sie: »Erstmal schnell
Tür zu.« Dann gucken wir uns im Zimmer um. Nirgends
ist er. Da plötzlich haben wir ihn gesehen, oben auf
der Gardinenstange hockte er. »Hänschen, liebes gutes
Kerlchen, komm doch bitte runter.« Aber Pustekuchen,
das Hänschen stört sich an nichts. Na, Marilis holt eine
Leiter, und los geht es. Marilis zieht zur Vorsicht noch
eine Mütze auf, denn man weiß nicht! Als Marilis oben
auf der Leiter steht und ihn fassen will, jupp, fliegt er
davon. Junge, Mutti, der sauste immer mit einem Tempo
über unsere Köpfe weg. Es gab richtig Wind. Er setzte
sich über Illes Bett auf die Leiste. »Na, Vogelvieh, komm
doch bitte runter, bitte, bitte.« Aber du kannst mich doch
mal, denkt das Vögelchen. Na, wir werfen eine Tischdecke
rauf, und hui ab saust er auf die Verdunklung. Wir
wieder auf die Leiter und versuchen, ihn zu fassen. Aber
das Hänschen hüpft immer weiter an das andere Ende.
»Du Marilis«, sage ich, »mach mal dunkel.« Auch bei
Dunkelheit ist das Tier nicht zu bewegen. Also haben wir
es mit der Decke fortgejagt, damit es sich ein bißchen
nach unten setzte. Aber, was denkste, wieder oben auf die
Gardinenstange. Ich, einen Griff, und ich hab ihn, aber
»Au, Au« schreie ich, der beißt. Richtig feste schnappte
er mit seinem Schnäbelchen in meinen Daumen rein. Ich
halte ihn fest und schnell in den Käfig rein. Hach, ich*

konnte nicht mehr, gelacht hatten wir wie noch nie. Jetzt
würdest Du mich fragen, ja wie ist denn der da raus
gekommen? Das will ich Dir sagen. An den Seiten sind
so Türchen, die man hochschieben kann. Dieser Spitzbub
hat mit seinem Kopf immer wieder versucht, das Türchen
hochzuschieben, und es ist ihm gelungen, und schnell war
er draußen. Jetzt ist aber das Türchen fest zugebunden,
und der kleine Schelm pickt vergnügt seine Körnchen.
Aber den Schrecken, den ich zuerst hatte, kannst Du Dir
gar nicht vorstellen.
Der Gerhard war heute sehr müde. Sie hatten viel Alarm.
Als wir hinkamen, hatten sie gerade Feuerbereitschaft
gehabt. Mit seinem Wochenendurlaub ist es nichts gewor-
den. Er bekommt jetzt seinen Wochenendurlaub in der
Woche am Mittwoch. Gerhard sagte uns, daß er Mäuse
im Spind hat. Die haben ihm seine Unterhose völlig
zerlöchert. In der Nacht hatten sie einen Abschuß und
zwei ganz junge Kanadier gefangengenommen ...
Nun will ich mal wieder Schluß machen und ganz viel
an Dich denken und Dir ganz viel Gutes und Liebes
wünschen, auf daß Du bald wieder bei uns bist. Es grüßt
und küßt Dich 1000000 mal Deine liebe Hannele.

Gerhards militärische Leistungen beeindruckten seine Schwestern. Auch er selbst berichtete an diesem Abend stolz vom
jüngsten Erfolg seiner Flakstellung in Obervellmar bei Kassel – im obligatorischen Sonntagsbrief an die Mutter:

Liebe, gute Mutti,

die besten Grüße schicke ich Dir vom Sonntag. Wie geht es Dir?

Mir geht es gut. Zu Hause ist ja auch alles in Ordnung. Hoffentlich hast Du Dich in der Nacht vom 3. zum 4. nicht zuviel geängstigt. Auch ich habe die Nacht gut überstanden. Wir haben sogar einen viermotorigen Bomber abgeschossen. Da kannst Du Dir sicher vorstellen, wie wir uns gefreut haben.

Sonst ist in der letzten Woche nicht allzuviel Besonderes vorgefallen. Wir haben nur ganz furchtbar viel Alarm. Zwei oder drei Nächte konnten wir einmal durchschlafen. Dann ging es aber doppelt wieder los.

In der Schule wird daher auch nicht allzuviel getan. In Deutsch beschäftigen wir uns jetzt mit deutschen Balladen. Wir lernen »Die Kraniche des Ibykus« ...

Eigentlich sollte ich ja heute im Wochenendurlaub zu Hause sein. Aber ich habe halt einmal wieder Pech gehabt. Das kam so: Beim Angriff auf Kassel sind 23 Luftwaffenhelfer gefallen. Sie kamen alle aus Eschwege und Umgebung. Gestern war nun die Trauerfeier in Eschwege. Wir mußten aus unserer Batterie die zwanzig Größten als Ehrenzug dahin schicken. Da war ich nun auch dabei ...

Das ging so vor sich: Um 9.30 Uhr am Freitagabend gehen wir nach Alarm ins Bett. Um 0.30 standen wir wieder auf – das zweite Mal Alarm, bis um 2.30 Uhr. Um 5 Uhr wurden wir geweckt, fuhren um 6 Uhr ab und sind, zusammen 80 Luftwaffenhelfer und zehn Leutnants, um 10 Uhr früh in Eschwege. Mantel aus, Stahlhelm auf und ab zur Trauerfeier ... Als wir zurückkamen, war Alarm, und so bin ich erst um 10.30 Uhr ins Bett gekommen.

Eben war wieder Alarm, gerade als Hannele und Marilis
kamen. Nun soll der Brief schnell fertig werden.
Alles, alles Gute und viele Grüße von

> *Deinem Gerhard.*

Die Mädchen wurden in diesen Tagen ebenfalls in die Kriegsmaschinerie eingespannt. Für die Opfer des Bombenangriffs
vom 3. Oktober organisierte man eine große Hilfsaktion, an
der auch Schülerinnen teilnehmen mußten. So schrieb Ilse
am 12. Oktober:

Morgen und übermorgen haben wir wieder Katastrophen-
einsatz. Wir machen den Einsatz gerne, denn wir helfen
ja so vielen armen Leuten, die nur noch etwas haben
und denen zum Teil Angehörige dabei umgekommen sind.
Diese armen Leute sind ja von den gemeinen Terrorbom-
bern so mitgenommen, daß sie dringend Hilfe brauchen.

Lillis Kinder begriffen sowenig wie die meisten Deutschen,
was die Alliierten mit ihren Bombenangriffen auf zivile
Ziele eigentlich beabsichtigten. Von einer Demoralisierung
der Bevölkerung konnte zunächst kaum die Rede sein, im
Gegenteil: Die Angriffe führten eher zu einer Solidarisie-
rung.

Daß die Zerstörung der Kasseler Rüstungsindustrie den
Krieg abkürzen und damit womöglich der eigenen Mutter
zugute kommen konnte, ahnten Lillis Töchter ebenfalls nicht.
Und Gerhard hatte sich ohnehin die militärische Logik der
Wehrmacht zu eigen gemacht. Niemand, nicht einmal der
eigene Vater, wies den 16jährigen darauf hin, daß jene britischen oder kanadischen Bomberpiloten, die er pflichteifrig

beschoß, auch den nationalsozialistischen Völkermord aufhalten wollten.

Andererseits: Selbst wenn Gerhard den Wahnsinn durch-
schaut hätte, hatte er keine Alternative. Er mußte, ob er
wollte oder nicht, als Luftwaffenhelfer Dienst tun.

Am 14. Oktober dann Ilses Bericht vom »Katastrophen-
einsatz«:

Liebe gute Mutti!
Ein schöner Tag ist verstrichen. Heut' morgen war ich um
8 Uhr am Hallenbad, und von dort aus sind wir mit dem
Omnibus nach Sandershausen gefahren. Von 20 Mädels
waren nur acht da. Das war doch gemein, sich so zu
drücken vor dem Einsatz. Als wir im Dorf landeten, war
die Einsatzführerin noch nicht da. Wir haben kurz gewar-
tet, sind aber dann zu unseren alten Leuten gegangen.
Ich bin mit der Ellen zu ihrer Frau gegangen, denn meine
Leute hatten nicht wieder bestellt. Als wir zu der Frau
kamen, war noch alles verschlossen. Nur ein Mann, der
dort arbeitete, machte uns auf und sagte, wir sollten nur
in die Küche gehen. Dort war es sehr kalt, denn heute
morgen war es 2 Grad unter Null. Wir zündeten den Herd
an und warteten, bis die Frau kam. Ihr Mann ist Lehrer
im Dorf, und sie ist in unsere Schule gegangen. Sie hat
ein nettes Häuschen.
Wir hatten bloß einige Zimmer fertig, als die Einsatzfüh-
rerin kam und uns zu anderen Leuten schickte. Als ich zu
den Leuten kam, war ein anderes nettes Mädel aus der
Klasse schon da. Die Friedgart, wenn Du sie kennst. Als
ich hinkam, mußte ich gleich Nudelsuppe essen.
Dann gings los: Geschirr spülen, Wirtschaft schrubben.

Der Holzfußboden in der Wirtschaft wird nur alle Viertel-
jahr einmal geschrubbt. Ich mußte alles alleine tun, denn
Friedgart mußte im Haus helfen und Wasser schleppen.
Die Wasserleitung ist entzwei. Und so muß das ganze
Wasser aus einem Bach, nämlich der Nieste, geholt wer-
den. Jedes Stückchen wurde erst naß gemacht, dann mit
Seifenpulver geschrubbt und dann trocken gewischt. So
Stück für Stück. Da hab ich, glaube ich, 3 bis 4 Stunden
dran geschuftet.
Als ich das fertig hatte, gab es Brot, Butter, Kochkäse und
Marmelade. Danach mußte das Nebenzimmer noch aufge-
wischt werden. Das machten Friedgart und ich alleine.
Friedgart spielte einen Walzer auf dem verstimmten Kla-
vier, und ich tanzte mit dem Besenstiel. Danach mußte
ich die ganze Wirtsstube einölen. Das war eine Arbeit!!!
Dann zwei Küchen aufwischen und im Garten Möhren
ausziehen. Da war es 5 Uhr. Wir bekamen noch 2 Brote
und eine Birne. Dann fuhren wir wieder heim.
Hoffentlich geht es Dir noch gut. Schlaf gut und laß Dich
feste liebhalten von Deiner Ilsemaus.

Solche kleinen Abenteuer waren Ilse auch deswegen willkommen, weil sie dadurch von ihrem Kummer etwas abgelenkt wurde. Natürlich konnte den Mädchen kein anderer
die Liebe und Geborgenheit der Mutter ersetzen – aber es
bemühte sich auch niemand darum, allenfalls Tante Lotte in
Leipzig zeigte ein wenig Anteilnahme, wie Ilse am 15. Oktober ihrer Mutter berichtete. Ein Auszug:

Tante Lotte hat heute furchtbar nett an mich geschrieben.
Sie schreibt oft, und ihre Briefe sind mir immer ein Trost.

Denn, oh, Mutti, es ist sooo schwer. Aber wir wollen
unser Los, so schwer es auch sein mag, gemeinsam tragen.
Frierst Du mir auch wirklich nicht? Morgens ist es doch
schon immer so gräßlich kalt.

Während Ilse ihre Angst und Verzweiflung von Mal zu Mal
deutlicher erkennen ließ, überspielte Johanna diese Gefühle
durch einen lebensbejahenden, fröhlichen Ton. Johannas
Brief vom selben Abend:

Mein gutes, liebes Mutterlilein!
Ach, das war wieder eine Schreckenstunde, das Hänschen-
vieh beißt, stell Dir mal vor, einen Holzstab in der Dicke
eines Mikadostabes vollständig entzwei, schlüpft raus aus
dem Käfig und verschwindet auf der Gardinenstange. Als
ich nach Hause komme – da waren die anderen doch bei
Tante Maria, es war ungefähr 6 Uhr –, ist mal wieder
der Käfig leer. Ich habe mir die Julie und die Leiter geholt,
und dann ging es wieder los, das Jagen und Fangen von
dem armen Vögelchen, das selber so große Angst hat.
Endlich ist es wieder in seinem Bauer. Da liegt ein großes
Kissen jetzt auf dem Bauer. Nun müßte er erstmal das
Kissen wegschieben. Das wird ihm nun doch, glaube ich,
nicht gelingen.
Heute Morgen war es schön. Die Puppe, Muttilein, ein
ganz süßes Tierchen ist das. Ein hellblaues geblümtes
Seidenkleidchen und Mützchen hat die Puppe an. Ganz
große Schlafaugen mit langen Wimpern. Der Kopf ist aus
Porzellan. Das andere ist aus Stoff. Aber ganz reizend.
Das ist ein goldiges Weihnachtsgeschenk für unser
Mäuschen.

Da fragte ich Tante Maria, ob sie nicht etwas zum Lesen
hätte für mich, weil Vati mir noch nichts gesagt hatte,
was ich lesen könnte. Da gab sie mir ein Buch, das heißt
»Jungfrau Else« von Ingeborg Maria Sick. Ich weiß nicht,
ob Du es kennst. Dann habe ich sie gefragt, ob sie nicht
noch so Jungmädchenbücher hätte. Da ging sie an den
Bücherschrank in dem Wohnzimmer neben der Küche und
suchte. Dabei fiel ihr ein altes Buch von Onkel Theo in
die Hände, Erzählungen aus dem Weltkrieg. Da sagte ich:
»Darf ich das mal lesen?« Auf einmal sprach Tante Maria:
»Du, das schenke ich Dir. Das nimmst Du Dir mit als
Andenken an Onkel Theo.« Was konnte ich da machen?
Da sagte sie: »Wir wollen mal die Andenken zählen,
die hier stehen.« Es waren aber ganz wenige. Da war
eine Bibel, die gefiel mir besonders. Ganz neu fast, gar
nicht gebraucht. Ich sprach: »Die ist schön, wenn ich
so eine mal hätte.« Das war aber durchaus kein Wink
mit dem Zaunpfahl, ganz bestimmt nicht. Da sprach sie:
»Die nimmst Du Dir mit und, warte mal, schau her,
das Gesangbuch auch. Das brauchen wir doch nicht.«
Mutterle, genauso ein Gesangbuch, weißt Du, wie das,
was ich jetzt hatte, wo der Rücken aus dem Leim gegangen
ist. Aber viel schöner. Funkelnagelneu. Ich war sprachlos,
ich konnte das doch nicht, das darf und tue ich nicht, habe
ich gesagt. Da ist sie kurzerhand zum Telephon gegangen
und hat den Onkel Paul angerufen. Der hat mir durch
das Telephon befohlen, daß ich das mitnehmen sollte. Aber
denk doch mal, ich war fertig. Das ist doch zuviel, nicht
wahr? Aber ich bin doch sooo froh. Junge, Mutterle, das ist
schon bald gefährlich, zu denen zu gehen. Morgen fahre ich
zur Heidi. In Hümme dauert es länger, bis die Briefe

Der Brief Johannas ist nicht vollständig erhalten, er bricht hier ab. Die Besuche Johannas und Ilses bei ihren Freundinnen waren für Lilli auch deswegen wichtig, weil sie so erkennen konnte, daß ihre Kinder trotz der jüdischen Mutter noch nicht isoliert wurden. Lilli hatte mit solchen Schikanen gerechnet.

Bei Ilse liefen in diesen Monaten alle Informationen über den aktuellen Stand der Dinge in Breitenau zusammen. Sie wertete Lillis Briefe aus und informierte den Vater, Gerhard, Lore, Rita und Tante Lotte. Und Lotte schrieb auch ihrerseits ein paar Mal an ihre inhaftierte Freundin, zum Beispiel am 17. Oktober:

Meine liebe Lilli!
Mit ganz großer Freude habe ich heute durch Ilse gehört,
daß Du meinen Brief bekommen hast und daß er Dich
gefreut hat. Ich würde Dir jeden Tag einen schreiben,
wenn das ginge.
Wenn Gedanken und Wünsche einem anderen nur ein
klein wenig helfen könnten, dann müßten es meine für
Dich tun. So oft am Tag und oft auch in der Nacht
denke ich an Dich und hoffe von ganzem Herzen,
daß Du gut durchkommst. Ich glaube es bestimmt. Sei
immer ruhig und hab' Geduld. Es ist halt, scheint's, so
bestimmt gewesen, daß Du, nach den vielen gleichmäßig
stillen Jahren in Immenhausen, in den Strudel sollst –
und ich glaube bestimmt zu wissen: Er zieht Dich <u>nicht</u>
hinunter!
Ich höre immer von Zeit zu Zeit von Ilschen, sie schreibt
sehr lieb, da sie ja so nett impulsiv ist, weiß ich immer
genau, wie ihr zumute ist. Es scheint mir alles gut zu

gehen, und Du darfst Dir darum nicht viel Gedanken
machen, gell? ...
Leb wohl meine liebe, liebe Lilli!
Den Kopf hoch und das Herz fest und ruhig!
Deine Lotte

Auch Lilli schrieb am 17. Oktober 1943. Und da ihr nach
den in Breitenau geltenden Regeln vorerst kein weiterer Brief
zustand, ließ sie das an ihre Kinder adressierte, eng beschrif-
tete braune Packpapier wieder heimlich aus dem Lager bringen und nach Kassel schicken:

Meine lieben, lieben guten Kinder, alle miteinander,
ich will auch diese Woche wieder mal mein Glück versu-
chen, ob Euch diese Zeilen erreichen. Ihr wißt ja, daß Ihr
nichts davon erwähnen dürft.

Es folgt eine nicht mehr lesbare Passage, die Bleistiftschrift
ist hier verwischt. Und dann weiter:

Ihr dürft mir bestimmt glauben, es geht mir gut, auch
meine Galle ist artig, liebe Marilis, mir bekommt die
magere Kost und das lange Liegen, wir müssen ja schon
um ½ 9 Uhr im Bett sein bis ½ 6 Uhr früh.
Ihr Lieben, diese Woche habt Ihr mich aber so sehr ver-
wöhnt, daß es mich recht bedrückt. Gewiß, ich bin jeden
Tag ordentlich satt gewesen, und heute am Sonntag fehlt
es mir an gar nichts durch Eure Güte, und manch eine
meiner Kameradinnen hier bekommt noch davon ab. Ich
danke Euch aus ganzem Herzen für das Päckchen mit den
Ölsardinen etc. und dem Zuckerzeug, das Ihr sicher selbst

gemacht habt. Dann für das Päckchen mit der Butter
und so weiter – Kinder, das dürft Ihr unter gar keinen
Umständen mehr tun, so gut, so sehr gut Ihr es meint!
Ich _verbiete_ es Euch, mir nochmal Butter zu schicken,
Ihr dürft Euch _nichts_ absparen, auch Eure Süßigkeiten
sollt Ihr behalten. Ich bin doch so von Herzen froh, wenn
Ihr alles habt, und Euch _so_ dankbar für alles andere,
was Ihr mir schickt. Euer Paket war ja fast wie ein Weihnachtspaket mit all den köstlichen Sachen. Habt 1000
Dank! Das Pflaumenmus schmeckt ja ganz vorzüglich!
Und meinem Gerhard herzlichen Dank für den süßen
lieben Gruß! Und so leckere Honigkuchen! Ich hab mich
mit Allem so _sehr_ gefreut, aber, nicht wahr, Ihr dürft
mir nicht mehr so vieles und so für Euch Notwendiges
schicken!
An Tante Maria bestellt bitte viele liebe Grüße! Sie hat
mir mit der feinen guten Stolle eine ganz große Freude
gemacht. Es tut so gut, solche wirklichen Freundschaftsbe-
weise zu erhalten. Und die allergrößte Freude macht Ihr
mir mit Euren Briefen; es ist für mich wirklich ein großes
Geschenk, daß Ihr mich an all Euren Dingen teilnehmen
laßt und ich so mit Euch verbunden bleibe. Es tut mir nur
leid, daß ich nicht auf alles eingehen kann.
Vor allem mach Dir nicht so viel Sorgen um mich, meine
Ilsemaus. Ich bin vorsichtig und denke nur daran, gesund
und hoffentlich bald wieder bei Euch zu sein. Ist meine
Dorle denn auch erkältet? Warum soll es denn Einlagen
haben? Dann bekommt es wohl auch andere Schuhchen?
Wenn Dorle noch ein Kleidchen braucht, so ist noch
bei den Wintersachen ein altes hellblaues Strickkleidchen
ohne Ärmel, dahinein kann man ein paar Stoffärmel

nähen, dann tut es noch seine Dienste. Mit den Mänteln
für Magda und Dorle ist's recht so, passen dem Dorle
auch die Gamaschen-Hosen? Auch sonst bin ich mit allen
Kleiderfragen einverstanden.
Die große gute Molton-Decke liegt in der Schublade
vom Büffet. Sind denn die Fenster und Verdunkelung im
Eßzimmer wieder heil, und haben die Wohnungen und
Möbel auch nichts abbekommen? Bitte, antwortet! Hat
Armbrust das Bücherbrett noch nicht geliefert? Habt Ihr
im Wandschrank jetzt Bretter? Wenn Ihr noch Weck-
gläser braucht, denkt an die Gläser im Keller und an die
Einkochkrüge. Sehr froh bin ich, daß Ihr die Wäsche jetzt
schrankfertig bekommt.
Und Du, mein Illekind, sorgst so tüchtig dafür, daß alles
wieder an seinen Platz kommt. Wie geht es Dir mit
Deinem Frost, mein Evalein? Tust Du etwas dagegen?
Über Deine Berichte, mein Hannelekind, freu ich mich
stets ganz besonders. Alles, alles interessiert mich, an
allem nehme ich Anteil. Und Gerhard und Marilis' Briefe
sind immer so lieb und gut. Hoffentlich klappt es mit dem
Zimmer in Marburg. Hat Tante Paula aus Genf nicht mal
geschrieben? Und Onkel Georg? Schickt mir doch mal ein
paar Bildchen von Euch, wenn Ihr sie nicht alle eingeklebt
habt, neue Aufnahmen habt Ihr wohl nicht gemacht. Ach,
am liebsten täte ich Euch alle richtig wiedersehen.
Haarnadeln brauche ich auch sehr, wenn's nur 2–3 sind.
Das andere Buch von Pearl Buck schickt bitte auch gele-
gentlich, und vielleicht bekommt ihr mal ein Mikado?
Die Mädels langweilen sich sonntags so, ich ja nie, ich
lese Eure Briefe, Zeitungen und hab meine Gedanken für
mich, die nur zu Euch fliegen. Einen extra Gruß an

Dein Hänschen, mein Hannelekind. Du liest aber jetzt
feine Bücher! Und Gerhard, <u>Lieber</u>, Du kommst wohl gar
nicht zum Lesen? Und Du, Marilis? Ille hat ja wohl gar
keine Zeit. Lebt wohl für heute! Ich küsse und umarme
Euch vieltausendmal zärtlich und innig, Gerhard, Ilse,
Hannele, Eva, Dorle und Marilis!

Eure Mutti

Die »Mädels«, von denen Lilli schrieb, zumeist russische und
polnische Zwangsarbeiterinnen, vertrauten sich ihr mehr und
mehr an. Und Lilli sorgte sich nicht nur um den Zeitvertreib
ihrer Mithäftlinge. Sie betreute die jungen Frauen auch medi-
zinisch; bei einigen Geburten half sie als Hebamme.

Wahrscheinlich am selben Abend schrieb Lilli noch einen
zweiten Brief, und zwar an ihre Schwägerin Lore. Erneut
verwendete sie dunkelbraunes Packpapier; vielleicht hatten
ihre Töchter zuvor ein Päckchen darin eingepackt.

Allerdings fehlt das Datum. In einem späteren Brief an
Ernst heißt es, ein längerer Brief an Lore sei am 29. Oktober
»in den Kasten« gekommen. Doch im Lore-Brief selbst
notierte sie, daß sie »morgen schon sieben Wochen fort« sei.
Demnach muß sie ihn am 17. Oktober geschrieben und vielleicht erst zwölf Tage später abgeschickt haben. Möglicherweise hatte sie bis dahin niemanden gefunden, der den Brief
aus dem Lager herausschmuggeln konnte.

Meine allerbeste treue liebste Lore,
nie im Leben kann ich Dir genug danken für all das,
was Du mir und den Kindern tust, ich kann es Dir nur
vergelten durch meine innige Liebe zu Dir und Marilis.
Dir danke ich es, daß ich keine Sorgen haben muß um

das leibliche Wohl der Kinder, und wie viel leichter ist es mir dadurch.

Du machst Dir so viel Mühe und Arbeit mit dem Einkochen und nun mit der Wintergarderobe der Kinder, und ich weiß es schon im voraus, es ist alles gut und richtig, wie Du es machst. Es ist mir natürlich viel lieber, wenn Du den Mottenschrank beaufsichtigst, wie Du überhaupt alles in der Hand halten sollst. Ich danke Dir auch für Deine Mühe um Evas Musik- und Englisch-Unterricht. Wann fängt sie denn an damit? Um Ilse müßt Ihr Euch wohl ein wenig mehr kümmern als um die anderen Kinder, sie leidet so sehr unter meinem Fortsein, ihre Briefe sind oft erschütternd. Aber laß es Dir <u>bitte</u> nicht anmerken, daß ich es Dir schrieb.

Für Deinen lieben Brief aus Essen herzlichen Dank, ich habe sehr an Dich gedacht und Dir nachfühlen können, in wie großer Sorge Du warst. Es ging mir ja genauso, und ich bin dem Herrgott so dankbar, daß wir alle auch diesmal verschont blieben.

Und nun hätte Wilhelm diese Woche Geburtstag! Ach, gute liebe, liebe Lore, ich bin mit vielen warmen verstehenden Gedanken bei Dir. Bitte, nimm Dir doch in diesen Tagen ein kleines Buch von dem kleinen Bücherbrett neben meinem Nähtisch, »Der Traum des Gerontius«, laß es Dir von Marilis raussuchen und lies es, bestimmt wird es Dir wohltun.

Nun wollte ich Dich bitten, doch nochmal beim Arbeitsamt zu fragen, ob sie noch keinen Ersatz für Julie haben. Ich hab schon im August Antrag gestellt, der auch von Frau Meyer von der Arbeitsfront unterstützt wurde. Im Dezember hat Julie wieder Recht auf Urlaub, und sie kommt bestimmt nicht wieder. Da ist es doch besser, wir sorgen vor.

Nun bin ich morgen schon sieben Wochen fort, ich bin oft ganz elend vor Heimweh. Könnt Ihr denn bei der Gestapo nicht erfahren, wie lange ich noch fortbleiben muß? Ernst soll sich doch mal bei Herrn Hoppach erkundigen. Wenn ich bald heim darf, dann schreib mir »Ihr hofftet, mich bald wiederzusehen«, wenn nicht, dann schreib »wir müßten noch etwas« oder schlimmstenfalls »noch lange Geduld haben«. Diese Ungewißheit und die quälenden Gedanken sind so aufreibend. Es ist natürlich viel schwerer, als ich den Kindern schreibe. Die mehr als unzureichende Ernährung, die mangelhafte Kleidung. Wir dürfen weder Mäntel noch Jacken noch Handschuhe tragen und müssen morgens oft ¾ bis 1 Stunde in der Kälte am Bahnhof stehen, weil die Züge so viel Verspätung haben und abends wieder. Das Haus ist auch noch nicht geheizt. Und überhaupt dies Eingesperrtsein. Das weiß keiner, was das heißt.

Ob Ernst nicht mal ein Gesuch machen kann, falls ich nach zwei Monaten (am 30. X.) noch nicht entlassen bin? Er kann doch wohl noch einmal etwas für mich tun? Ich bin ohnehin so verlassen und zurückgestoßen! Verhaftet bin ich wegen Verstoß gegen die Polizei-Verordnung vom August 1938 (?), und darauf stehen vier Wochen. Die sind doch längst herum.

Er kann doch auch anführen, daß Marilis wieder fort ist zum Studium, daß die Rita doch auch nicht immer in Kassel schlafen kann, die Kinder nachts also alleine sind. Du, liebe Lore, mußt doch auch immer mal wieder nach Essen. Wer soll denn dann für die Kinder sorgen? Und

gesundheitlich wird Dir die Arbeit doch wohl auch zu
viel? Man könnte es doch jedenfalls anführen. Und der
Junge ist Luftwaffenhelfer und der Vater beim Militär,
kann er da nicht verlangen, daß seine Kinder wieder
ihre Mutter zurückbekommen? Vielleicht kann das Gesuch
durch die vorgesetzten Militärbehörden unterstützt und
dringlich gemacht werden?
Oder ob man versucht, durch das Jugendamt etwas zu
erreichen? Ach, bitte helft mir doch, wieder frei zu kom-
men. Überlegt, was Ihr tun könnt, sprecht auch mit Tante
Maria! Hoffentlich erreicht Euch dieser Brief. An Ernst
viele Grüße. Dir, meine Lore, Dank und alles Liebe und
Gute und eine innige Umarmung!

Deine Lilli

Lilli baute ganz auf Lores Hilfe und glaubte, daß sich ihre
Schwägerin nun der Kinder angenommen hätte. Tatsächlich
aber war Lore über den Tod ihres Mannes und ihres Sohnes
beim Bombenangriff auf Essen immer noch völlig verzwei-
felt. Ihr fehlte jede Kraft für die ihr von Lilli angetragene
Verantwortung; ruhelos reiste sie in diesen Wochen durch
das Land, um eine neue Bleibe zu finden. Erst Monate später
erkannte Lilli, daß Lore ihr und ihren Kindern kaum helfen
konnte.

»Hänschen hat Angst«
Der Luftkrieg rückt näher

Im Herbst 1943 eskalierte der Luftkrieg über Deutschland erneut. Alliierte Bombergeschwader flogen Angriffe auf die Industriezentren im gesamten Reichsgebiet. Viele Maschinen durchquerten dabei den Luftraum über Kassel, fast täglich kam Gerhards Luftabwehrbatterie in Obervellmar zum Einsatz. Und in Kassel heulten ständig die Sirenen.

Lilli selbst hatte noch einen Luftschutzkoffer mit den wichtigsten Habseligkeiten gepackt. Den mußten die Kinder nun an manchen Tagen gleich mehrmals in den Keller schleppen. Johannas Brief vom 18. Oktober:

Mein goldiges Muttilein!
Es ist halb 10 Uhr. Eigentlich wollte ich eher schreiben,
aber gegen die höheren Mächte komme ich nicht an. Um
halb 9 Uhr hatten wir wieder mal Alarm. Mal wieder,
denn um 4 Uhr schon einmal. Aber beide Male ist man
gnädig an uns vorübergegangen. Weißt Du, Mutterle,
wenn es Alarm gibt, wir haben schon solch eine Übung
darin. Es geht ruckzuck, und wir sind die ersten fast
immer im Keller. Heute abend bin ich nochmal raufgegan-
gen zu Kunzes. Die vier, mit denen dauert das immer
etwas länger. Da hab ich der Pipa Schuheanziehen gehol-
fen, noch Bettzeug runterzutragen. Weißt Du, Mamale,
ich habe mich entschlossen, die Geige mit runterzunehmen
und mein liebes Zwitscherlein Hänschen oben zu lassen.
Ich kann nur eins tragen, weil ich doch noch eine Luft-
schutztasche nehmen muß.

Mein Hänschen nehme ich von der Wand, dann ist er doch
auf dem Fußboden jedenfalls vor dem ärgsten Luftdruck
geschützt. Wenn Du mal schreibst ... äußere Dich bitte
mal darüber, wie Du das findest. Ich bin mir selbst nicht
recht klar. Das Tierchen lebt doch, spürt und hat Angst.
Die Geige ist aber auch so eine Sache. Sie ist mir auch
sehr lieb. Na, ich will noch mal Vati fragen.
Morgen haben wir Vertretung, für Musik haben wir
Turnen. Das läßt man sich gefallen. Tante Lore strickt
mir jetzt den blauen Pullover fertig. Da bin ich froh.
Für Ille ribbeln wir den roten Pullover – ich glaube er ist
noch von Tante Hansel – auf. Das macht mir viel Spaß.
Ich habe einen schönen Schnupfen, also darauf auch einen
schönen Durst. Es ist gräßlich, ewig muß man Wasser
trinken.
Aber was anderes ist viel schöner. Wir haben die Jahns
nicht mehr in Erdkunde und Geschichte, nur noch in
Mathematik und Biologie. Wir haben geschlossen auf dem
Schulhof einen Freudentanz vollführt. Die Kleinen haben
uns ganz doof angeguckt. Die meinten, wir wären irre.
Aber unsere Freude war unsagbar. Na ja, einmal mußte
das ja aufhören, nämlich in 4 Fächern die Doofe. Wir
haben am Samstag einen neuen Stundenplan bekommen.
Ich habe etwas Speck geschenkt bekommen. Das schicken
wir Dir heute. Schreib uns dann bitte, ob Du ihn bekommen hast und ob es Dir recht ist. Ille backt gerade
noch einen Kuchen. Deswegen schreibt sie heute abend
nicht lang. Nun, mein allerbestes und geliebtes Mutter-
lein, Schluß!
Es grüßt und küßt Dich 10000000000000 mal Dein
Dich liebendes Hannelekind

Und noch ein Nachtrag von Ilse:

Liebes gutes Muttiherzchen!
Eben bin ich mit meinem Kuchen fertig. Hoffentlich
schmeckt Dir auch meine Bäckerei. Dann kam auch noch
Alarm dazwischen. Wir haben jetzt darin Übung. In zwei
Minuten sind wir unten, wenn wir angezogen sind. In
fünf Minuten sind wir unten, wenn wir schlafen. Einen
lieben Gruß von Deiner fortwährend an Dich denkenden
Ilsemaus.

Auch zwei Monate nach dem Umzug hatte Eva in der Großstadt Kassel noch nicht Fuß gefaßt. Inzwischen fuhr sie wieder täglich nach Immenhausen, entweder vor oder nach der
Schule. Am 19. Oktober schickte die Zehnjährige ihrer Mutter einen ausführlichen Bericht:

Liebes, gutes feines Muttilein,
wie geht es Dir? Hoffentlich gut. Jetzt, die ganze Woche
bin ich nach Immenhausen gefahren. Am Sonntag hat
mir die Frau Rösch Kuchen mit nach Kassel gegeben.
Ich hab' an einem Nachmittag bei Röschen geholfen. Die
Kühe habe ich getränkt, Runkelblätter abgeladen, Kühe
gefüttert und die Kannen von der Verkaufmilch gespült
und rausgetragen und auf den Milchwagen geladen.
Mutti, stell' Dir mal vor, wir haben jetzt auch nach-
mittags Schule. Diese Woche habe ich die erste Woche
Nachmittagschule.
Heute bin ich um 9 Uhr 17 nach Immenhausen gefahren.
Erst bin ich zu der Tante Rita gegangen und habe sie
besucht. Dann bin ich die Hohenkircherstraße rauf

gegangen und habe Friedchen Rösch mit dem Milchwagen
abgeholt. Bei Kersting haben wir halten müssen, denn
wir mußten Milchkannen abladen. Als wir bei Röschen
waren, haben wir die Kannen mit der Verkaufsmilch reinge-
tragen. Dann haben wir die Pferde gefüttert und das ganz
kleine Fohlen. Jetzt kann das kleine Fohlen wieder richtig
laufen. Dann haben wir Runkeln aus dem Keller geholt, sie
gemahlen und dann im Korb in den Pferdestall getragen.
Holz haben wir dann auch noch geholt. Die Hedwig und
ich haben Kartoffeln aus dem Keller geholt und sie geschält
für die Erbsensuppe.
Der Herr Rösch pumpte Jauche in das Jauchefaß, und
das Friedchen war im Pferdestall und putzte ihre lieben
Pferde ...
Dann hat die Frau Rösch mich gerufen, ich sollte mit ihnen
Mittagessen, und das habe ich auch getan. Dann bin ich
noch zu Hirdes gegangen und habe guten Tag gesagt.
Viele, liebe, tausend, Millionen Grüße und Küsse, von Eva

Auch Ilse und Dorle waren an diesem Tag in Immenhausen.
Immer noch standen einige mit Kinderkleidern gefüllte
Schränke im alten Wohnhaus. Ilse wollte einige Wintersa-
chen nach Kassel holen. Ihr Brief vom selben Abend:

Mein liebes, gutes Muttilein!
Jetzt sind es schon sieben lange, schwere Wochen für uns
beide. Oh, hoffentlich darfst Du uns bald wiedersehen.
Ich halte es oft vor Kummer nicht aus. Dann liegt es
wie ein Zentnerstein auf mir, und ich kann einfach an
nichts anderes denken. Oh, wenn es doch bald ein Ende
nähme!!!

Gestern Vormittag waren Dorle und ich bei Brandau. Die Einlagen waren natürlich nicht fertig zum Anprobieren. Dann haben wir bei Dietrichs Dorles Kleid abgeholt. Es ist aus roter Wolle (Kübler). Vorne ist es mit weiß gezogen, und es ist mit blau gestickt. Auch ist eine kleine weiße Schleife dran. Dann habe ich noch 16 ½ Pfund Mehl auf unsere Karten gekauft, denn in der 55. Zuteilungsperiode, in der wir gerade sind, gibt es sehr, sehr viel Weißbrot, für jeden 1400 Gramm zusätzlich.

Wir waren heute alle Mann wieder – außer Hannele, aber mit Dorle – in Immenhausen. Dorle hat sich furchtbar im Zug gefreut. Dann haben wir in Immenhausen aus dem Kampferschrank unsere Wintermäntel, Marilis ihren Pelzmantel, Tante Lores schwarzen Mantel, Hanneles Muff, meine Pelzkappe und das alte rote Kleid geholt ...

Als wir dann heute Mittag schwer bepackt heimkamen, hab ich Dorle ins Bett gebracht, dann noch schnell meine Franz-Sätze eingeschrieben und bin dann auf die letzte Minute in die Penne gesaust ... In Biologie haben wir gestern mit der Zellenlehre begonnen. Das ist rasend interessant. Wie schön wäre es, wenn wir beide uns jetzt ein bißchen darüber unterhalten könnten und wenn Du mir etwas erzählen würdest. In Deutsch müssen wir eine Unmenge tun. 1. »Räuber« lesen. 2. »Morgengedicht« lernen. 3. Aufsatz: Die deutsche Treu in Lessings Minna von Barnhelm, und 4. »Die Abstammung der deutschen Wortfamilie«. Das ist doch allerhand. Gestern abend, als ich fort wollte zur Klavierstunde, hat die Dorle so furchtbar geschrien, sie hat sich an mein Kleid gehängt, ich sollte nicht fort. Die Dorle hängt, seitdem Du fort bist, so sehr an mir. Jedesmal, wenn ich fortgehe, gibt es Geschrei ...

Die »Kennkarte« für »Lilli Sara Jahn«, ausgestellt am 31. Dezember 1938

Lilli mit Gerhard, Johanna, Ilse und Eva im Schwarzwald, um 1937

Ilse, Lilli, Eva, Johanna, Ernst und Gerhard 1939 in Immenhausen

Lilli Jahn im Sommer 1939 im Schwarzwald

Ernst Jahn in seinem Opel, um 1939 in Immenhausen

Johanna, 1942

Konfirmationsfoto von Ilse, 1942

Ansicht des ehemaligen Klosters Breitenau in Guxhagen. In den Jahren 1940–1945 diente es als Arbeitserziehungslager der Kasseler Gestapo.

Brief Lillis aus Breitenau an die Kinder, 3. Oktober 1943

Kassel, d. 19.10.43.

Brief Ilse Jahns an ihre Mutter Lilli, 19. Oktober 1943

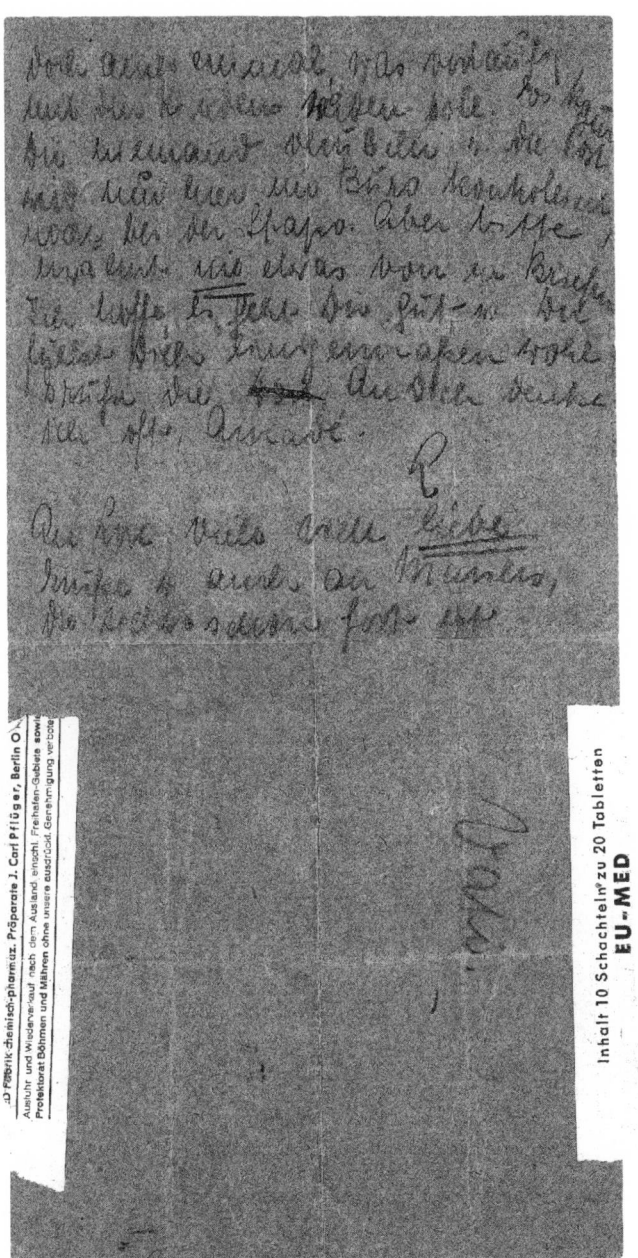

Brief Lillis aus Breitenau an Ernst Jahn, Ende Oktober 1943

Gerhard Jahn als Luftwaffenhelfer.
Das Foto lag dem Brief an Lilli vom 22. Januar 1944 bei.

Johanna, Ilse, Dorothea und Eva im Frühsommer 1944

Auschwitz, den 5.|VI. 1944.

Meine liebe Lore! Ich bin so sehr glücklich Dir zu schreiben zu können. Es geht mir gut, ich arbeite im meinem Beruf und das ist sehr angenehm für mich. Nun erwarte ich sehnsüchtlich Nachrichten über Dich und Kinder. Was machen sie alle? Ist Gerhard schon im Arbeitsdienst? Gehen Ilse und Manele nach Hofgeismar in die Schule? Was macht meine kleine Eva! Und was macht mein Allerkleinste? Und wie geht es Dir selbst und Manelise. Ich erwarte nun regelmäßig Nachrichten von Euch. Ich danke Euch herzlich

Brief Lillis aus Auschwitz an ihre Schwägerin Lore Sasse, 6. Mai 1944

für die regelmäßige Geldsendungen.
Ich danke Euch für das letzte Packet
nach Breithenau Die Kinder möchten
auch selber schreiben. Meine Gedanken sind ununterbrochen immer
bei Euch. Hoffentlich seid Ihr alle
gesund. Ich grüße und küße jeden
einzelnen tausend Mal. Ich bin in
großer Liebe als Mutter und Schwägerin. Lilli u. Mizzi

G 1, G 2

Sterbeurkunde

(Standesamt *Auschwitz* ————————————— Nr. *LXXX26/1944*

Die Ärztin Lilli Sara Jahn geborene

Schlüchterer ———————— *glaubenslos*

wohnhaft *Kassel, Motzstraße Nr. 3*

ist am *19. Juni 1944* —— um —*11*— Uhr —*25*— Minuten

in *Auschwitz, Kasernenstraße* ———————— verstorben.

Die Verstorbene war geboren am *5. März 1900*

in *Köln*

(Standesamt ———————————— Nr. ————)

Vater: *Josef Schlüchterer*

Mutter: *Paula Sara Schlüchterer geborene*

Schloß, wohnhaft in Birmingham

Die Verstorbene war ~~nicht~~ ~~verheiratet~~ *geschieden*

Auschwitz, den *28. September* 1944

Der Standesbeamte
In Vertretung

(Siegel)

Gebühr RM —,60

C ... Sterbeurkunde (mit Elternangabe bezw. ohne Elternangabe).
Verlag für kommunales Schriftwesen G. m. b. H., Berlin SW 61, Gitschiner Str. 109.
Verlag für kommunales Schriftum und Vordrucke Kurt Gruber, Kattowitz. B/0262   C 251 | C 252

Die Sterbeurkunde Lilli Jahns,
ausgestellt in Auschwitz am 28. September 1944

Herr Zschiegner will, daß ich keinen Unterricht mehr bei
ihm habe. Denn abends um 7 Uhr, wenn es so dunkel
ist, daß man kaum die Hand vor Augen sieht, das geht doch
nicht. Und auch er meint, so ein »kleines Mädchen« könne
doch auch unterwegs angehalten werden. Es ist aber wirk-
lich so. Als ich bei Herrn Zschiegner zur Haustür raus bin,
sehe ich nichts. Ich habe bestimmt fünf Minuten gebraucht,
um von der Haustür bis zur Gartentür zu kommen. Ich habe
mit Händen und Füßen getastet nach den zwei Stufen vor
der Gartentür. Und ich bin zwanzig Minuten getastet, bis
ich heimkam. Ich soll auch zu der Lehrerin, bei der Eva
Klavierstunde bekommen soll. Ganz abgeneigt bin ich nicht.
Denn es ist ja nicht gerade angenehm, immer durch die
Dunkelheit abends zu gehen. Schreib doch bitte, was Du
dazu meinst. Solange bis ich Antwort habe, gehe ich hin.
Unsere Wohnzimmer-Uhr hängt jetzt im Gang, und es
sind immer vertraute Töne, wenn sie schlägt. Sie geht sehr
genau. Nun, mein gutes Muttileinle, strengt es Dich denn
nicht zuviel an? Bist Du schön vorsichtig? Schläfst Du
auch? Bekommst Du auch alle unsere Päckchen? Ist noch
keines abhanden gekommen? Nun sei Du recht, recht innig
gegrüßt und geküßt und fest liebgehalten von Deiner
Ilsemaus.

Wegen der fortwährenden Luftangriffe mußten nachts sämtliche Fenster und Lichtquellen abgedunkelt werden. Deswegen also konnte Ilse schon am frühen Abend vor der Haustür
des Klavierlehrers so gut wie nichts mehr sehen.

Nun, da die Tage kürzer wurden, verdüsterte sich die
Stimmung der Mädchen noch mehr. Dazu ein Erlebnis von
Johanna, aus einem Brief an Lilli vom 21. Oktober:

*Wie geht es Dir? Ich muß soviel an Dich denken. Heute,
als es schellte und ich durch die Haustür sah, dachte ich,
Mutti, Du ständest vor der Tür. Mir war ein so seltsames
Gefühl wie noch nie. Aber die Enttäuschung, als Du es
nicht warst! Es war Frau Kunz.*

An diesem Donnerstag, dem 21. Oktober 1943, setzte sich
auch Ilse ein letztes Mal in der Kasseler Wohnung an ihren
Schreibtisch, um der Mutter in Breitenau zu schreiben. In den
vergangenen Wochen hatte ein Alarm den nächsten gejagt.
Bei einem Bombenangriff, wahrscheinlich schon am 3. Oktober, hatte die Druckwelle ein kleines Fenster zerstört. Auch
in den kommenden Stunden sollten noch mehrmals die Sirenen heulen:

Mein allerbestes, gutes Muttilein!
*Diese Woche habe ich besonders viel an Dich gedacht. Oh,
ich bin freudig und traurig zugleich. Oh, es drückt wieder
so furchtbar heute früh auf mir. Als wenn etwas furchtbar
Schweres mein Herz abdrücken wollte. Alle schlafen noch,
ich kann nicht mehr schlafen. Nur Julie steht gerade auf
und fängt an, Zimmer zu putzen.*
*Du machst Dir vielleicht Sorgen um die Eßzimmermöbel,
denen ist gar nichts passiert. Das Oberlicht ist doch nur
durch den Luftdruck entzwei gegangen. Kein Splitter.
Bald bekommen wir es gemacht ...*
*Am Mittwoch früh war ich mit Dorle wieder bei Brandau,
wegen der Einlagen für ihre Senkfüßchen. Dorles Zöpfe
sind schon gewachsen, und Dorle fragt auch oft: »Wann
kommt Mutti?« Gerhard kommt heute nachmittag bis
morgen früh.*

Oh, wenn doch Du nur dabei sein könntest. Muttilein,
tröste Dich mit mir. Du bist wahrscheinlich auch ganz
elend vor Heimweh nach uns. Und ich bin ganz elend vor
Heimweh nach Dir. So wollen wir beide uns doch mit dem
Gedanken trösten, daß alles, alles bald wieder gut werden
muß. Oh Muttiherz, ich versuche auf die verschiedensten
Arten uns zu trösten, aber ich kann es ja doch nicht.
Nachher gehe ich zu Tante Maria. Die arbeitet nicht,
denn sie ist nicht ganz gesund. Sie sorgt sehr für uns
alle. Nachher muß ich die Wäsche noch forträumen. Dann
muß für Gerhard das Bett noch gemacht werden. Schul-
aufgaben muß ich auch noch einige machen. Nun sei Du
recht lieb gehalten und unzählige Mal gegrüßt von Deiner
fortwährend an Dich denkenden Ilsemaus.

»*Ein Lauf fürs Leben*«
Der Bombenangriff vom 22. Oktober 1943

Am Abend des 22. Oktober, einem Freitag, flogen mehr als
500 britische Bombenflugzeuge auf Kassel zu. Die Stadt, so
hatte Luftmarschall Arthur Harris entschieden, sollte end-
gültig zerstört werden.

Die angreifenden Flugzeuge waren frühzeitig geortet wor-
den, die deutschen Luftabwehrbatterien alarmiert. Nach dem
Ausklingen der Sirenen herrschte in der Stadt gespenstische
Ruhe.

Im Keller des Hauses in der Motzstraße 3 saßen seit
etwa 20.30 Uhr sämtliche Bewohner, darunter Ilse, Johanna,
Eva und Dorothea, außerdem Gerhard, der noch einen Tag
Urlaub hatte, sowie Rita, die bei den Kindern übernachten
sollte.

Dann erschienen die britischen Flugzeuge. Weder Abfang-
jäger noch Flak-Kanonen hatten der gewaltigen Luftstreit-
macht den Weg versperren können. Zwischen 20.55 Uhr und
21.11 Uhr wurde Kassel in vier Angriffswellen bombardiert.
Insgesamt wurden mehr als 400000 Brand- und Spreng-
bomben abgeworfen. Zwischen 22 und 24 Uhr erreichte
der Feuersturm in der Innenstadt seinen Höhepunkt. Ganze
Straßenzüge verwandelten sich in eine Flammenhölle. Etwa
10000 Menschen verbrannten, erstickten oder wurden durch
zusammenfallende Gebäude erschlagen.

Auch in den Dachstuhl des Hauses in der Motzstraße 3
fielen Brandbomben. Die Bewohner versuchten noch, das
Feuer zu bekämpfen, doch vergeblich, das Haus brannte vollkommen aus. Der Luftschutzkeller mußte geräumt werden.

In Breitenau war der Feuerschein über Kassel beobachtet worden. Tagelang wußte Lilli nicht, ob ihre Kinder den Angriff überlebt hatten. Erst am 24. Oktober meldete sich Ilse wieder, und zwar aus Immenhausen:

Mein herzallerliebstes gutes Muttilein!
Hoffentlich hast Du den Angriff auch gut überstanden!
Unser Häuslein ist durch Phosphor leider, leider von A–Z
ausgebrannt. Gerhard war gerade auf Urlaub, und er
und einige Leute aus dem Hause haben versucht, noch zu
löschen, aber es war unmöglich. Unser Keller hat Stand
gehalten, aber wir mußten bald raus, denn die Luft wurde
zu rauchig. Unser Haus brannte lichterloh. Die Häuser
rechts und links neben uns waren schon eingestürzt. Die
einfachen, schwach gebauten Häuser, die gegenüber von
uns standen, brannten bis zum Himmel. Die ganze Kron-
prinzenstraße stand hellauf in Flammen. Ein wahnsinni-
ger Funkenregen umgab uns. Hannele und Eva trugen die
Decken und Koffer. Tante Rita Dorles Kissen, und ich
unser teuerstes Gut, unser Dorle. Dieser Lauf durch Feuer
und Hitze war ein Lauf fürs Leben durch den Tod.
Dann kamen wir in den Museums-Bunker, Ecke Kron-
prinzenstraße / Kölnische Straße. Dort waren wir bis
morgens 11.00 Uhr. Dann mußte der Bunker geräumt
werden, denn die Luft war alle. Da sind wir zur Stadt-
halle. Dort gab es dicke Butterbrote, von dort sollten
Autobusse nach Immenhausen fahren. Nein, wir mußten
zur Wittichkaserne mit Sack und Pack tippeln. Dort gab
es Suppe, und wir haben geschlafen. Von da fuhr auch
kein Autobus. Da sind wir zum Wilhelmshöher Bahnhof.
Da gab es Äpfel, und von dort hat uns ein Auto mit

bis nach Kassel reingenommen. Dann bekamen wir nach
unendlicher Müh und Not ein Auto, und kommen endlich
in Dunkelheit hier an.
Liebe Mutti, Du kannst ja leider nur alle 4 Wochen
schreiben, aber wir freuen uns wirklich sehr, auch wenn
es nicht öfter sein kann. Nun, morgen wollen wir uns um
Bezugsscheine schlagen ... Mach es gut, laß Dich recht
herzlich grüßen. Vati ist gesund. Schlaf gut. Und einen
festen Kuß. Sei nicht so traurig wegen unserer Sachen,
Deine Dich nie vergessende Ilsemaus.

Auch Johanna erzählte ihrer Mutter am 24. Oktober von der
Bombennacht:

Mein liebes, gutes Muttilein,
Jetzt sind wir hier in Immenhausen. Ach, Muttilein, es
ist gut, daß es so abgegangen ist. Ich kann mir nicht
vorstellen, daß alle unseren schönen Sachen weg sein
sollen. Aber wir müssen uns fügen.
Tante Lore und Marilis haben mir schon ein Nachthemd
und ein Blüschen, das Marilis zu klein war, geschenkt.
Einen hellblauen Pulli hab ich von Tante Rita bekommen.
Ich hatte das Röckchen mit der weißen Bluse an, weißt
Du, den Dirndlrock. Eva hatte ihr grünkariertes Woll-
kleid an, Ille hatte ihr blaues Strickkleid an. Das Dorle
hatte nur Unterwäsche an. Das Kleidchen hat sie gleich
von Tante Rita bekommen. Also die ist auch versorgt. Alle
hatten ihre warmen Wintermäntel an.
Hier in Immenhausen geht es ganz gut. Es ist zwar ein
bißchen voll hier, aber um so schöner. Ich werde morgen,
also Montag, nach Hümme fahren, weil ich mich hier

doch so langweile. *Die Schule ist vollständig futsch, beide
Gebäude. Evas Schule auch. Die ganze Kaserne in der
Westendstraße ist ein Trümmerhaufen. Ich hoffe, daß ich
in Hümme noch ein paar alte Sachen von Heidi bekomme.
Mutterle, reg Dich bitte nicht auf. Es ist eben so gekom-
men, und schlimm ist es auch nicht. Vati geht es gut,
Tante Rita ist heute zu ihm gefahren. Herrn Dr. Schup-
manns Eltern sind auch beschädigt. Sie konnten ihre
Sachen retten ...
Es ist ein gräßlicher Anblick. Aber die Organisation war
gut. In der Stadthalle bekamen wir dicke Butterbrote und
rohe Milch und Bonbons. Der Gerhard war soo tüchtig.
Mit der Inge Gaugler aus dem 1. Stock hat er versucht,
unsere Wohnung zu löschen. Nachher, als wir aus dem
Keller raus sind, wegen etwas Qualm und Rauch, in
den Bunker, kam Gerhard und war ganz schwarz und
schmutzig. Er half überall löschen. So mein liebes gutes
Muttlein, mach Dir keine Sorge.
Es grüßt und küßt Dich 1000000000mal Deine liebe
Hannele*

Da Lillis Kinder beim Angriff auf Kassel nahezu alles verloren hatten, mußte nun Ersatz her. Die Mangelwirtschaft
des Krieges komplizierte die Beschaffung von Kleidung,
Mobiliar oder Nahrungsmitteln jedoch erheblich. Bei jedem
Kauf mußten Lebensmittelkarten oder Bezugsscheine für die
gewünschten Waren vorgelegt werden. Diese Bescheinigungen wollte Ilse besorgen. In einem langen Brief, verfaßt am
26. und 27. Oktober, berichtete sie ihrer Mutter von den
ersten Tagen nach dem Angriff:

Mein herzallerliebstes Muttilein!

Oh, nun hab ich Dir so furchtbar viel zu erzählen. Aber da das nun nicht geht, schreibe ich Dir.

Am Montag, gestern, sind Marilis und ich nach Kassel, um eventuell Bezugsscheine zu erlangen. Der Zug fuhr nur bis Obervellmar, da sind wir über Obervellmar, Niedervellmar nach Kassel reingelaufen. Vom Anfang der Holländischen Straße bis rauf zum Hindenburgplatz habe ich kein ganzes Haus gesehen. Wir sind so gelaufen: Holländische Straße, Königstraße, Hedwigstraße, Mauerstraße, Postamt, Königsplatz. Von dort mußten wir schnellstens zurück zur Mauerstraße. Denn ein Blindgänger, der mitten auf dem Königsplatz lag, mußte jeden Augenblick in die Luft fliegen.

Da sind wir so weitergegangen: Bahnhofstraße, Kurfürstenstraße, Ständeplatz, Hohenzollernstraße, Kronprinzenstraße, Motzstraße, Mietskaserne, Luisenstraße, Hindenburgplatz, Stadthalle, Harleshäuserbahnhof und heim. Kein ganzes Geschäft existiert mehr. Kassel ist nicht mehr da. Wirklich, ohne zu übertreiben. An allen Straßen, die ich aufgezählt habe, sind ebenfalls die Nebenstraßen Trümmerhaufen. Du kannst vom Königsplatz nach Bettenhausen sehen. Die ganze Altstadt ist verbrannt. Menschen sind leider, leider Zehntausende verlorengegangen. Mutti, Du weißt oft vor Trümmern nicht, wo Du dich befindest. An Giselas Haus, was natürlich auch bis unten hin ausgebrannt ist, steht angeschrieben, daß Stephans nach Nienhagen wären. Von Toten, die mit uns bekannt sind, habe ich noch nichts gehört.

In Kassel kann man nichts mehr kaufen. Die Randbezirke, die Vororte stehen noch. Aber die ganze Innenstadt und Altstadt ist ein großer Schutthaufen.

Von unserer Ortsgruppe, die auch in einen Bunker verlegt ist, habe ich eine Bescheinigung, daß wir »total« bombengeschädigt sind. Von dort aus mußten wir in die Bürgerschule in der Herkulesstraße, um dort eventuell Bezugsscheine zu erlangen. Vor dem Eingang standen einige hundert Menschen. Wir haben uns vorgeschmuggelt, und als nach langer, langer Zeit die Stunde geschlagen hatte, daß wir drankommen sollten, ging es los. Zuerst bekam ich eine rote Bombenkarte. In einem Zimmer. Im nächsten Raum gab es einen Ausweis, daß wir aus Kassel rauszögen. Im letzten Zimmer gab es neue Milchkarten, weil die alten verbrannt waren. Reisemarken für die Karten, wo Bestellscheine abgeschnitten waren, und zu guter Letzt eine Bescheinigung, daß wir mit den Lebensmitteln abgemeldet seien. Bezugsscheine gäbe es an dem Ort, wo man hinzöge.
Anschließend sind wir zu Tante Maria gegangen. Dort oben an der Stadthalle steht noch alles. Aber Tante Maria ist nicht dagewesen. Von dort aus sind wir in die Stadthalle, um etwas zu essen. Da gab es eine gute Erbsensuppe mit viel, viel Fleisch drin. Dann sind wir nach Harleshausen gelaufen und von da aus mit dem Zug nach Obervellmar gefahren. Dort sind wir zum Gerhard gegangen, um nach ihm zu gucken, wie es mit seinen Augen stände. Ihm geht es wieder gut, und er kann auch wieder ordentlich sehen. Als wir zur Bahn kommen, sind die Züge so voll, daß wir nicht mehr mitkommen. Da liefen wir bis Mönchehof. Dort konnten wir nicht mehr. Da haben wir Tante Rita angerufen, und die hat uns mit dem Auto abgeholt. Als ich nach Immenhausen kam, bin ich nur so ins Bett gefallen.

Am nächsten Morgen bin ich um 8 Uhr aufgestanden,
hab mein teuerstes Gut angezogen. Hab Kaffee getrunken.
Bin mit allen meinen Kindern zu Armbrust und Vati. Da
haben wir alle ein Paar Schuhe bekommen. Eva ein Paar
gute schwarze Halbschuhe mit Ledersohle. Hannele ein
Paar braune Bindeschuhe, recht nett verziert. Ilse ein Paar
sehr, sehr hübsche braune Schnürschuhe, ganz einfach,
aber doch hübsch.
Von da ging es weiter, um Bezugsscheine zu erlangen.
Auf dem Rathaus kriegten wir den freundlichen Bescheid,
die Bezugsscheine müßten in Hofgeismar auf dem Wirt-
schaftsamt geholt werden ...
Heute früh mußte ich ganz früh die Eva wecken, denn
die Eva wollte mit dem Milchwagen fahren. Nach dem
Kaffee, der leider immer erst sehr spät stattfindet, habe
ich ... mit Dorle und Tante Lore ein Kleid für Dorle
zugeschnitten. Das Kleid wird mit einer bunten Passe
genäht, und der eigentliche Stoff ist blau. Danach bin
ich noch einmal in die Küche und habe dort geholfen.
Zu Mittag gab es Nudelsuppe, Kartoffeln, Gemüse und
Leberwurst aus einer Büchse ...
Eine Ordnung herrscht hier im Haus, das ist einfach
großartig. Wo Du hinguckst, fliegt was rum. Magda heult
und quärrt den ganzen Tag. Rita hat ein recht nettes
Hausmädchen, die Gerda, die ist fürchterlich nett. Vor
allem ist das Mädel sehr, sehr ordentlich. Tante Rita
kümmert sich nicht im geringsten um ihren Haushalt, und
Ahnung hat sie vom Kochen gar nicht. Von 2 Tomaten
sollten wir Tomatensuppe kochen!!!

Der Schluß des Briefes ist nicht erhalten.

Das von Ilse beklagte Chaos in Immenhausen war freilich nicht nur Ritas Schuld. Nach der Flucht der Kinder aus Kassel fehlte es schlicht an Platz. Nun wohnten bis zu zwölf Personen in dem nicht eben großen Siedlungshaus in der Gartenstraße: Ilse und ihre drei Schwestern in zwei winzigen Zimmern und einer fensterlosen Kammer unter dem Dach; daneben, in Gerhards Zimmer, logierte Dr. Schupmann, Ernsts Vertreter. Rita und Magda wohnten im ersten Stock. Tante Lore und Cousine Marilis schliefen auf den Sofas im Wohn- und Bücherzimmer im Erdgeschoß. Auch das Hausmädchen Gerda mußte noch irgendwo untergebracht werden. Und richtig eng wurde es, wenn Ernst und Gerhard auf Urlaub nach Hause kamen.

An eine Rückkehr der Kinder nach Kassel war nicht zu denken. Das aus Beton errichtete Haus in der Motzstraße stand zwar noch, war aber völlig ausgebrannt. Lillis Konzertflügel war nur noch ein großer Klumpen aus geschmolzenem Metall und verschmortem Holz.

Nachdem sich Rauch und Qualm in der Innenstadt gelegt hatten, machten sich die Überlebenden auf die Suche nach brauchbaren Resten in den Trümmern ihrer Häuser. Auch aus Immenhausen wurden mehrere kleine Expeditionen nach Kassel gestartet, um die wenigen nicht verbrannten Gegenstände aus der Motzstraße zu bergen. Johanna notierte am 27. Oktober:

Tante Rita war heute in unserer alten Wohnung. Gerhard war vorher schon da gewesen und hat in der Küche aus dem Schutt ein paar Töpfe rausgebuddelt und eine Tasse und ein Schüsselchen. Das hat Tante Rita nachher mitgenommen und die Brotmaschine auch, aber die muß

man erst in Stand setzen. Eine Pfanne hat sie auch
mitgenommen, und über Dorles Bettchen hing noch das
kleine ausgeschnitzte Zwerglein, das war noch da. Das
hat Gerhard dem Dorlekind mitgenommen. In unserem
Zimmer standen noch die Bettgestelle, aber leer natürlich,
ganz verbogen und verkrümmt, sonst nur Schutthäufchen.
Von meinem lieben Hänschen ist keine Spur mehr zu
sehen.

Zwei Tage später meldete Johanna ihrer Mutter eine weitere Suchaktion: »Mit Hacke und Spaten« seien in der Motzstraße ein großer Wasserkessel und mehrere Kochtöpfe aus-
gegraben worden. Zuletzt habe man in Evas Zimmer sogar
noch zwei kleine Bilder gefunden, darunter ein Rubens-
köpfchen.

Seit dem verheerenden Angriff hatten die Mädchen nun
schon diverse Briefe geschrieben, doch Lilli reagierte nicht.
Die Kinder fürchteten erneut um ihre Mutter: War Breitenau
ebenfalls von Bomben getroffen worden? Oder waren nur
die Postverbindungen unterbrochen? Johanna schrieb unverdrossen weiter, so auch am 4. November 1943:

Mein über alles geliebtes Goldmuttileinchen!
Was hab ich eine solche Sehnsucht nach Dir. Ob Du wohl
unsere Briefe von nach dem Angriff erhalten hast? In
der ersten Zeit sicher nicht. Da will ich Dir mal richtig
erzählen. Jetzt hab ich Zeit und Ruhe, denn das Dorle und
Magda schlafen.
Du wirst sicher gehört haben, daß es um 8.20 Uhr Alarm
gab. Das Radio war schon zehn Minuten vorher ausgegan-
gen. Da hatten wir alle unsere Sachen fertig. Marilis

flitzte in den Bunker, und wir trabten runter. Ich las,
Ille und Dorle legten sich auf das Sofa, und Gerhard
und Eva standen vor der Haustür und besahen sich die
Scheinwerfer! Fünf Minuten nach dem Alarm kam Tante
Rita an von dem Zug in den Keller. Fünf Minuten später
schoß die Flak. Hui, da hättest Du mal unsere zwei sehen
sollen. Wie der Blitz waren sie unten. Als man die Bomben
einschlagen hörte, wurde es lebendig im Keller. Mund
und Nasenschützer naß gemacht, die Durchbrüche wurden
geprüft, und dann war es wieder still innen, aber außen
immer laute, dumpfe Einschläge. Jedesmal ein Luftdruck,
der ein ganz beklemmendes Gefühl aufkommen ließ.
Plötzlich wurde es ernst. Ein gräßlich lauter Schlag. Die
Tür flog auf, große Staubwolken wälzten sich heran, das
Licht ging aus, und ungefähr so paar Sekunden keine
Luft durch den Druck. Nach sekundenlanger Stille riefen
die Leute, es solle doch mal jemand nachsehen, ob wir ver-
schüttet wären. Gerhard und ein junges Mädchen von 18
Jahren gingen rauf, kamen gleich wieder runter, weil sie
wegen des Qualms nicht atmen konnten. Sie haben gesagt,
verschüttet sind wir nicht, aber in 9 ist eine Sprengbombe
rein. Draußen brennt es lichterloh. Da machten sich die
Leute fertig, um rauf auf unser Dach zu gehen.
Nach einer Weile kam Gerhard und sagte: »Schnell,
schnell wir brauchen Leute, auf unserem Dach brennt
es.« Nun bekamen wir aber doch einen großen Schrecken.
Nach einer Weile hörte es auf zu schießen. Gott sei
Dank!, dachten alle. Aber da kam Gerhard zu uns und
sprach: »Wir brauchen Leute. In jedem Stockwerk zwei
Mann, die müssen aufpassen, daß keine Funken Feuer
fassen.«

*Der Angriff schien vorüber zu sein. Aber wenn man aus
den Luftlöchern raussah, sah man nur eine glutrote Farbe
ganz gleichmäßig. Ein unerträglicher Qualm drang durch
alle Ritzen, wenn man die Augen öffnete, biß der Qualm
gräßlich. Das Dorle war ganz still und lieb. Dann kam
ein Mann und sagte: »Kommen Sie alle mit in den Bunker
der Kronprinzenstraße.« Kann man denn durch?, fragten
alle. »Ja, ja, es geht.«
Nun ging es raus, Ille die Dorle, Eva und ich den schweren
Luftschutzkoffer, Tante Rita zwei Taschen. Auf der Treppe
war es unerträglich mit dem Qualm. Draußen flogen
in hellen Scharen die Funken herum. Aus den Fenstern
schlugen himmelhoch die Flammen. Es war sehr heiß und
taghell, obwohl es erst 11 Uhr war. Nur vorwärts. Unter
Achen und Krachen kamen wir dann alle völlig erschöpft
in dem Bunker an. Auf einem Museumssofa ließen wir
uns dann ohne weiteres nieder. Ab und zu schliefen wir.
Und dann kam ein paarmal Gerhard und sagte: »Bei uns
kann man schöne Bratäpfel essen.« Da wußten wir, daß es
brannte. Am Morgen um 7 Uhr ist Tante Rita nochmal in
den Keller und hat meine Geige geholt und Kunzes einen
Koffer. Also unter sehr großen Umständen sind wir dann
in Immenhausen um 7 Uhr abends gewesen.
Mein liebes armes Hänschen ist sicher verbrannt oder
von der Hitze gestorben. Die Schule ist futsch, Evas
und unsere, Gerhards, der Kaufhof, das Rathaus, das
Theater, die Murhard-Bibliothek, das Waizsche Haus am
Opernplatz ...
Nach Hofgeismar in die Schule gehen wir, vorgemerkt hat
man uns. Also abwarten. Die ist schon wahnsinnig über-
füllt. 60 Kinder in einer Klasse, drei Parallelen, abwarten*

... Ich will schließen. Es wünscht Dir alles Liebe und Gute
mit vielen, lieben und innigen Grüßchen und Küßchen
Dein Hannelekind.
Mut und Hoffnung!

Anfang November schrieb schließlich auch Lilli wieder an ihre Kinder; bis dahin hatte sie keine Möglichkeit gefunden, einen Brief aus dem Lager hinauszuschleusen. Nach all dem, was in Kassel geschehen war, wollte sie keinen Tag länger in Breitenau bleiben: Sie mußte einfach raus aus dem Lager, sie mußte bei ihren Kindern sein.

Der Brief an die Kinder – er traf wahrscheinlich erst Mitte November in Immenhausen ein – ist nicht mehr erhalten, wohl aber eine beigelegte, nicht datierte Nachricht an Ernst. Geschrieben hatte Lilli wieder auf braunem Packpapier; auf der nicht beschrifteten halben Seite notierte sie »Vati«. Um den Brief zu verschließen, benutzte sie Klebestreifen, die als Verpackungsmaterial für Eu-Med-Schachteln dienen sollten.

Diese Streifen wiederum belegen nun auch, wo Lilli während ihrer Haft in Breitenau arbeiten mußte. Das Kopfschmerzmittel Eu-Med wurde ursprünglich von der Berliner Firma Pflüger hergestellt. Nach der Zerstörung der Produktionsanlagen im Bombenkrieg übernahm die Pharmafabrik Braun in Melsungen die Eu-med-Herstellung, und zwar im Zweigwerk Spangenberg. Möglicherweise wurde dort auch das Medikament Sanatogen mit solchen Banderolen verpackt, wie sie Lilli für den Brief vom 3. Oktober 1943 verwendete. Im Archiv der Firma Braun findet sich heute allerdings kein Beleg mehr für eine Produktion von Sanatogen.

Braun beschäftigte über Jahre hinweg Zwangsarbeiterinnen aus Breitenau. Fast alle Dokumente darüber sind nach dem Krieg vernichtet worden, Namenslisten existieren nicht mehr. Nur ein Schreiben des Landratsamtes in Melsungen vom November 1942, das dem Arbeitserziehungslager Breitenau die Bereitstellung von »ca. 30 Arbeitskräften« für die »chem. Fabrik B. Braun in Melsungen« bescheinigte, ist noch vorhanden.

Die Zwangsarbeiterinnen wurden jeweils morgens mit der Bahn herbeigeschafft und abends, nach zwölf langen Stunden, wieder zurückgebracht. Lilli verlor nur wenige Worte über die näheren Umstände ihrer Zwangsarbeit und nannte nie den Namen Braun. Sie erwähnte jedoch mehrfach, daß sie und ihre Leidensgenossinnen auf dem Weg zur Arbeit in Malsfeld den Zug verließen. Von dort waren es tatsächlich nur noch wenige Kilometer per Bahn oder Bus zur Braunschen Dependance in Spangenberg.

»Deine Arbeit ist ja sauber und nicht sehr schwer, das ist viel wert«, schrieb ihr die Nichte Marilis Mitte Oktober '43 – soviel jedenfalls konnte man aus Lillis Andeutungen entnehmen.

Einige illegale Briefe Lillis gelangten wahrscheinlich mit Hilfe der Braun-Mitarbeiter zur Post, vielleicht auch Lillis Hilferuf an Ernst:

Lieber Amadé,
ich möchte Dich selbst nochmals bitten, doch nichts unversucht zu lassen, um mich frei zu bekommen. Einen längeren Brief hab ich an Lore geschrieben, er ist Freitag abend (29. X.) in den Kasten gekommen, hoffentlich habt Ihr ihn erhalten, ich hab darin alle Momente geschrieben, die Du anführen kannst. Wenn Du ein Gesuch machen willst, so geht es an die Gestapo Berlin SW, Prinz Albrechtstr. 9.

Wahrscheinlich wirst Du Dir beglaubigen lassen müssen,
daß die Kinder und ich alles verloren haben, und wenn
das Gesuch noch irgendwie befürwortet werden könnte –
vielleicht von militärischer Seite – wäre es noch besser.
Bitte hilf mir doch noch einmal!! Ihr ahnt nicht, was ich
seelisch und sonst auch aushalte und durchmache, und
doch ist es nichts gegen diese quälende Angst und Sorge,
ob ich überhaupt wieder rauskomme.
Schreib Du mir doch auch einmal, was vorläufig mit den
Kindern werden soll. Es kann Dir niemand verübeln, und
die Post wird hier nur im Büro kontrolliert, nicht bei
der Stapo. Aber bitte, erwähnt nie etwas von meinen
Briefen. Ich hoffe, es geht Dir gut und Du fühlst Dich
einigermaßen wohl. Grüße die Rita. An Dich denke ich
oft, Amadé.

Lilli

An Lore viele, viele liebe Grüße und auch an Marilis,
die sicher schon fort ist.

»Muttilein, oft ist es schwer«
Die Kinder-Familie gründet einen eigenen Haushalt

Um Lillis Kinder wieder mit den nötigsten Kleidern zu versorgen, fuhr Rita zusammen mit Ilse Anfang November 1943 nach Frankenstein bei Breslau; Ritas Mutter unterhielt dort ein Haushaltswarengeschäft. Ilse schilderte die Ergebnisse dieser Reise am 7. November:

Mein allerbestes, liebstes Mutterle!
Heute sollst Du endlich einen Brief haben von Deiner
Ilse. Mußt nicht denken, ich würde Dich vergessen, aber
aus Frankenstein konnte ich Dir nicht schreiben. Und als
ich am Donnerstagabend endlich um 8 Uhr hier eintraf,
mußten wir auspacken. Und Freitag und Samstag gab es
eine solche Unmenge Arbeit, daß ich sie kaum bewältigen
konnte und noch kann.
Freitagnachmittag um 2 Uhr kam erst Tante Lore aus
Essen wieder. Sie war dort zu Allerheiligen, um zu ver-
suchen, für uns eine Wohnung zu organisieren. In ihrem
eigenen Haus ist eine Wohnung freigeworden, und so
will sie diese Wohnung als Tauschobjekt nehmen. Wir
alle hoffen, daß wir bald eine Wohnung für uns alle
bekommen. Denn hier bei unserer lieben Tante Rita hat es
auf die Dauer keinen Zweck.
Sie war zwar sehr nett mit mir zusammen in Franken-
stein, aber jetzt hier in Immenhausen merkt man erst
wieder ihren gemeinen Charakter und Sinn. Zwischen uns
beiden kommt es sehr oft zu Reibereien, denn ich sage,
was mir nicht paßt. Wenn ich alles sagen würde, was

ich ungerecht finde, käme ich aus dem Schimpfen nicht mehr raus. Ich muß schon den ganzen Tag immer an mich halten, um nicht alle fünf Minuten eine Explosion loszulassen. Ich könnte Dir tausenderlei anführen, worüber es zu Explosionen kommt, aber das ist ja nicht der Mühe wert.

Mutterle, brauchst keine Sorge um mich haben in der Beziehung, denn meine Pflicht ist jetzt, die drei Kleinen zu versorgen und zu beschützen. Wenn den Kleinen etwas nicht paßt, kommen sie zu mir, und ich sage es dann der gnädigen Frau, und manchmal erreiche ich etwas, aber es kommt auch vor, daß sie ihren Dickkopf durchsetzt. In der Beziehung bin ich nicht mehr so still wie früher, oh, Du wirst Dich noch wundern, wenn Du wieder bei uns bist, wie kühn ich der Trine alles glatt ins Gesicht sage, was ich nicht recht finde, wenn sie so ungerecht ist. Ha, was meinste, was die schon alles von mir hat hören müssen, immer hab ich das letzte Wort behalten. Mein Grundsatz heißt: Du mußt die Kleinen hüten, wie vorher es Muttilein getan hat, und mußt acht geben, daß sie innerlich und äußerlich keine Sorgen haben, sondern ihnen alles selbst abnehmen. Und ich glaube auch, daß die Kleinen alle drei so sind, wie ich es haben will. Oh, Muttilein, oft ist es schwer. Mußt nicht denken, ich prahle, ich schreibe es nur Dir, daß Du weißt, daß einer gut für Deine drei Kleinen sorgt. (Frech bin ich nicht, das hat Tante Lore auch gesagt.)
Oft ist es schwer, sie zu trösten, wenn ich selber so traurig bin. Aber wenn ich meine ganze Kraft zusammennehme, geht es schon, denn es muß gehn, und schön ist es auch, wenn ich sie dann fünf Minuten später wieder rumtollen sehe und merke, sie sind wieder getröstet, und es war gut,

*daß du dich so zusammengenommen hast, denn nun sind
sie etwas erleichtert, die beiden. So wollen wir durchhalten, bis Du wieder bei uns sein darfst. Um die Kleinen
brauchst Du wirklich keine Sorgen zu haben. Ihnen helfe
ich mit meiner ganzen Kraft und meinem ganzen Tun.
Mit der Kleidung geht es recht gut. Wir haben aus Frankenstein und Breslau ordentlich viel und gut mitgebracht.
In Frankenstein ist es sehr, sehr schön. Das Geschäft
von Tante Ritas Mutter ist sehr groß und schön. Die Wohnung ist auch ganz nett eingerichtet. Wir haben für alle
vier Kinder einmal Hemdchen und Schlüpfer bekommen.
Alles warme, angerauhte Sachen in weiß und rosa. Sehr
gute Qualitäten. Für Dorle, Eva, Hannele je noch einen
Schlüpfer und für Hannele noch ein weißes Wollhemd
extra, auf Punkte ...*

Auf den folgenden zwei Seiten beschrieb Ilse detailliert alle
übrigen Kleidungsstücke, die sie aus Frankenstein mitgebracht hatte – und kam dann zum Schluß:

*Ich hoffe, Du bist auch darüber befriedigt. (Ich bin es
nämlich.) Die Post wird jetzt immer in Immenhausen
geöffnet. Warum, wissen wir nicht. (Von allen die Post an
alle.) Nun laß Dich so fest drücken und liebhalten, Dir
einen festen Kuß geben von Deiner Dich nie vergessenden
Freundin Ilsekind.
Du darfst hoffentlich bald wieder bei uns sein!*

Mit ihrem Hinweis auf die immer strengere Briefzensur wollte Ilse die Mutter nur warnen. Lilli durfte nun nicht mehr
damit rechnen, daß ihre aus Breitenau herausgeschmuggelten

Briefe unbemerkt bleiben würden. Über kurz oder lang, so
war zu befürchten, könnte einer ihrer Briefe bei der Gestapo
landen.

Ilses Kleidertransport löste bei ihren Schwestern große
Freude aus. Noch am selben Tag berichtete auch Johanna:

Mein allerliebstes Goldmuttilein!
Wie geht es Dir. Ach wie gerne würde ich jetzt bei Dir
sein. Und Du bei uns. Bald kommt schon die Adventszeit.
Oh, wie traurig ohne Dich Liebes. Aber es geht alles
vorüber, es geht alles vorbei .... hoffentlich darfst Du
bald wieder zu uns kommen.
Es ist Sonntag nachmittag, und ich glaube, alles denkt
und schreibt an Dich, Gutes. Gerhard sitzt an Vatis
Schreibtisch und schreibt, Ille sitzt beim Dorle und
schreibt, und Hannele und Eva sitzen oben im früheren
Mädchenzimmer und schreiben an Dich.
Ich habe aus Schlesien mitgebracht bekommen! Einen
wunderschönen Stoff, kariert, von dem ich Dir noch eine
Probe schicke. Unbedingt ein Stoff, den es kaum im Frie-
den besser gäbe, mit Angorawolle drin, echter Wollstoff.
Er ist schon bei Frau Wittich, die ihn mir zu einem
Kleid machen will. Das Kleid soll so werden, weißt Du
Mutterle, die Ille hatte doch so ein braunkariertes Win-
terkleid mit Rollkragen, hinten geknöpft, eine Passe drun-
ter gekräuselt, mit einem schrägen Rock. Es gefiel Dir
doch ganz gut. Genauso wird mein Kleid auch gearbeitet.
Gefällt es Dir wohl? ... Oh, halt, das Beste hätte ich
bald vergessen. Ein paar Pantoffeln, Mutti, Pantoffeln,
so gute hatte ich nicht, ganz <u>*weiche, warme,*</u> *weißt Du,*
so karierte. Ach noch etwas: eine schöne helle Blümchen-

schürze, so aussehend. Jetzt zeichne ich Dir mal ungefähr
etwas auf.

Es folgt eine Zeichnung.

Bitte, Muttilein, Du weißt, daß ich nicht zeichnen kann,
lachen darfst Du, es aber keinem anderen zeigen. Wenn
das ein Fremder sieht, ich schäme mich halbtot. Aber Du
wirst schon entnehmen können ...
Gestern abend haben Ille und ich einen Kuchen gebacken,
einen Rührkuchen. Heute hat mir der Vati geschrieben.
Da will ich auch wieder schreiben. Am Dienstag kommt
Vati auf Urlaub. Gerhard hat Wochenendurlaub und ver-
bringt ihn halb hier, halb beim Vati.
Mutti, der Professor Dr. Hofmann, der doch mit seiner
Frau mal hier war, ist mit seiner Familie bei dem Angriff
ums Leben gekommen. Schrecklich. Die 13jährige Ulrike
Hofmann war doch in meiner Klasse, und die Christiane
zwei Klassen über der Ille. So nette, freundliche Mädels.
Der Besitzer von der Schwanenapotheke, der alte Herr
Meuschel, ist auch mit seinen Töchtern ums Leben gekom-
men. Ein gräßliches Elend.
Nun Muttilein, wir haben Mut und Hoffnung,
Es grüßt Dich innig Dein liebes Hannelekind

Anders als seine Schwestern verbrachte Gerhard immer wieder seine freien Stunden bei Ernst im Lindenberger Lazarett.
Die militärische Umgebung war dem 16jährigen vertraut, vor
allem aber blieb ihm so die Anwesenheit Ritas erspart. Gerhards Antipathien gegen die zweite Frau seines Vaters wurden immer stärker. Sein Brief an Lilli vom 7. November:

Meine liebe, gute Mutti,
heute bin ich nun schon wieder auf Urlaub. Wir Bomben-
geschädigten bekommen nämlich unseren laufend fälligen
Urlaub neben dem Sonderurlaub weiter. Und heute habe
ich meinen Wochenendurlaub ...
Nun will ich Dir erzählen, was ich in der letzten Woche
alles angestellt habe. Am Samstagabend kam ich schon
um 8.00 Uhr wieder in die Stellung ... In der ganzen
Woche hatten wir keinen Unterricht. Da hatten wir mor-
gens natürlich frei, und ich hatte sogar Zeit zum Lesen.
Ich habe das Carossa-Buch »Eine Kindheit und Verwand-
lungen einer Jugend« gelesen. Es hat mir sehr, sehr gut
gefallen.
Am Dienstag kam Wolf vom Urlaub zurück und brachte
seine Quetsche (zu deutsch Schifferklavier) mit. Da kam
natürlich Leben in die Bude. Aber schon am Abend rück-
ten wir beide aus. Wolf war mit einem reichlichen Ziga-
rettenvorrat versehen. Wir gingen in die Stellung und
setzten uns auf den weitesten Geschützwall, rauchten,
unterhielten uns, und Wolf machte Musik ...
Am Donnerstag haben wir uns auch ein Stück geleistet.
Es gefiel uns in der Bude absolut nicht mehr. Beide hatten
wir keine Lust zum Lesen. Da gingen wir in die Stellung
und unterhielten uns. Als wir runterkommen, ist es Vier-
tel nach 12 Uhr. Um Viertel vor 12 ist aber schon
Mittagessen. Hintenrum – der Wachtmeister durfte uns
doch nicht sehen – schlichen wir uns in die Kantine und
bekamen unser Essen noch. Als nacheinander Chef, Leut-
nants und Spieß zum Essen kamen, standen wir natürlich
Todesängste aus. Aber keiner sagte etwas. Ebenso heim-
lich wollten wir in unsere Stube zurück, aber der Wacht-

meister hatte heraustreten lassen, er hatte etwas bekannt-
zugeben. Da sah er uns mit unseren Eßbestecken, als
wir gerade in der Türe verschwinden wollten. »Tretet
nur mit ein und hört euch das Theater an«, sagte er
nur und beachtete uns nicht weiter. Als er uns dann
endlich wegtreten ließ, da waren zwei aber sehr glücklich.
Denn er hatte schon einmal einem aus diesem Grunde den
Urlaub gesperrt.
Am Freitag sollte der Generaloberst kommen. Den ganzen
Tag war kein Dienst. Alles lief festlich gekleidet in der
ersten Garnitur herum. Am Nachmittag haben wir uns
dann einmal so richtig ausgetobt auf der Bude. Wolf
spielte, wir sangen. Wer tanzen konnte, tanzte, wir waren
so ausgelassen, daß nicht einmal der Wachtmeister etwas
sagte. Der Spieß kam zu uns und machte feste mit ...
Heute nachmittag sind wir hier von Tante Rita erlöst, sie
fährt zum Lindenberg. Da wird es bestimmt noch schön.
Zum Schluß wünsche ich Dir alles Gute und sende Dir
viele, viele Grüße,

Dein Gerhard

Da Lilli schon nach wenigen Wochen beobachtet hatte, daß Gerhard als Flakhelfer nicht eben viel las und seine literarischen Interessen vernachlässigte, bemühte er sich um so mehr, diesen Eindruck zu verwischen. Brav berichtete er stets von seiner aktuellen Lektüre und setzte zudem unter fast jeden Brief nach Breitenau noch ein Gedicht, diesmal eines von Hofmannswaldau:

Ach, was wollt ihr trüben Sinnen
Doch beginnen!
Traurigkeit hebt keine Not,
Es verzehrt nur die Herzen,
Nicht die Schmerzen,
Und ist ärger als der Tod.

Auf, o Seele! Du mußt lernen,
Ohne Sternen,
Wenn das Wetter tobt und bricht,
Wenn der Nächte schwarze Decken
Uns erschrecken,
Dir zu sein Dein eigen Licht.

In seinen Briefen paßte sich Gerhard weitgehend dem schnoddrigen Kommißton junger Luftwaffenhelfer an. Selten offenbarte er seiner Mutter, wie sehr er sie tatsächlich vermißte, selten versetzte er sich in ihre Lage, nie fragte er, wann sie denn wiederkomme.

Offenbar überforderte ihn die neue Situation. Der 16jährige hatte den Vater, der sich nun von der Mutter lossagte, stets als großes Vorbild betrachtet. Sehr viel mehr als Ilse und Johanna suchte Gerhard auch weiterhin seine Nähe; immer wieder besuchte er Ernst im Lazarett, manchmal verbrachte er auch seine freien Wochenenden dort. Während sich Gerhard eher mit dem Vater identifizierte, nahmen sich die Schwestern die Mutter zum Vorbild. Zudem befand sich Gerhard in einer schizophrenen Situation: Einerseits hoffte er als diskriminierter »Halbjude« und Luftwaffenhelfer auf Anerkennung durch die regimetreuen Militärs, andererseits wurde seine eigene Mutter vom Nazi-Regime als verabscheuungswürdig stigmatisiert und – für jeden, der sehen wollte – sichtbar zugrunde gerichtet.

Gerhard mußte damit rechnen, daß Briefe an die geliebte Mutter irgendwann im Kontrollsystem der Gestapo und danach bei seinen Vorgesetzten landen würden. Kritische Bemerkungen über die Haft in Breitenau hätten ihm schaden können, selbst allzu offene Sympathiebeweise für Lilli wären womöglich als politische Unzuverlässigkeit gewertet worden.

Und daß so etwas gerade für sogenannte Mischlinge gefährlich werden konnte, war Gerhard bewußt. Immer wieder wurde in den Kriegsjahren über weitere Sanktionen gegen »Halb-« und »Vierteljuden« spekuliert; Hoffnungen auf einen akademischen Beruf durften sie sich ohnehin nicht mehr machen.

Ein Risiko gingen allerdings auch seine Schwestern ein. Ilse, Johanna und Eva kritisierten in ihren Briefen zwar nie das NS-System, aber die Inhaftierung Lillis stieß offensichtlich auf Unverständnis bei ihren Töchtern.

Auf diplomatisch vorsichtige Formulierungen mußte damals jeder Briefschreiber ausweichen. Für Lillis Freundin Lotte galt das in besonderer Weise. Als Jüdin war sie allein durch ihre Ehe mit dem Nichtjuden Ernst August und durch ihren Sohn Peter geschützt – ein falscher Satz hätte sie das Leben kosten können. Am 8. November 1943 erhielt Lotte einen detaillierten Bericht Ilses über den Angriff auf Kassel; noch am selben Abend schrieb Lotte an Lilli:

Meine liebe, liebe Lilli!
Heute morgen kam endlich ein Brief von Ilse, auf den ich so sehnlichst gewartet hatte, und brachte Deine ausführ-

lichen Grüße für mich. Du glaubst nicht, wie sehr ich
mich gefreut habe.
Ilschen hatte mir nach dem Angriff eine Karte geschrieben,
und heute endlich höre ich ausführlicher. Vor allem bekomme
ich heute auch Deine erbetene Adresse, da ich von Ilse hörte,
daß Du mehr Post bekommen kannst. Und auch Päckchen
kann ich Dir schicken, wie sie schreibt. Verzeih mir, wenn
ich es nicht gleich heute mache, weil ich übermorgen mit
Peter wegfahren muß und noch so sehr viel zu tun habe.
Peter hat noch immer erhöhte Temperatur, ohne daß eine
Ursache festzustellen ist. Auch die Lunge ist völlig in Ord-
nung. Er soll nun einen Luftwechsel erfahren und wenn
möglich besseres Essen bekommen, denn er magert ab.
Da bringe ich ihn nach Freiburg und von da ins Kinzigtal,
wo zur Zeit unsere frühere Josephine ist. Mir selbst geht es
besser, Ernst August ordentlich. Das kurz von uns.
Und Du, Liebe, hast einen neuen Schlag abbekommen.
Du kannst Dir nicht denken, wie ich mich aufgeregt habe,
als ich hörte, daß Ihr alles verloren habt, und als ich mir
vorstellte, was das nun wieder für Dich bedeutet. Und bei
allem bist Du nun glücklich und darfst es sein, daß die
Kinder alle gerettet sind. Die sind in Immenhausen nach
menschlichem Ermessen gut aufgehoben. Ich habe dorthin
geschrieben, daß sie jederzeit zu uns kommen können.
Da Ille aber nichts dazu schreibt, denke ich, es ist nicht
nötig und nicht erwünscht. Ich muß auch sagen, daß ich
das Angebot nicht mit ganz vollem Herzen gemacht habe,
weil wir hier keineswegs fliegersicher sind und neulich
auch einen ziemlichen Angriff mitgemacht haben. Aber
daß wir jederzeit in allem für die Kinder da sind, darauf
kannst Du Dich verlassen.

Könnten wir nur auch für Dich, Du Arme, Liebe, etwas tun! Vor Tagen kam mir ganz plötzlich und zufällig eine leere Eu-med-Packung in die Hände. Ich trage sie seitdem mit mir herum und meine, ich könnte Dir damit etwas Liebes tun, ach, ich weiß, es ist eine kindliche Illusion! Aber ein wenig mag es Dich doch wenigstens freuen, wenn Du weißt, daß Du stets und immer in meinen Gedanken bist. Laß nicht die schwarzen Gedanken Dich übermannen – halte Dich zur Zuversicht. Ich glaube, es ist berechtigt. Die Sonne kommt wieder für Dich, Liebe, ganz sicher. Halte Dich aufrecht und vor allem gesund. Ich wüßte gerne so manches über Dich und die ganze Situation, worauf Ilse mir eben doch nicht das Nötige schreiben kann, denn sie ist schließlich doch noch ein Kind. Aber Rita und Deine Schwägerin lassen nichts von sich hören, obgleich ich sie darum bat. Aber sie haben ja nun auch reichlich anderes zu tun und zu sorgen.

Bitte, laß mich wissen, wenn Du etwas brauchst, was ich Dir geben kann. Du weißt, ich wäre glücklich, Dir mit etwas helfen zu können. Bist Du warm zugedeckt und soll ich Dir noch eine warme Decke schicken? Oder sonst etwas? Darfst und magst Du lesen? Hast Du da Wünsche? Sowie ich heimkomme, wird es mein erstes sein, Dir ein Päckchen zu schicken. Wenn ich auch zum Essen nicht viel übrig habe, Du magst es daran sehen, daß ich Peter wegen schlechtem Ernährungszustand fortschicken muß!

Hier ist es auch besonders schlecht. Wenn ich heimkomme, muß ich zum Arbeitsamt. Sie haben mir vor einigen Tagen in sehr angenehmer Verhandlung Aufschub gewährt, wegen Peter. Na, wenn ich dann ran muß, ists

mir auch egal. Ist ja alles nicht so wichtig.
Ich muß noch was schaffen, noch viel!, und drum muß ich
aufhören. Laß mich wissen, ob Du den Brief bekommen
hast, und schreibe ungeniert, wenn Du was brauchst ...
Laß Dich fest umarmen und küssen, Liebe!

Deine Lotte

Lottes Appell »schreibe ungeniert« zeigt, wie wenig sie von
Lillis Haftbedingungen und der Situation in Breitenau wußte.
Schließlich durfte ihre Freundin ja nicht einmal an die eige-
nen Kinder schreiben, wann sie wollte.

Drei Wochen nach dem Luftangriff auf Kassel mußten Lillis Töchter nun wieder zur Schule gehen. Eva wurde einfach
auf die Volksschule in Immenhausen geschickt, obwohl sie
längst ein Gymnasium besuchen sollte. Für Ilse wurde nach
längerem Suchen das Gymnasium in Hofgeismar ausfindig
gemacht. Am 11. November fuhr sie erstmals mit der Bahn in
die benachbarte Kreisstadt. In dieser Schule herrschten allerdings fast chaotische Zustände. Die 5. und 6. Klassen des
Gymnasiums, nach heutiger Zählung die 10. und 11. Klassen, waren zusammengelegt worden, weil die älteren Jungen
als Luftwaffenhelfer dienstverpflichtet waren. Unterrichtet
wurde der Stoff der 6. Klasse. Ilse, die in Kassel noch die
Fünfte besucht hatte, hatte also eine Menge nachzuholen; der
Pfarrer in Immenhausen erteilte ihr Nachhilfe in Latein.

Johanna schließlich sollte zunächst in eine Jugendherberge
nach Fulda geschickt werden, in der auch viele andere Mädchen ihrer ausgebombten Kasseler Schule untergebracht und
unterrichtet wurden.

Die endgültige Entscheidung darüber zog sich noch zehn
Tage hin.

In dieser Situation des Übergangs und der Ungewißheit traf nun der sehnlichst erwartete – und leider nicht erhaltene – Brief der Mutter aus Breitenau ein: das erste Lebenszeichen nach dem Angriff. Johannas Reaktion vom 13. November:

Ach war das eine Freude, als Dein Brief kam. Deine
Briefe sind immer für uns alle eine Freude. Deine Briefe
kommen aber alle an, hier bei uns. Ich verstehe nicht, daß
unsere Briefe Dich nicht erreichen. Wir schreiben jeden
Tag. Jeden Tag gehen hier Briefe weg. Die müßten doch
noch kommen, irgendwo liegenbleiben können die Briefe
auch nicht. Zweimal haben wir Dir schon ausführlich
über den Angriff geschrieben.

Und so beschrieb Johanna ein drittes Mal, was sich in jener Nacht zugetragen hatte, als Kassel zerstört wurde. Lilli deutete später an, daß sie diese wiederholten Berichte auch als Bewältigung eines Traumas begriff, das ihre Mädchen bei dem Bombenangriff davongetragen hatten.

In dem nicht erhaltenen Brief hatte Lilli ihre älteste Tochter Ilse gebeten, zu Lotte nach Leipzig zu fahren; sie sollte im Detail über die Lage in Immenhausen und Breitenau berichten und sich mit Lotte zusammen um den Ersatz einiger in Kassel verbrannter Haushaltsgegenstände kümmern. Ilse antwortete ihr am 14. November:

Wenn Du es als gut empfindest und Dich darüber freust,
fahre ich natürlich nach Leipzig. Dann fahre ich in den
Weihnachtsferien doch hin. Ich kann nicht verstehen, daß
Du keine Post von uns bekommen hast. Wir haben doch
so oft geschrieben.

Wenn Tante Rita nicht im Haus ist, ist alles wunderbar. Aber wenn sie da ist, ist es nicht schön. Oh Mutti, wenn ich Dich doch nur wieder hätte. Ich muß oft so traurig sein, und dann ist mir, als ob es mir mein Herz abdrücken wollte. Aber ich muß durchhalten vor allem wegen der Kleinen, denn sonst sind die auch traurig, und das dürfen sie nicht sein und sind es auch nicht.

»Ihr müßt sehr vorsichtig sein!«
Lilli will ein geheimes Treffen arrangieren

Am 20. November 1943 traf in Immenhausen ein Brief mit
der Absenderangabe »Gisela Stephan, Nienhagen bei Kassel« ein. Aufgegeben wurde er, wie der Poststempel zeigt, in
Malsfeld und damit an jener Bahnstrecke, die Lilli und ihre
Mitgefangenen zur Arbeit nehmen mußten.

Gisela war Ilses Schulfreundin, also öffnete Lillis älteste
Tochter den Umschlag. Sie fand darin fünf kleine Zettel aus
Packpapier, die beidseitig und eng mit Bleistift beschriftet
waren – ein weiterer illegaler Brief von Lilli, datiert auf den
14. November:

Meine guten, innigstgeliebten Kinder,
damit die Post nicht merkt, daß ich Euch öfter schreibe,
hab' ich mir die Adresse schreiben lassen und Gisela als
Absender genannt, dies zur Erklärung. Und ehe ich's
vergesse, fragt doch bitte den Vati, ob er etwas Geld für
mich übrig hat, dann möchte er doch bitte der Anstalt
etwas für mich schicken, ich muß Schuhe besohlen lassen,
und wenn ich einmal – wer weiß wann!! – entlassen
werden sollte, hätte ich gar kein Fahrgeld, im voraus
vielen Dank!
Und nun zu Euch, meine Lieblinge! Immer und immer
denke ich voll Liebe und Sehnsucht an Euch, und glaubt
mir, Eure Liebe zu mir, unsere gegenseitige Liebe hilft uns
durch diese so schweren Wochen und Monate hindurch.
Leider hab ich von Dir, mein Junge, schon sehr, sehr lange
nichts mehr gehört, und auch von meiner Ille hab ich

seit 14 Tagen keine Post, was mir sehr fehlt, aber sicher
noch an den gestörten Postverbindungen liegt. Hoffentlich
kommt alles noch nach und nach an, denn aus Frankenstein hast Du gewiß auch mal geschrieben. Daß Du nicht
in Leipzig warst, entnahm ich einem sehr lieben Brief von
Tante Lotte, den ich vorgestern erhielt.

Aber Deine Zeitungs-Sendung vom 2. XI. hab ich gestern
erhalten, liebes Hannele, recht herzlichen Dank, und auch
Deine Briefe vom 2. und 9. XI., zwei liebe feine Kunstkar-
ten von Dir, mit denen ich mich sehr freute, und außerdem
Eure Briefe vom 22. X. und 24. X. und zwei liebe Eva-
Briefchen. Also von vor und gleich nach dem Angriff.
Kinder, ich kann es noch immer nicht fassen, was Ihr
habt durchmachen müssen, aber nachfühlen kann ich es
Euch doch, wie Euch nach und nach immer mehr zum
Bewußtsein kommt, was wir alle verloren haben. Aber
seid nicht gar so traurig; wenn wir erst alle wieder gesund
zusammensein können, Ihr und Marilis, Tante Lore und
ich, dann ist alles wieder leichter und gut. Was Du
in Frankenstein erlebt und erledigt hast, das höre ich
sicher dieser Tage noch, liebes Ilsekind, nicht wahr? Also,
Bezugscheine für Geschirr etc. habt Ihr schon erhalten?
Habt Ihr denn auch schon gekauft? Und Eva geht also
in Immenhausen zur Schule und Ille in Hofgeismar? Wie
gefällt's Dir wohl dort, meine Große?
Und mein Hannelekind ist noch nicht untergebracht? Es
wäre auch mir eine ganz große Erleichterung, wenn Du
auch in Hofgeismar ankämest. Bleibt Heidi vorläufig zu
Hause? Wie lieb von ihr, für Dorle Spielsachen zu bringen.
Was macht denn mein bester Schatz? Hat sie sich wohl
gefreut, als Ille wiederkam? Spielt sie artig mit der

kleinen Magda? Was macht denn Tante Lore, geht es ihr gut? Grüßt sie herzlichst von mir. Auch an Vati und Tante Rita viele Grüße. Hannele, läßt Du Dir denn jetzt Deine Haare wachsen?

Nun paßt mal auf, liebe Kinder, aber haltet ja Euren Mund. Seit dem Angriff haben wir am Zug keinen Wagen mehr für uns, und wir steigen zu den anderen Leuten ins Abteil. Wenn wir es geschickt anfangen, könnten wir uns doch dann mal treffen, ich dachte an Ille und vielleicht Tante Lore, oder wenn Vati und Tante Lore meinen, daß es ginge, Ille und Hannele (Ihr könntet dann ja einen Brief von Tante Lore mitbringen, falls sie mir etwas mitzuteilen hätte, was nicht durch die Kontrolle gehen soll!). Ihr müßtet Euch aber sehr zusammennehmen, damit keine Beamtin etwas merkt. Ich werde Euch ja in der Anstalts-kleidung sehr verändert vorkommen, zumal ich nun auch den einen Zahn verloren habe, der schon immer lose war. Erschreckt also nicht.

Abends im Zug uns zu treffen, möchte ich keinesfalls, da Ihr mir da zu leicht in Alarm oder Angriff kommen könnt, denn der Zug ist ja erst nach 8 Uhr in Kassel. Nun gibt es noch zwei Möglichkeiten, und Ihr könnt Euch die aussuchen, die für Euch mit den Verbindungen am besten ist. Wir fahren jeden Morgen kurz nach 7 Uhr hier fort, der Zug kommt von Kassel. Ihr müßtet im letzten Wagen sein und in Guxhagen raussehen. Sollte ich nicht bei Euch einsteigen, dann steigt an der nächsten Station in mein Abteil um. Wir fahren dann zusammen bis Malsfeld. Besser vielleicht wäre noch, wenn es für Euch nicht zu schwierig ist, Ihr kämet Samstag nach Malsfeld, dort fahren wir gegen 14 Uhr zurück. Ihr steigt dann hinter mir ein. Es sind ja nur 20 Minuten, aber wir könnten uns doch mal sehen!! Wäre das nicht fein??

Aber Ihr müßt sehr vorsichtig sein auf dem Bahnsteig und Euch und mich nicht verraten. Im Zug können wir dann miteinander reden. Wenn es zustande kommen sollte, dann bitte bringt mir Briefpapier mit, Freimarken, Zigaretten, Streichhölzer, etwas Hautcreme, eine Rasierklinge, mein kleiner Apparat ist wohl auch nicht mehr da. Und vielleicht kann Vati oder Dr. Schupmann (viele schöne Grüße an ihn) Euch Tabletten geben gegen meine Schmerzen in den Armen und Händen, die mich wieder sehr plagen. Am besten packt Ihr alles in ein kleines Paket und gebt es mir im großen Tunnel vor Guxhagen. Und wenn es nicht zu unbescheiden ist und Ihr es übrig habt, bringt mir doch bitte etwas Weißbrot oder Stolle mit, das wäre für den Sonntag ein bißchen mehr zu essen. Aber nur, wenn es wirklich geht.

Ich hab' mir in Gedanken schon seit Tagen ausgemalt, wie glücklich ich in den paar Minuten sein werde. Schreibt auch keine Andeutungen, ich werde von den nächsten Tagen an immer gut aufpassen. Wenn es klappt und wenn ich noch lange weg sein muß, dann kommen vielleicht ein anderes Mal Marilis und Eva.

Für heute lebt wohl, Ihr meine Kinder alle. Wann kommt mein Junge wieder auf Urlaub? Kann er über's Wochenende nicht mal nach Marburg zu Marilis? Ich halte Euch fest an meinem Herzen und küsse Euch zärtlich voller Liebe.   Eure Mutti

Diese Zeilen überschnitten sich mit einem Brief, den Ilse am 15. November nach Breitenau schrieb und in dem sie unter anderem von einem erneuten Treffen mit Lillis Freundin Maria Lieberknecht in Kassel berichtete:

Heute früh bis heute nachmittag war ich bei Tante Lieberknecht. Wir haben eine günstige Unterhaltung gehabt ...
Sie war wieder sooo nett zu mir, und Du darfst sicherlich
bald wieder zu uns kommen.

Lilli wußte, was diese verschlüsselte Botschaft bedeutete, denn sie selbst hatte ja angeregt, Maria Lieberknechts Beziehungen zur Gestapo zu nutzen. Also: »Tante Maria« hatte Ilse vom Stand ihrer Bemühungen erzählt, über ihren Schwager eine Freilassung Lillis zu erwirken. Und zumindest Ilse gegenüber hatte sie den Eindruck erweckt, als stünden die Chancen gut.

Johanna berichtete unterdessen vom immer noch nicht gelösten Schulproblem. Vier Wochen lagen der Angriff auf Kassel und die Zerstörung ihrer Schule nun schon zurück, und nach wie vor war unklar, wo sie jetzt untergebracht werden konnte: in der Jugendherberge in Fulda oder doch auf dem Gymnasium in Hofgeismar. Johannas Brief vom 18. November:

Liebe gute Mutti!
Wie geht es Dir? Heute hab ich eine große Weltrutscherei
gemacht. Um 9 Uhr bin ich mit Tante Rita im Auto
nach Hofgeismar zur Penne kutschiert. Es war sehr kalt
und eine dicke Nebelwand, ein sehr schlechtes Fahren. In
der Penne haben wir gefragt, ob eine Lehrkraft da sei
für die Klasse 3. Nein, war die Antwort. Dann sind wir
schnell heimgefahren und um 10 Uhr nach Kassel zur
Schulbesprechung, die um 11 Uhr war. Da ist uns gesagt

worden, alle die mitwollten, bei denen ich war, sollten
sich anschließend bei ihren Klassenlehrern melden. Bei der
Jahns standen eine ganze Menge Leute. Aber alle sagten
und fragten: warum gerade nach Fulda? Wo die viele
Industrie ist und die Soldaten? Da kommen die Tommies
bestimmt noch hin. Nee, da geben wir unsere Kinder
bestimmt nicht hin. Es ist unser letztes Gut.
Da haben sich von ungefähr 33 Kindern 4 gemeldet,
mit mir. Ist dies nicht entmutigend? Morgen meldet mich
Tante Rita wieder ab. Da wollen wir lieber mal den
Schulpräsidenten Kölling fragen, ob er nicht noch ein
oder zwei Lehrkräfte nach Hofgeismar schicken kann. Der
war nicht da, aber morgen. Nun müssen wir abwarten,
dürfen den Mut nicht verlieren, mein Liebes. Nur Mut
und Hoffnung!
Es grüßt und küßt Dich innigst, Dein Hannelekind

Zwei Tage später traf der unter dem Pseudonym »Gisela
Stephan« geschriebene Brief Lillis ein, der den Vorschlag
für ein Treffen mit den Kindern enthielt. Am Sonntag, dem
21. November, bestätigte Ilse den Erhalt der Nachricht und
chiffrierte, nach dem Vorbild der Mutter, ihre Antwort:

Mein allerbestes Mutterle!
Gestern war ich wieder so furchtbar müde, daß ich nicht
mehr schreiben konnte. Nimm es mir bitte nicht übel.
Ich erhielt einen dicken Brief von Gisela. Den Brief gab
mir der Postbote schon auf dem Weg vom Bahnhof zur
Post. Sie bat mich, ich solle sie besuchen am Samstag mit
dem Zuge gegen 2 Uhr Abfahrt. Das will ich auch gerne.
Hoffentlich klappt es.

Am Samstag haben wir eine Mathematikarbeit geschrieben, sie war recht schwer ... Gestern Nachmittag habe ich noch einen Käsekuchen mit Mürbeteig gebacken. Alles ganz allein hergestellt. Der Kuchen hat sehr gut heute geschmeckt. Heute war ich mit Dorle beim Gerhard. Der hat sich sehr gefreut, als ich mit Dorle zusammen kam. Dort haben wir alle zusammen Kuchen gegessen und Briefe gelesen ...

Morgen muß ich noch einmal zur Tante Maria, um mit ihr zu sprechen. Morgen ist ja wieder unser schulfreier Tag, das ist immer sehr schön. Ich bekomme vielleicht meine goldene Uhr beim Uhrmacher in Hofgeismar repariert. Das wäre sehr schön.

Meine Allerbeste! Wie sehne ich mich nach Dir. Du darfst sicherlich bald wieder bei uns sein. Tante Lore sorgt gut für uns. Sie ist sehr, sehr lieb. Wirst Du auch satt?? Ich wünschte es so sehr!!! Unsere Pakete sind ja nicht mehr allzu reichlich. Aber es geht doch noch? Wir bekommen Sonderzuteilung, weil wir totalgeschädigt sind: Äpfel, 1 kg Zwiebeln, ½ kg Geflügel, ½ kg Fleisch, 1 kg Brot, ⅛ kg Bonbons, bis jetzt. Das ist doch prima.

Nun mein Liebling, schlaf Du gut, mach Dir keine Sorgen und laß Dich fest liebhalten von Deiner Ilsemaus.

Lilli konnte also damit rechnen, daß Ilse am kommenden Samstag, dem 27. November, im Malsfelder Bahnhof auf sie warten würde. Ilse gab sich diesmal zuversichtlich, daß ihre Mutter demnächst heimkehren könne. Doch schon der folgende Brief, verfaßt nach dem angekündigten Gespräch mit Maria Lieberknecht am nächsten Tag, klang wieder alles andere als optimistisch:

Meine allerliebste Mutti!
Heute früh bin ich zu Tante Maria gefahren. Sie war wie-
der mal todkrank. Heute war der Todestag ihres Mannes,
und dann hat sie sich gestern die Altstadt angesehen. Da
lagen auf einer Anzahl Trümmerhaufen Kränze, weil die
Menschen noch unter den Trümmern lagen. Sie hat wieder
sehr lieb mit mir zusammen gesprochen, und sie hat mir
mancherlei Gutes noch geraten ...
Morgen sende ich ein Paket mit allerlei ab. Und übermor-
gen oder vielleicht auch morgen das dazugehörige Brot.
Damit Du es weißt und nicht denken mußt, ich schickte
kein Brot. Oh nein, lieber Liebling. Ich sorge so viel und
so gut ich kann für Dich, damit Du hoffentlich keinen
Hunger leiden mußt. Denn wenn ich wüßte, Du hättest
immer Hunger, wäre ich noch viel unglücklicher.
Und Mutterle! Wenn wir nun wirklich Weihnachten
alleine, getrennt sein müssen, wollen, <u>*dürfen*</u> *wir zwei*
Freundinnen nicht verzweifeln. Ich denke mit meinem
ganzem Herzen nur an Dich, und Du an mich. So wollen,
<u>*müssen*</u> *wir es meistern. Das nächste Weihnachtsfest fei-*
ern wir um so schöner. Ich habe vor Dir die Pflicht, mich
zusammenzunehmen, denn die Kleinen! Ich will so gut es
geht und so weit ich es kann, den Kindern ein schönes
Weihnachtsfest zusammen mit Tante Lore machen. Daß es
nicht »richtig« sein kann, weißt Du ja. Um die Kleinen
mußt Du sicher keine Sorgen haben. Sieh, liebes Mutterle,
so müssen wir es nun ertragen, ich versuche es mit meiner
ganzen Seele. Ach Muttilein, wenn ich nur wüßte, ob Du
nicht ganz elend wärest? Ob Du nicht ganz zugrunde
gingest? Dort alleine! Wenn ich wüßte, Du hättest an
irgend etwas Trost, so wollte ich es tun. Ich will noch

einige Gedichte für dich raussuchen, und die liest Du dann
am Weihnachtsfeste. Ich habe für niemanden etwas für
Weihnachten. Auch für Dich, Gute, nichts.
Siehst Du! Nun versuche ich mir einzubilden, ich hätte
mich mit Dir unterhalten. Die Briefe an Dich sind mir
immer eine frohe Beschäftigung.
Jetzt sollst Du mal lesen, was für Bezugsscheine wir
haben, Mutterle, was denkste, eben war wieder eine wüste
Ballerei. Ich habe schnell mein Dorle geschnappt und bin
ins Bücherzimmer gesaust. Eine wahnsinnige ¾ Stunde
habe ich überstanden. Immer diese grausame Angst. Ich
kann es wirklich nicht mehr ertragen, wenn es auch bloß
schießt (keine Bomben).
Nun schlaf Du gut und laß Dich so fest liebhalten und
Dir tausend Küßchen geben von Deiner nur an Dich
denkenden Ilsemaus.

Auch in der Schule wanderten Ilses Gedanken immer wieder zu Lilli; am nächsten Morgen meldete sich Ilse aus Hofgeismar:

Meine allerbeste, gute Mutti!
Wie mag es Dir wohl gehen? Es ist mitten in der Bio-
stunde. Der Pauker ist ein kleines Männchen. Es ist
Dr. Grupe. Ein Professor. Er predigt uns über Vererbungs-
lehre. Es ist todlangweilig. Jetzt wird es interessant!!!
Jetzt werden Noten gegeben. Alle Jungs aus Klasse 7
müssen sich zusammenstellen. Nun wird überlegt. Der
weiß genausoviel wie dieser. Also was hat dieser gehabt?
Eine 3. So, dann bekommst Du auch eine 3. Was haben
denn diese beiden gehabt?, und so weiter, bis alle durch

sind. Jetzt erzählt er uns von weißen Bohnen.
Ich denke an Dich, was Du wohl machst? Ob Du wohl
auch an mich denkst? Ich glaube. Mein Liebling! Sei nicht
so traurig! Ich versuche es auch! Aufwiederlesen bis heute
abend. Deine Ilsemaus.

Tatsächlich verfaßte Ilse nach ihrer Rückkehr nach Immenhausen gleich noch einen weiteren Brief an Lilli:

Meine liebe, gute Mutti!
Guten Abend! Liebchen. Hast Du jetzt hoffentlich Ruhe
von der Arbeit. Eben hatte ich wieder furchtbare Angst,
es war wieder mal Alarm. Schon um 7.15 Uhr gab es
Alarm. Ich habe dann eine unbändige Zappeligkeit in mir.
Nun ist es Gott sei Dank wieder vorüber, und ich kann
wieder ruhig sein. Nein, nun doch nicht. Eben gibt es
schon wieder Alarm, und die Zappeligkeit geht wieder
von vorne los. Ich mußte Dorle aus dem Schlafzimmer
holen in die Küche, wo Tante Lore eine schwarze Kostüm-
jacke für mich aufgebügelt hat. Als sie fertig war, habe
ich Dorle in Vatis (jetzt Evas) Bett gelegt. Und eine
Nachttischlampe angemacht und diese verdunkelt, mich
neben Dorle gesetzt, und nun schreibe ich. Dorle ist einge-
schlafen. Ich sitze wieder am Tisch und fahre fort. Aber
zu Ende ist es leider noch nicht.
Als ich heute Mittag vom Zuge kam, habe ich schnell
gegessen. Dann einen Honigkuchen für Dich gebacken.
Hoffentlich schmeckt er Dir. In der Zwischenzeit unten
im Keller an dem Korb gewesen und eine weniger schöne
Kaffeedecke für sie rausgesucht: Tante Rita sagt immer,
sie habe so wenige, und ob unten nicht noch eine für den

*Gebrauch sei. Wo ist denn nun aber der Schlüssel für den
Rohrplattenkoffer? Ich will morgen noch einmal in der
flachen gelben Holzgelddose nachsehen. Hoffentlich finde
ich ihn.*

*Danach noch in großer Hast ein Paket für Dich mit
folgendem Eingeweide gepackt: 1 Weißbrot, 1 Graubrot,
Butter, Käse, Marmelade, Salz, 1 Medizinflasche gegen
Dein Rheuma, das Du doch sicher jetzt wieder hast,
Tabletten gegen dasselbe, Seife, viele Äpfel, Zeitungen,
Honigkuchen und Guten Appetit! Hoffentlich schmeckt
Dir auch alles.*

*In dieser Zwischenzeit war auch noch Helmut Rüdiger
hier, um mein Englisch abzuschreiben. So kam es endlich
nach vielen Hindernissen zur Post. Bis zum Abendbrot
habe ich noch einmal wieder Ordnung in meine Sachen
gebracht. Dann kam wieder dieser nervenaufpeitschende
Alarm. Bis eben harmlos.*

*Nun die Bezugsscheine: Für Gerhard: 1 Anzug, 1 Ober-
hemd, 1 Unterhemd, 1 Paar Strümpfe, 1 Nachthemd ...
Ilse: 1 Hut, 1 Wollkleid, 1 Hemd, 1 Schlüpfer, 1 Paar
Handschuhe, 1 Nachthemd ... Eva, Hannele pro Mann:
1 Nachthemd, 3 Taschentücher, 1 Regenmantel, 1 Schlüpfer, 1 Hemd ... Dorle: 1 Überziehschlüpfer, 3 Taschentücher, 1 Nachthemd, 1 Paar Handschuhe, 1 Mütze,
1 Kleid ... So, nun hat es ein Ende. Bist Du zufrieden
mein Liebling?*

*Jetzt muß ich noch Deutsch machen. Schlaf gut! Sei
nicht gar zu traurig. Denk an meinen Brief von gestern,
Schatz. Ich denk an Dich und Du an mich. Laß Dich fest
umarmen und Dir einen festen Kuß geben von Deiner nur
an Dich denkenden Ilsemaus.*

Der von Ilse erwähnte Rohrplattenkoffer war von Tilly Schlüchterer in Immenhausen abgestellt worden. Lillis Tante hatte darin große Mengen von Wäsche und Kleidung verstaut. Tilly wollte noch auswandern, war jedoch von den Nationalsozialisten nach Theresienstadt verschleppt worden. Lillis Töchter ahnten oder wußten damals schon, daß Tante Tilly ihren Koffer nicht mehr brauchen würde.

Von den 800 Mädchen, die mit Ilse und Johanna die Jakob-Grimm-Schule besucht hatten, wechselten nach der Zerstörung Kassels etwa 180 nach Fulda in die zum Gymnasium umfunktionierte Jugendherberge, darunter auch Ilses beste Freundin Gisela Stephan. Johanna hingegen wurde am Ende, wie von Lilli gewünscht, doch noch in Hofgeismar angemeldet, allerdings nicht in derselben Schule wie Ilse. Ein wegen der Bombenangriffe evakuiertes Jungen-Gymnasium aus Bremen war komplett nach Hofgeismar verlegt worden; und in dieser Schule wurde nun Johanna untergebracht. Ihr Brief vom 24. November:

Meine über alles geliebte Mutti!
Wie geht es Dir, Liebes? Ach, könnte ich bei Dir oder
Du bei uns sein. Wie froh und dankbar wären wir alle
zusammen. Und gar morgen, wo ich zum erstenmal in die
Jungenschule muß, wie entbehre ich Dich da, Du Liebes,
Gutes.
Also die Tante Rita hat erreicht, daß Heidi und ich dort
aufgenommen werden. Von 2 bis 6 Uhr ist Schule. Dann
fahre ich um 1 Uhr hier ab und warte in Hofgeismar auf
die Heidi, die dort um ½ 2 Uhr ankommt ... Ille werde ich
in Hofgeismar treffen, wenigstens ein Trost. Na, ich bin
froh, daß ich in die Schule gehen kann, beziehungsweise

fahren kann. Als Schultasche nehme ich ein Köfferchen,
das ich in der Praxis gefunden habe. Da waren so alte
Flaschen (leere) und Schachteln (leere) drin. Da tut es bei
mir bessere Zwecke. Na, ich bin gespannt, zu wieviel Jun-
gen wir zwei in die Klasse kommen. Handarbeit werden
wir ja keine haben. Nun Schluß. Mein liebes Mütterlein,
wir müssen zum lieben Gott beten, er hilft schon.
10000000000000000000 innige Grüße und Küsse,
Hannelekind

Inzwischen rückte das geplante Treffen auf dem Bahnhof
in Malsfeld immer näher. Zwei Tage vor dem verabredeten
Termin, am Donnerstag, dem 25. November, schrieb Ilse an
Lilli:

Meine allerbeste, gute Mutti!
Oh, was war heute für ein häßlicher, windiger Tag. Hof-
fentlich mußt Du nicht frieren!!! Oh, ich wünsche es so
sehr!!! Heute haben wir endlich den schon so lange erwar-
teten Aufsatz geschrieben. Das Thema für die anderen
Mädels, die schon immer in der Klasse sind, lautete:
»Der Aufbau einer Tragödie an Hand Goethes Egmont«.
Und wir Neuen hatten das Thema: »Was bedeuten Dir
die Umgangsformen«. Oh, das war ein seltsames Thema.
Ich habe über die Sitten: Hutabnehmen, die Dame rechts
gehen lassen, das Alter achten und so weiter ... vier
Seiten lang geschrieben. Hoffentlich bekomme ich eine
annehmbare Note.
Leider, leider ist es uns unmöglich, Gisela zu besuchen.
Heute bekam ich von Stephi eine Karte, gar nichts Neues.

Die letzten beiden Sätze enthielten erneut eine verschlüsselte Botschaft. Ilse sagte das Treffen mit der Mutter kurzfristig ab: Es sei leider unmöglich, »Gisela zu besuchen«. Und um jede Verwechslung auszuschließen, nannte sie ihre Freundin Gisela Stephan in diesem Zusammenhang ausdrücklich bei ihrem Spitznamen Stephi. Warum es nicht zum Treffen in Malsfeld kommen konnte, erklärte Ilse nicht – wahrscheinlich hatte Maria Lieberknecht vor den unabsehbaren Risiken einer solchen Begegnung gewarnt. Weiter in Ilses Brief:

Ich habe heute 20 Reichsmark per Einschreiben nach Brei-
tenau gesandt an die folgende Adresse: »Landesarbeits-
anstalt Breitenau«. Ist doch hoffentlich Dir so recht. Ich
will es versuchen, ob ich nicht Erlaubnis bekommen kann,
Dich zu besuchen. Ich glaube es doch. Das wird sicher
schön. Hoffentlich bekomme ich Erlaubnis. Tante Maria
sorgt sich sehr um alle.
Am Montag fahre ich wieder nach Frankenstein. Heute
nachmittag war ich im Keller und habe den Rohrplatten-
koffer aufgebrochen, mühsam. Ich habe mir eine weiße
Unterhose daraus genommen. Das ist aber gut, daß wir
die Sachen haben.
Frierst Du wohl nicht? Das ist meine größte Sorge mit.
Oh, wenn ich es nur wüßte. Hoffentlich bekommst Du
bald unser Paket. Auf der Bahn werden ja jetzt die
Pakete furchtbar geschmissen. Ich sehe das jeden Mittag
aufs neue. Oh, heute abend bekommst Du wieder einen
Kuß von mir. Den Gutenachtkuß. Nun Schlaf gut. Laß
Dich fest liebhalten von Deiner nur immerfort Deiner
gedenkenden Ilsemaus.
Sei nicht so traurig! Alles geht vorüber!

Lilli, so zeigte ihr nächster Brief, erhielt diese Absage nicht mehr rechtzeitig und war denn auch sehr enttäuscht, als sie niemanden in Malsfeld antraf. Immerhin, zugleich tauchte eine neue Möglichkeit auf: Mit Hilfe von Maria Lieberknecht sollte Ilse eine Besuchserlaubnis in Breitenau erhalten.

»Ein Sackkleid aus grobem Stoff und Holzpantinen«
Der Besuch bei der Mutter im Arbeitserziehungslager

Alle überlebenden Opfer des Bombenangriffs mußten bei den Behörden genaue Aufzählungen der zerstörten und vermißten Gegenstände einreichen, um die entsprechenden Bezugsscheine zu erhalten. Eine vollständige Liste für die ausgebrannte Wohnung in der Motzstraße 3, so konnte man der Gestapo klarmachen, war jedoch nur mit Lillis Hilfe zu erstellen – deswegen also der Besuch in Breitenau. Vorher allerdings mußten noch einige bürokratische Prozeduren erledigt werden, denn solche Besuche waren in dem Lager eigentlich nicht vorgesehen. Mit Bedacht erwähnte Ilse den Plan eines Treffens erst wieder, als die erforderliche Genehmigung tatsächlich vorlag. In ihren nächsten Briefen verschwieg sie dieses Projekt. Ilses Bericht vom 26. November:

Meine allerbeste, liebe Mutti!
Ach, nun eben war wieder so ein wildes, ziemlich langes
Geballer. Oh, was ich da immer für eine Angst habe!
Nun scheint es vorbei zu sein. Entwarnung war aber noch
nicht. Andauernd horche ich noch. Dorle schläft auch
noch nicht. Sie liegt neben meinem Tisch und hat rosige
Bäckchen. Spielt mit ihren Fingerlein, und sie schläft
sicher auch gleich ein. Sie sagt immer, wenn die Flak
schießt: »Ille, aber nicht wieder durch das Feuer laufen.«
So hat Dorle sich das auch gemerkt. Du hast es sicher
auch vorhin gehört.
Heute nachmittag war ich bei der Resemarie und habe
nach Schulbüchern gefragt. Aber sie hat leider keine mehr.

Dann war ich beim Pfarrer. Ich lerne jetzt schon Futur:
laudabo, bis, bit, bimus usw. Für Latein müßte ich eigentlich sehr viel lernen. Aber meine Zeit ist ja leider sehr
knapp bemessen.
Heute hatten wir in der Schule zwei Stunden Kunstgeschichte. Der Dr. Faust ist ein ganz fabelhafter Mensch.
Er hat uns die Madonna im Rosenhag von Stephan
Lochner gezeigt. Dann noch die Madonna mit der Wicken-
blüte, den Isenheimer Altar, und hat dazu Worte gesprochen, die ich mit meinen einfachen Worten gar nicht
wiedergeben kann. Der Mann ist mir bis jetzt der größte
Mensch gewesen, der mir begegnet ist ...
Oh Mutter, es ist ja gar zu traurig, daß Du das Weihnachtsfest, wahrscheinlich, noch nicht wieder bei uns fünfen sein kannst. Wir müssen es auch ertragen. Wir dürfen
nicht verzweifeln. So schwer es uns beiden Freundinnen ja
sein wird. Aber Du kannst Dich auf mich verlassen. Ich
werde mein Möglichstes tun, um es den Kleinen »einigermaßen« froh zu gestalten. Wenn es nicht klappen will, so
denk ich fest an Dich ... Aufwiederlesen, meine Liebste.
Laß Dich recht liebhaben von Deiner Ilsemaus.

Zur selben Zeit saß auch Johanna an einem Brief an die Mutter. Sie erzählte von ihren Erlebnissen in dem nach Hofgeismar evakuierten Gymnasium – und offensichtlich war ihr
der Einstand in der anfangs so gefürchteten Jungenschule gut
gelungen:

Mein liebes, gutes, allerbestes Muttilein!
Gerade ist Alarm, es ballert in den höchsten Tönen, und
es ist taghell. Eva und ich lagen bis jetzt im Treppenhaus-

fenster und haben geguckt. Ille schwebt in den höchsten
Tönen. Aber es gilt, glaube ich, nicht uns.
Heute war es ganz fabelhaft in der Schule. Die Jungens
sind sehr nett. Man muß bloß allen Kohl mitmachen.
Heute in der Pause haben sie der Heidi ihr altes,
volles Aufsatzheft gemopst. Und da sind wir zwei beide
hinter denen her getobt, bis wir das Heft, in 100 000
Stücke zerrissen, wiederhatten. Dann bewarfen sie uns
mit Papierbällen, die wir ihnen aber alle zurückwarfen.
Das imponiert dann.
In der Geschichtsstunde mußten die eine Arbeit über
Heinrich den Löwen schreiben. Da wir nicht so weit
waren, mußten wir es im Buch nachlesen. Denen vor uns
sagten wir alles, was in dem Stück wichtig und bedeut-
sam war. So hatten wir uns gleich Freunde gemacht. In
Mathematik und Erdkunde haben wir einen sehr netten,
aber auch strengen jungen Lehrer, Fathauer genannt. Aber
Du mußt nicht denken, daß der keinen Spitznamen hat.
Sechseck heißt der, weil er bei einer Erdkundearbeit 28
Sechsen und 2 Fünfen gegeben hat. Das ist was gewesen.
Dann haben wir einen in Biologie und Religion, namens
Hengst. Unter uns nur »hü hott« genannt. Dann unser
Klassenlehrer, der Juchens, ist ein Ekel. Bei dem haben wir
Latein, Geschichte, Englisch. Hu, Latein ist so eine Sache,
da muß ich noch viel nachlernen.
Ob Du bald wieder zu uns darfst? Ich glaube, das Christ-
fest sind wir nicht zusammen. Ach, wenn man nur wüßte.
Wir müssen Mut und Vertrauen haben. Es grüßt und küßt
Dich Dein Hannelekind.

In der Zwischenzeit war Lillis Freundin Lotte aus Freiburg wieder nach Leipzig zurückgekehrt. Ihr Sohn Peter schien bei ihrem ehemaligen Freiburger Hausmädchen Josephine gut untergebracht. Auch Lotte wurde nun zur Zwangsarbeit verpflichtet, durfte aber weiterhin bei ihrem Mann wohnen. Am 26. November schrieb sie nach Breitenau:

Meine liebe Lilli!
Gleich nach meiner Rückkehr schicke ich Dir schnell ein
klein bißchen was zu essen. Ich wollte selber etwas backen,
aber in diesen Tagen reicht die Zeit nicht, denn ich muß
übermorgen anfangen zu arbeiten in einer Fellfabrik.
Jetzt habe ich noch so furchtbar viel vorher zu erledigen.
Aber sobald es dann geht, bekommst Du was Besseres, gell?
Von Ilse fand ich hier einen lieben Brief vor. Ich hoffe,
daß sie uns besuchen kommt. Ich muß entweder bis 2 Uhr
oder 4 Uhr arbeiten, dann habe ich ja doch noch schön
Zeit für sie.
In Freiburg war es schön, schön! Ich habe mich erholt und
sattgegessen. Zweimal war ich ein Stück in die Berge. Ich
hab Dich überall mitgenommen.
Peter ist fein aufgehoben und bekam vom Gesundheitsamt
Zusatznahrung wegen Unterernährung. Jetzt, wo ich
arbeiten muß, bin ich doppelt froh, ihn vorerst so gut
versorgt zu wissen.
Den Kindern will ich in den nächsten Tagen an Wäsche
und so weiter schicken, was möglich ist. Ich hätte das alles
gerne mit Ilse besprochen. Hoffentlich kommt sie bald.
Meine Anfrage wegen einer warmen Decke hast Du wohl
erhalten? Gib bald Antwort, auch ob Du sonst was
brauchst.

Verzeih mir diesen verhetzten Brief, aber ich muß noch so
sehr viel erledigen.
Ernst August schickt Dir viele liebe Grüße, und ich
umarme Dich fest und küsse Dich

Deine Lotte

In diesen Wochen im Spätherbst 1943 erhielt Lilli eine wahre
Flut von Briefen; Ilse und Johanna schrieben täglich. Auch
Päckchen wurden eifrig verschickt, wenn auch nicht alle ihr
Ziel erreichten. Wahrscheinlich konfiszierte die Lagerleitung
in Breitenau nun doch von Zeit zu Zeit die für Lilli bestimm-
ten Sendungen.

Ende November 1943 gelang es ihr wieder, einen Brief
aus dem Lager zu schmuggeln. Verfaßt hatte sie ihn am 28.
November, Lilli schrieb diesmal mit roter Tinte auf drei
braune Packpapierzettel. Und sie ging dabei ebenso gedul-
dig wie ausführlich auf all das ein, was die Kinder und ihre
in Marburg studierende Nichte Marilis ihr in den Wochen
zuvor berichtet hatten:

Meine lieben geliebten allerbesten Kinder!
Heute ist nun der 1. Advent, und ich möchte doch
so gerne wünschen, daß Ihr alle, trotz all unseren Kum-
mers, ein klein wenig Weihnachts-Vorfreude empfindet:
Ich denke so sehr an Euch, den ganzen Tag schon, mit
all meiner Liebe und mit sehr viel Sehnsucht: Illemaus,
mein Liebes, Du bist so tapfer und mußt es auch weiter
bleiben und brauchst nicht zu denken, ich sei immerzu
und nur traurig. Das bin ich ja gar nicht, und wenn ich
Eure lieben guten und zärtlichen Briefe erhalte, dann bin
ich sogar ganz stolz und froh und <u>so</u> dankbar.

*Und ich erfahre auch hier so manches an Freundlichkeit
und Zuneigung und Güte. Heute hab ich doch tatsächlich
einen kleinen Adventskranz geschenkt bekommen, und
wenn wir wieder alle beieinander sind, werde ich Euch
noch manches Mal von hier erzählen. Wenn es nur <u>bald</u>
sein dürfte!
Gestern hab ich mir in Malsfeld die Augen nach Euch
ausgeguckt und war doch recht enttäuscht, daß Ihr nicht
da wart. Ich nehme an, daß Ihr keine Fahrterlaubnis von
der Eisenbahn hattet, oder was war wohl sonst?
Dafür hatte ich aber auch viele, viele liebe Post – von
Euch allen, auch von Gerhard zwei Briefe und von Marilis
Brief und Karte. Ich freue mich stets <u>so</u> sehr damit.
Und zwei Pakete hab ich diese Woche bekommen, eines
mit Zellstoff, Haarnadeln etc. und den ganz vorzüglichen
Plätzchen von Ille, die herrlich geschmeckt haben. Es
war alles drin, was Ihr mir im Brief aufgezählt hattet,
und der freundlichen Gerda danke ich ganz besonders
für die leckeren Sachen. Das war aber nett. Und gestern
kam ein ganz großes Paket von Tante Lore mit zwei
Broten, Käse, Butter, Marmelade, Kuchen, <u>vielen</u> Äpfeln
und Medikamenten und dem Mikadospiel. Wie soll ich
Euch nur für alles Liebe danken! Aber Ihr sollt mir doch
<u>bitte</u> keine Butter schicken, bitte, bitte nicht, ich kann
das mit ruhigem Gewissen ja gar nicht essen. Also, Ihr
Lieben alle, habt von ganzem, ganzem Herzen Dank, nun
werde ich großartig satt, und hoffentlich helfen auch die
Tabletten etc., ich nehme ganz brav ein.
Das Päckchen mit Brot von der vorigen Woche ist nicht
angekommen, auch überhaupt keins von den von Euch
und Marilis erwähnten Päckchen in den letzten Wochen.*

Aber das wird ja wohl jetzt wieder besser werden. Dar-
über wollen wir weiter nicht traurig sein, gell? Denkt nur
daran, daß ich mich wirklich herzlich freue mit all dem,
was ich von Euch erhalte. Und extra Dank auch für das
Zeitungspaket mit den zwei Illustrierten.
An Marilis schreibt bitte viele liebe Grüße und besonderen
Dank für das feine liebe Gedicht-Heftchen von Mörike,
das mich sehr freut. Und Dir, mein Junge, innigen
Dank für Deine sonntäglichen Berichte mit den schönen
Gedicht-Grüßen! Hannele, wie war es in Hümme? Und
wie steht's mit Deiner Schul-Angelegenheit? Ich bin sooo
froh, daß Du nicht mit nach Fulda bist. Und Evalein ist
so tüchtig im Rechnen? Mach Du nur weiter so, mein
Liebes. Von Dorle habt Ihr mir diese Woche aber gar
nichts erzählt. Was macht denn mein Schatz?? Sehr, sehr
froh bin ich, daß Ihr Euch so gut mit Tante Lore steht.
Grüßt sie sehr lieb, mit ihren Grüßen hab ich mich arg
gefreut.
Deine ausführlichen Berichte, meine Ille-Freundin, sind
mir immer sehr wertvoll und auch beruhigend. Nur
schmerzt es mich so sehr, daß ich nicht für Euch sorgen
und beschaffen kann. Wollt Ihr wirklich nochmal nach
Frankenstein? Lieber wäre es mir fast, Tante Lore würde
die Betten etc. kaufen, da sie mehr in meinem Sinne
Haushalt führt als Tante Rita und mehr davon versteht.
Ob Du mit Tante Lore zusammen nicht in Leipzig ein-
kaufen könntest. Tante Lotte würde bestimmt sehr gerne
Euch aufnehmen und Euch helfen. Wenn Ihr es anders
allerdings für richtiger haltet, dann laßt Euch durch
mich nicht beeinflussen. Wenn Du wieder zu Tante Maria
gehst, so grüße sie recht lieb und herzlich von mir, ich

danke ihr für all ihre Liebe und Güte zu Euch Kindern.
Wie gut von ihr, Dir liebe Ille, noch ein Kleid zu schenken.
Und so feine Zutaten für mich. Grüßt auch Tante Rita,
Dr. Schupmann und vor allen Dingen den Vati. Recht von
Dir, Illemaus, wegen Büchern nach Münster zu schreiben.
Ihr Lieben, erzählt mir weiter von allem, von der Schule
und von allem, was Ihr tut und treibt. Ob Ihr wohl
heute gemütlich zusammen seid? Fährst Du, Illekind,
mal nach Marburg? Ob ich wohl Weihnachten bei Euch
sein darf???? Ich grüße Euch alle sechs tausendmal und
umarme und küsse Euch innigst, dankbar, zärtlich und
voller Liebe und Sehnsucht! Eure Mutti.

Am Rand auf der letzten Seite notierte sie noch:

Gerhards Briefe freuen mich immer sehr, auch wenn ich
aus Zeitmangel nicht extra drauf antworte, nicht wahr
mein Junge?!

Noch schrieben Lillis Kinder unverdrossen weiter. Auch
wenn jeder Satz, jede Episode im Grunde nur immer wieder
dieselbe Botschaft enthielt: Mutti, wir brauchen Dich, wann
kommst Du wieder?

Allein Johanna gelang es zuweilen, diese Sehnsucht mit
ihren fröhlich erzählten Geschichten für einen Moment zu
verdrängen, so zum Beispiel an jenem 1. Advent, an dem
auch Lilli geschrieben hatte:

Meine liebe, beste, gute, goldige, arme Mutti!
Wie geht es Dir? Gell, einen Tag wird, soweit die Post
wieder regelmäßig geht, einmal mein Brief ausfallen.

Das kommt daher: Ich hatte in den letzten Tagen immer
heftige Zahnschmerzen an einem ganz faulen, aber fest-
sitzenden Backenzahn, rechts oben. Nachdem ich eine
ganze Rolle Veramon gefressen hatte, schleppte mich
Tante Rita zum Dr. Holland, dem alten über 70jährigen,
kraftlosen Zahnarzt. Kurz holte der mich in seinen Mar-
terstuhl und spritzte mein Zahnfleisch in Betäubung. Den
Schmerz konnte man noch aushalten, aber dann: Nach
fünf Minuten holte der seine Zange und fing an den
halb abgebröckelten Zahn erst mal aus dem Zahnfleisch
hinaus zu pökeln, hu, das tat weh. Ich dachte, ich würde
mit Stecknadeln gespickt. Dann holte der noch so ein
Instrument und zog und zog nach oben, nach unten, nach
rechts und nach links, und ich fühlte, daß ich 32 Zähne
hatte. Immer höher ging ich, Tante Rita hatte alle Mühe,
mich festzuhalten. Da endlich, der halbe Zahn war draußen, aber wo die andere Hälfte? Ogotto Gott, dachte
ich, soweit ich noch denken konnte. Nochmal will das
alte Scheusal an mich ran. Jetzt hatte der aber alle seine
Kräfte zusammengerafft und hau ruck, hau ruck —— da
ist er.
»Das war aber eine Anstrengung«, sagte der alte Knopf.
Und ich wußte nicht, sollte ich weinen oder lachen oder
vor Schmerz schreien? Au, au, sagte ich nur immerzu,
und Tante Rita sagte, komm, komm. Doch ich war ganz
aus dem Geleise gebracht. Aufwiedersehen hat er keins
zu hören bekommen, nur eine Hand und eine Gestalt
gesehen. Dann war ich draußen. Aber Zahnweh hatte
ich, Zahnweh, na Muttilein ... Dann ein Tuch um den
Kopf und zwei Tabletten, eine für die Schmerzen, eine
zum Schlafen und ins Bett. Im Bett weinte ich noch eine

Zeitlang. Da kam mein <u>lieber,</u> <u>guter</u> Onkel Dr. Schup-
mann rein und tröstete mich und erzählte mir von seiner
Zahngeschichte. Du weißt doch, wie er bei uns seinen
Weisheitszahn gekriegt hatte. Dann ließen die Zahnweh
nach, und ich schlief in seiner Gegenwart ein. Ich hab
Dr. Schupmann so lieb wie einen Vater, der rutscht gleich
hinter Dir ein, in meiner Stellung von den Leuten, die
ich lieb habe.
So, das war das Blatt des Zahnes.

Johanna nahm noch ein Blatt Papier und fuhr fort:

Heute ist nun Advent und ohne Dich Liebes, oh ja ——
ach, es war schön, aber —— noch lange, lange!!!!! nicht
so schön wie bei Dir. Bei Dir ist wenigstens Weihnachts-
stimmung aufgekommen. Und hier nichts dergleichen. Ja,
aus dem katholischen Meßbuch hat sie uns was vorgelesen
(beziehungsweise geleiert), wo wir alle soviel wie nichts
verstanden haben.
Und dann war ein Tellerchen mit Losen da. Jeder mußte
ein Los ziehen und auf jedem Los war ein Name ...
Wenn Du nun »Ille« gezogen hattest, dann mußtest Du
jeden Tag der Ille etwas Gutes tun, zum Beispiel ihr
etwas schenken oder ihr helfen, Schuhe putzen, Strümpfe
stopfen, Bettmachen oder irgendsowas. Das ist nett, aber
es paßt gar nicht gut zu Tante Rita. Man durfte auch
keinem sagen, wen man gezogen hatte. Aber als Tante
Rita draußen war, da hat man schnell allen seines gezeigt.
Du wirst sicher gerne wissen wollen, wen wir hatten.
Tante Rita natürlich mich und, weil einer zuviel war, auch
noch Eva. Tante Lore hat Dorle, das ist nett, Gerda hat

Ille, Ille hat Gerda, das paßt so gut. Eva hat die kleine
Magda, sowas! Hannele hat Tante Lore, das ist fein, und
Dorle hat, oh Schreck, Tante Rita. Und Magda hat Eva.
Für die Kleinen müssen die Großen mitsorgen, Ille fürs
Dorle und Tante Rita für Magda.
Ich hab heute der Tante Lore unser Zimmer gemacht,
Betten eingelegt, und den Tisch aufgeräumt und den
Fußboden gemacht. Dann hatten wir auch noch einen
Adventskranz. Ille fährt morgen nach Frankenstein.
Das war die Adventsseite.
1000000000000000000000 Küsse und Grüße
von Deinem Hannelekind.

Eine Woche später, am nächsten Adventssonntag, schrieb
auch Gerhard wieder nach Breitenau:

Meine liebe, liebe gute Mutti,
zum 2. Advent wünsche ich Dir viel, viel Liebes und
Gutes. Wie geht es Dir? Hier ist alles in Ordnung. Mir
geht es gut. Den Kindern auch. Sie besuchen mich alle
einmal. Am Sonntag war Ilse bei mir. Sie brachte mir ein
paar Fausthandschuhe mit, die Marilis mir gestrickt hat.
Darüber habe ich mich ganz besonders gefreut. Ich hatte
nämlich bisher gar keine, und bei der Kälte jetzt ist das
gar nicht schön.
Als Ilse fort war – es wurde schon dunkel – ging ich in
die Stellung an ein Geschütz. Dort waren schon Wolf,
Ernst und Martin, drei Marburger, mit denen ich mich
prima verstehe, vor allem mit Wolf, sie sind viel netter
als die anderen. Mit ihnen habe ich dann im Geschützun-
terstand – dort waren wir wenigstens ungestört von den

anderen, die das doch nur lächerlich finden – den ersten
Advent gefeiert. Wir hatten einen Adventskranz, eine
Kerze, ein paar Plätzchen und ein paar Zigaretten ...
Mittwoch mittags, am 1. 12. 43, beförderte der
Chef uns alte Luftwaffenhelfer zu Luftwaffenoberhelfern.
Anschließend führte er einen strengen Appell durch, bei
dem selbstverständlich alle auffielen. Unsere Dienstrang-
abzeichen sind: Eine Unteroffizierslitze unten über die
Schulterklappe quer, wie ein Unteroffiziersanwärter.
... Von Donnerstag auf Freitag haben wir wieder einmal
geschossen. Die Tommies kamen aus Berlin zurück, und
da haben wir ihnen auch »ein paar Schuß auf den Pelz
gebrannt«, so beliebte sich der Chef auszudrücken. So eine
Schießerei jede Woche »hebt die Moral« und gibt die gute
Laune wieder. Wenn hinterher auch ziemlich viel Arbeit
ist: Hauptsache, wir haben geschossen.
Gestern war ich wieder Gefreiter vom Dienst (G. v. D.),
bis heute mittag, also ich habe wenig Ruhe. Gestern
abend meldete ich mich vorschriftsmäßig in 1. Garnitur,
mit den neuen Dienstrangabzeichen als Oberhelfer. Er
gratulierte mir und wünschte mir weiter alles Gute und
viel Soldatenglück.
Heute nacht war einmal wieder Hochbetrieb. Von 2 bis
6.15 Uhr Alarm. Und dann diese Kälte. Bis auf die Füße
war ich ja versorgt, aber die Füße waren nach den vier
Stunden richtige Eisklumpen ... Hannele war auch kurz
da und brachte meine Wäsche. Nach vier Wochen komme
ich morgen vielleicht auf Urlaub, mein Kurzurlaub wurde
zum Ausgang verkürzt; aber nächstes Wochenende habe
ich vielleicht meinen Wochenendurlaub. Wenn es morgen
klappt, wäre es sehr schön, besonders weil die Dame des

Hauses nicht anwesend ist. Ich freue mich nach so langer
Zeit besonders! Hoffentlich klappt es. Viele, liebe Grüße
und alles Gute

von Deinem Gerhard

Es war, als hätt der Himmel
Die Erde still geküßt,
Daß sie im Blütenschimmer
Von ihm nun träumen müßt.

Die Luft ging durch die Felder,
Die Ähren wogten sacht,
Es rauschten leis die Wälder,
So sternklar war die Nacht.

Und meine Seele spannte
Weit ihre Flügel aus,
Flog durch die stillen Lande,
Als flöge sie nach Haus.

Eichendorff

Die 13jährige Johanna war beeindruckt von der militärischen
Karriere ihres großen Bruders und berichtete ihrer Mutter
am nächsten Tag:

Gerda hat ihm schnell einen Kuchen gebacken, weil er
Luftwaffenoberhelfer geworden ist. An den Achselklappen
hat er jetzt ein silbernes Bändchen. Du wirst Dich sicher
freuen. Es sind auch nicht alle befördert worden.

Ilse war in diesen Tagen nun doch noch einmal mit Rita nach Frankenstein gefahren, um vor allem Wäsche und Handtücher für den Haushalt in Immenhausen zu beschaffen. Ihr Reisebericht vom 7. Dezember:

Meine liebe gute Mutti,
so lange konnte ich nicht mit Dir reden in meinen Briefen.
Jetzt bin ich ja nun wieder zu Hause. Wir haben eine
Fahrt hinter uns, die war überhaupt grauenvoll. Der
D-Zug fuhr pünktlich ab, kam mit fast acht Stunden
Verspätung in Kassel an. Der Zug war geheizt, daher ließ
es sich überhaupt nur ertragen. Erst vor Halle mußten
wir eine lange Zeit stehen, denn der Leipziger Bahnhof ist
vollständig zerstört, dadurch kamen die ersten Verspätun-
gen zustande. Hinter Halle haben wir dann die längste
Zeit gestanden, ein Güterzug war entgleist.
So kamen wir erst um 1 Uhr nachts in Kassel an, mit
zwei Handtaschen, einem Schulranzen, drei schweren Kof-
fern und neun Schlafdecken. Das haben wir nach und
nach in den Bummelzug geschleift, der um 4.25 weiter-
fuhr. In den Wartesaal konnten wir nicht, denn es ist
ja keiner mehr vorhanden. Der Bummelzug war eiskalt.
Da habe ich mir durch das vierstündige Frieren einen
wunderbaren Schnupfen und erfrorene Füße geholt.
Als wir morgens hier ankamen, waren die hier gar
nicht darauf vorbereitet, und ein wüstes Durcheinander
herrschte überall ... Dann wurden die Koffer von der
Bahn geholt, und es wurde ausgepackt. Alle neuen Sachen
wurden rundherum ins Zimmer gelegt auf den alten
Krempel, der noch von vorher herumlag. Danach gab es
schnell Kaffee. Zwischendurch habe ich noch Dorle ange-

zogen. Alles wurde stundenlang betrachtet. Dort nahm man es fort, da legte man es hin.

Als endlich sich alle verzogen hatten, kam Tante Rita und wollte ihre Sachen haben. Da mußte ich erst mal anfangen, unter allen Sachen zu suchen, unter anderem ein Paket Seifenpulver, welches kaputt war und seinen halben Inhalt über die Bettwäsche goß. Da konnte ich mich nun drangeben und habe von 10 Uhr bis um 1 Uhr unentwegt aufgeräumt und war noch nicht fertig.

Dann bin ich nach Kassel gefahren und bin nur mit knapper Not durch die Sperre gekommen. Bin zur Stapo gegangen und habe von dort mir Erlaubnis geholt, um am Sonntag Vormittag wegen der Aufstellung der Bombenliste mit Dir zu sprechen. Ich freue mich schon sehr darauf.

Bin dann um ½ 5 wieder nach Immenhausen gefahren. Dort war jetzt Tante Lore mit Eva angekommen. In der Zwischenzeit hatte Tante Rita der Tante Lore schon etwas gezeigt und nun von neuem angefangen, Unordnung zu machen.

Dann fuhr Tante Rita zum Vati. Gott sei Dank, wir waren alleine. Ich zeigte Tante Lore alles, und sie war mit allem sehr zufrieden, auch mit der Bettwäsche und den Handtüchern für uns und die Küche. Wir haben Tante Lore und Marilis auch einiges mitgebracht auf ihre Bezugsscheine. Nach dem Abendessen haben Dorle und ich gebadet. Vorher hatte Tante Lore mir noch geholfen aufzuräumen, da war ich bald fertig.

Als Dorle und Eva eingeschlafen waren – Eva schläft jetzt auch im Kinderschlafzimmer –, habe ich von jedem noch einen Pantoffel gefüllt. Tante Rita hatte daran nicht gedacht. Ich war noch am Morgen zum Gustchen gegan-

gen und hatte es gefragt, ob es denn gar nichts hätte
für Nikolaus. Da gab sie mir zwei Tüten Bonbons. Ich
brachte noch aus Kassel einige Honigkuchen mit. Da
freuten sich aber Dorle und Eva sehr, als der Nikolaus
doch da war heute morgen. Gestern abend wurde ich mit
einem Mal so furchtbar müde, daß ich wirklich nicht mehr
schreiben konnte, denn ich war ja fast 65 Stunden auf ...
Nach Leipzig bin ich nicht gefahren, denn Tante Rita
wollte in Kassel abends auf der Rückfahrt eigentlich zum
Vati, und ich sollte mit den Koffern alleine weiterfahren.
Es ist aber auch gut, daß ich in Leipzig nicht einkaufen
war, denn da wäre ich bei dem Angriff dort gewesen.
Oh Muttilein, es ist ja so schade, daß Du Weihnachten
nicht bei uns sein darfst. Ich kann es mir kaum denken.
Aber ich werde mein Möglichstes tun, daß es den Kleinen
doch weihnachtlich zumute sein wird. An mir und meiner
Kraft soll es nicht liegen. Ich werde fest an Dich denken,
Mutterle, und Dir alles schreiben ... Oh, Muttilein, meine
Sehnsucht nach Dir ist riesengroß. Immerzu ist mein
ganzes Denken bei Dir, und immer werde ich dann traurig
in meinem Herzen. Dir kann ich ja alles ruhig schreiben,
denn Du kennst mich ja zu genau, um zu denken, ich
wäre nie traurig. Und die Briefe an Dich sind mir stets
eine Freude ... Laß Dich fest liebhalten und Dir einen
lieben Kuß von Deiner Ilsemaus geben.

Ilses Brief enthielt noch eine lange Aufzählung der in Frankenstein erworbenen Kleidungsstücke. Wegen der Reise hatte
Ilse erneut einige Schultage versäumt, aus ihrer Sicht gab es in
dieser Zeit jedoch Wichtigeres – den bevorstehenden Besuch
in Breitenau beispielsweise. Ilses Brief vom 9. Dezember:

Meine allerbeste, liebe Mutti!

Heut' war ich nun wieder zum ersten Male in der Schule.
Oh, es gab viel Neues gleich. Am 15., nächsten Mittwoch,
gibt es Ferien. Ich bin sehr froh, denn dann kann ich
mich mehr unseren Kleinen widmen, denn so ist der ganze
Tag nur eine einzige Hetzjagd für mich. Vier Wochen
dauern diese Ferien an, bis zum 18. Januar, und dann
geht es wieder von vorn los. In meinem Aufsatz über
die Umgangsformen habe ich leider nur eine 4. Aber ich
hoffe, daß es bald besser wird in der Schule. Heute hatte
ich wieder Lateinunterricht. Ich komme schön und schnell
vorwärts. Jetzt lerne ich Perfekt und Plusquamperfekt
laudavis und laudaveritis usw. Er sagt aber, ich würde
ordentlich lernen.

Heute waren wieder mehrere Leute sehr nett und haben
Eva allerlei für Dich gegeben. Sie sind alle sehr rührend.
Heute habe ich auch nachmittags eine kurze Zeit bei Tante
Lore gesessen und mit ihr über mancherlei gesprochen.
Nur am Sonntag!!!!, wenn Du diesen Brief bekommst,
bin ich ja schon dagewesen. Aber dann erinnerst Du Dich
noch mal daran ... Oh Mutterle, wie sehne ich mich nach
Dir, meine Sehnsucht nach Dir kann niemand ermessen.
Was bin ich so froh, daß Tante Lore da ist. Mit der
kann man wenigstens ordentlich sprechen und ihr manches
sagen, worüber man unklar ist. Aber auch nur »manches«.
Zu so etwas kann man Tante Rita doch nicht gebrauchen.
Überhaupt, da schweigt man besser.

So mein liebes Mutterle! Schlaf gut! Sei nicht so traurig
und friere nicht!!! Laß Dich fest liebhalten von Deiner
nur an Dich denkenden Ilsemaus.

Bald am Sonntag !!!

Die zehnjährige Eva war ein wenig stolz auf all das, was ihr die Immenhäuser Bauernfamilien für Lilli mitgegeben hatten. Am 10. Dezember, also zwei Tage vor Ilses Besuch in Breitenau, erzählte sie ihrer Mutter davon:

Mein innigst geliebtes Muttileinchen, allerbeste.
Heute abend will ich Dir noch schnell einen Brief schreiben. Heute am Freitag ist der erste Schnee gefallen. Heute nachmittag bin ich ganz viel Schlitten gefahren. Ich habe für Dich viele schöne Sachen besorgt, eine Wurst habe ich geschenkt bekommen und räuchern lassen – für Dich, beste Mutti.
Hoffentlich kommst Du bald wieder. Wie geht es Dir?
Uns geht es noch gut.
Viele liebe Millionen Grüße und Küsse von
Deiner Bauerntochter, Eva

Ilse hatte ihrer Mutter bereits von dem schweren Bombenangriff auf Leipzig berichtet. Am 10. Dezember meldete sich Lillis Freundin Lotte endlich mit einer Postkarte:

Liebe Lilli,
von dem Terrorangriff auf Leipzig hast Du wohl gehört. Wir leben, und unser Haus steht noch, trotz aller Brände ringsum. Wir haben nur keine Fenster mehr. Noch kein Gas und kein Licht. Ernst Augusts Betrieb steht noch. Er geht täglich vier Stunden hin und zurück. Mein Betrieb ist kaputt und der Chef tot. Ich weiß auch nicht, was wird. Ich schicke Dir Nähzeug, sobald man wieder was wegschicken kann. Hast Du wohl ein Päckchen von mir bekommen?

Bald mehr, Liebe!
Ernst August schickt Dir viele Grüße.
Ich einen Kuß, Deine Lotte

Am Samstag, dem 11. Dezember, wurden in Immenhausen die letzten Vorbereitungen für Ilses Fahrt nach Breitenau getroffen. Man suchte nach kleinen Geschenken für die Mutter, und jedes der Kinder schrieb noch einen Gruß, auch Gerhard:

Diesmal kommen meine Grüße wohl richtig zum
3. Adventssonntag an, denn Ilse soll Dir diesen Brief
mitbringen. Ich glaube und wünsche Dir auch, daß dies
ein ganz besonderer Tag für Dich ist, aber es tut mir
so sehr leid, daß ich nicht mitkommen kann. Hätte ich
das gewußt, dann hätte ich mir meinen Urlaubsschein
vielleicht nach dort ausstellen lassen können. Ich hoffe,
daß es Dir so gut geht wie nur möglich. Ilse wird ja
sicherlich ausführlich berichten.

Am nächsten Morgen war es soweit. Mehr als drei Monate lang hatte Lilli ihre Kinder nicht mehr gesehen. Nun durfte ihre älteste Tochter sie endlich besuchen. Heute, fast sechzig Jahre danach, hat Ilse diesen 12. Dezember 1943 so in Erinnerung:

Ich zog mich so hübsch an, wie ich konnte. An einem
regnerischen Morgen stand ich ängstlich vor den alten,
abweisenden, bedrohlich wirkenden Mauern des Gefäng-
nisses. In einem kleinen, dunklen Raum wartete ich auf
meine Mutti. In Begleitung einer Wärterin trat sie ein.

Wie verändert sah meine gepflegte Mutti aus. Sie trug ein
Sackkleid aus grobem Stoff, Holzpantinen ohne Strümpfe,
ein Schneidezahn fehlte. »Sie haben zehn Minuten Zeit«,
befahl die Wärterin, die im Raum blieb. Worüber wir
gesprochen haben, weiß ich nicht mehr. Wir haben uns
fest umarmt. Frau Lieberknecht hatte mir eingeschärft,
ich müsse Mutti unbedingt zuflüstern, sie dürfe keine
heimlichen Briefe mehr schreiben. Würde das entdeckt,
wäre das tödlich für sie. Diesen Auftrag erfüllte ich. Und
plötzlich stand ich wieder draußen vor dem großen Tor.

Unter Tränen fuhr Ilse mit dem Zug zurück nach Immenhausen. Dann berichtete sie ihren Geschwistern. Gerhard
und Johanna schrieben noch am selben Abend kurze Grüße
an ihre Mutter:

Meine liebe gute Mutti,
gerade ist Ilschen zurückgekommen, und da möchte ich
Dir noch schnell einmal sagen, daß ich Dich sehr, sehr lieb
habe und sehr viel an Dich denke.
Dein Gerhard.

Mein liebes, gutes allerliebstes Muttilein!
Ach, wie bin ich froh und traurig, daß ich weiß, wie es
Dir geht und vieles mehr. Ach, hab doch innigen, ganz
vielen Dank für Dein soooo liebes Taschentuchtäschchen.
Wie unsagbar ich mich gefreut habe, das kannst Du Dir
ganz gewiß nicht vorstellen. Es ist mir das allerliebste
Weihnachtsgeschenk, ganz gewiß. Oh, es ist so fein! Ach,
ich bin so froh, daß es Dir gut geht. Und vielleicht darfst
Du bald wieder zu uns kommen. Hannele

»Daß Du nicht so arg viel weinst«
Die Jahreswende 1943/44

Mit Ausnahme eines Briefes, den Lilli schon eine Woche vor
dem Treffen in Breitenau geschrieben hatte, hörten die Kinder nun mehr als einen Monat lang nichts mehr von ihrer
Mutter. Lilli hatte Ilses Warnung verstanden und unterließ
vorerst das Schreiben heimlicher Briefe. Natürlich hoffte sie,
daß die Bemühungen um ihre Freilassung dennoch fortgesetzt würden. Tatsächlich hatte Ilse am Tag nach dem Treffen
in Breitenau ihren Vater im Lazarett bei Kassel aufgesucht
und um eine Initiative zur Rettung der Mutter angefleht. In
ihrem Brief vom 13. Dezember konnte sie diese Dinge nur
andeuten:

Meine liebste, herzensgute Mutti!
Ach, wie hab ich mich doch so sehr gefreut, als ich Dich
mal wieder sehen konnte. Hoffentlich warst Du nicht
allzu lange so arg traurig, als ich wieder fortmußte. Ich
bin dann gut nach Hause gekommen.
Ich bin gleich heute zum Vati gefahren. Als ich in Kassel
Hauptbahnhof ankomme, ist Fliegeralarm, ich mußte in
den Bahnhofsbunker. Von ferne her fing die Flak an zu
schießen, und ich hatte wahnsinnige Angst. Als ich im
Bunker drin war, hörte es sich an, als schlügen in aller-
nächster Nähe die Bomben ein. Aber in Wirklichkeit
hatten nur die Bunkertüren andauernd geschlagen, und
kein Schuß war im näheren Umkreis gefallen. Du kannst
Dir nicht vorstellen, wie ich aufgeatmet habe, als es Ent-
warnung gab.

*Als ich beim Vati nach ziemlich umständlicher Fahrt
ankomme, ist Tante Rita noch vom Sonntagabend her da.
Also konnte ich schon nicht so, wie ich gerne wollte.
Vati sagte nur andauernd: »Es wird alles geschehen, was
nur irgendwie gemacht werden kann.« Etwas Positives
habe ich nicht gehört. Wenn nicht bald etwas erfolgt,
werden Tante Lore und ich die Geschichte binnen sechs
Tagen in die Hand nehmen.
Für Gerhard habe ich einen kleinen Koffer bekommen, der
freut sich sicher sehr damit, denn seine Aktentasche ist ja
auch verbrannt. Ich war auch heute noch im Bärenreiter-
verlag. Dort gibt es noch mancherlei zu kaufen. Aber man
bekommt nur ein Exemplar. Da habe ich eine Kunstmappe
»Romanische Bauten in Frankreich« bekommen, für Dich
zu Weihnachten von uns allen.
Eigentlich müßte ich noch Latein ochsen, aber ich kann
wirklich nicht mehr. Ich will morgen früh eher aufstehen.
Von Dir noch kein Brief und von Tante Lotte auch noch
gar nichts ... So mein Herzlein, schlaf Du gut und laß
Dich lieb umarmen von Deiner Ilsemaus.*

Die letzte Schulwoche vor Weihnachten war angebrochen.
Am Mittwoch, dem 15. Dezember, versuchte Johanna erneut,
ihre Mutter mit einer Anekdote aus dem Jungen-Gymnasium aufzuheitern. Johannas Freundin Heidi stand im Mittelpunkt dieser Geschichte:

*Mein lieber, guter Muttischatz!
Wie geht es Dir? Uns geht es gut. Du brauchst Dir
bestimmt keine Sorgen zu machen. Heute war es in der
Schule wieder ganz groß. Heidi war in Mathematik dran*

und mußte an der Wandtafel vorrechnen, bei diesem ganz
jungen Mathelehrer, höchstens 30 Jahre alt. Als sie vorne
stand, platzten an ihrem Rock die Druckknöpfe fast alle
auf, und der Unterrock guckte raus. Da sagte Fathauer,
so heißt der, »Heidi, dein Hemd guckt raus.« Was hat die
Klasse gegrölt. Da guckte so ein Junge, der immer so gerne
anbändeln möchte, so ganz mitleidig auf Heidi, die vorne
stand, glührot. Da sagte der blöde Lehrer: »Hassogen,
guck nicht so verliebt.« Von neuem begann das Gegröle.
Dann sagte der Lehrer: »So nun Mathematiksachen weg,
Heidi hinsetzen. Und wir singen.« Dann wurde ein Lied
nach dem anderen gegrölt, zum Beispiel »Es steht eine
Mühle im Schwarzwälder Tal« und »Marie Helen« und
noch so alte Schwarten. Das war eine Stunde! Aber,
Mutti, wir machen alles mit, das ist ganz knorke.
Mit vielen lieben Grüßen und Küssen, Dein Hannelekind

Ilse bemühte sich unterdessen weiterhin, ihren Vater zu einer
Hilfsaktion für Lilli zu überreden. Doch der zeigte sich
unwillig, wie Ilse am 16. Dezember notierte:

Ein Gesuch ist noch nicht gemacht. Aber wenn bis Montagmorgen, wenn Tante Rita von Vati kommt, nichts
geschehen ist, dann werden Tante Lore, Marilis, die heute
kommt, und ich die Geschichte erledigen. Am Sonntagnachmittag fahre ich mal zur Tante Maria, die hoffentlich
von Bad Liebenstein wieder da ist, mit Marilis.

Marilis, die junge Studentin, kam in den Weihnachtsferien
aus Marburg nach Immenhausen. Lillis Kinder freuten sich
auf den Besuch der Cousine, Marilis bot ihnen etwas Rück-

halt bei den nun immer wieder eskalierenden Streitereien mit Rita. Gerhard plante auch einen Gegenbesuch in Marburg. Im Januar stand dem 16jährigen »Luftwaffenoberhelfer« erstmals ein längerer Urlaub zu.

Damit die Weihnachtsgrüße rechtzeitig in Breitenau eintrafen, brachten die Kinder schon am vierten Adventswochenende ihre Karten und Briefe zur Post. Gerhard versetzte sich diesmal ein wenig in die Lage seiner Mutter. »Sei bitte nicht gar zu traurig«, bat er sie am 18. Dezember, »sondern denke daran, daß es für mich auch viel schöner ist, wenn ich weiß, daß Du nicht so arg viel weinst.«

Ilse schrieb ihren Weihnachtsbrief am nächsten Tag:

Meine liebe, gute Mutti!
Heute ist Sonntag gewesen. Es ist schon ziemlich spät.
Marilis sitzt in der Badewanne und plätschert.
Am Samstag ... war der letzte Schultag, in der ersten
Stunde hatten wir noch Geschichte. In der zweiten Stunde
eigentlich Mathe. Aber der Pauker hatte keine Lust mehr
zu unterrichten, und wir sollten doch Weihnachtslieder
singen. Da haben wir diese ganze Stunde durch Weih-
nachtslieder gesungen. Die nächste Stunde hatten wir bei
unserem Klassenlehrer. Der hatte am Freitag Geburtstag
gehabt. Zwei Mädels hatten ihm einen Kuchen gebacken,
ein Alpenveilchen hatten wir für ihn. Das hatten wir
zusammen mit einem Gedicht, verziert mit Kerzen und
Tannengrün, auf dem Pult aufgebaut. Als er reinkam,
haben einige erst Flöte gespielt, dann haben wir ihm noch
einen Geburtstagskanon gesungen, und zu allerletzt haben
wir noch das Volkslied gesungen: »Ich trag ein goldenes
Ringelein ...«. Er war ganz gerührt und sagte, er wüßte

gar nicht, wie er das wiedergutmachen sollte. Mit guten
Noten, das könne er nicht machen. Das wäre Bestechung
von seiner Seite. Aber er wolle uns zum Dank für unsere
Liebe ein Gedicht sagen, das er selber verbrochen habe.
Das Gedicht war über ein Bild einer alten Frau, die
ihre Hände über die Augen deckt. Er sagte, damit ließe
er uns bis tief in ihn hineinschauen. Das Gedicht war
unbeschreiblich schön. Überhaupt so wie der Lehrer ein
feiner und seltener Mensch ist. Danach gab es Zeugnisse,
und dann war Schluß.
Mit dem Klingelzeichen sind wir ausgerückt und zur
Bahn gesaust, um den Zug … zu kriegen. In Immenhausen stieg Marilis noch zu, und dann sind wir beide
zur Tante Maria. Sie war schon lange wieder von ihrer
Reise zurück. Dort bekamen wir erst belegte Brote, dann
Obstkuchen mit Mischkaffee und dann Sandkuchen mit
Plätzchen und Bohnenkaffee!
Tante Maria hat mir wieder nur Gutes gesagt. Sie hat
mir wieder Hoffnung gemacht. Dann gab sie uns noch die
Weihnachtsgeschenke für alle mit: Dorles Puppe und für
jeden, außer Magda und Tante Rita, ein Päckchen. Sie
hat es mir mitgegeben, eigentlich wollten wir an einem
Feiertag alle mit Dorle zu ihr hinfahren. Aber ich bin
viel zu ängstlich und kann es vor Dir nicht verantworten,
wenn es doch einen Angriff geben sollte. Die Kleinen sind
sehr ärgerlich über mich, aber ich kann nicht anders. Du
kannst mich doch sicher verstehen.
Tante Maria will mal dem Vati einen ordentlichen Brief
senden. Sie ist auch nicht <u>ganz</u> zufrieden! … Abends
hatte ich noch eine ganz niedliche Auseinandersetzung mit
Tante Rita wegen der Butter, und ab morgen bekommt

jeder seine Butter selber auf einen Teller. Dann kommt
wenigstens jedes Kind zu seinem Recht ... Nach dem
Abendbrot kam Gerdas Mann. Da haben wir einen
schönen Abend gehabt. Zwischendurch war die Heizung
mal ausgegangen. Tante Lore, Marilis und ich haben
sie wieder angezündet. Außerdem muß ich Dir etwas
gestehen: Ich habe heute meine erste Zigarette geraucht.
Schimpfst Du auch nicht?!?!
Am Samstag morgen ist ein Brief vom 2. Adventssonntag
gekommen. Kann man denn Dir doch ein Paar Hand-
schuhe und einen Schal schicken? Schreib doch bitte. Wir
haben schon etwas.
Dorle ist sehr lieb. Sie hat sich einen Wunschzettel für
das Christkind geschrieben: Ein Schwesterchen für Gretel
(die Puppe von Dir mit den Locken ist Gretel), eine Mieze-
katze, eine Musik (Mundharmonika) und viele Plätzchen.
Eva ist augenblicklich selig, daß sie Ferien bekommt. Han-
nele macht Weihnachtsarbeiten. Ich bin aber in großer
Sorge, daß Du doch frierst. Hoffentlich wird es nicht gar
zu kalt. Nun schlaf Du aber auch bestimmt. Sei nicht so
arg traurig. Ich versuche es ja doch auch. Laß Dir tausend
Grüßchen und Küßchen geben von Deiner Ilsemaus.

Johanna schrieb am selben Abend; sie verwendete, passend
zum Anlaß, eine weitere Madonnen-Karte:

Liebes gutes Muttischätzlein!
Einen kleinen Weihnachtsgruß schicke ich Dir in Form
dieser Karte.
Vielleicht ist sie dann Weihnachten bei Dir und sagt Dir,
daß wir alle tapfer sind und nicht weinen, sondern auf

den lieben Gott hoffen und vertrauen, daß wir nicht so
traurig sind und uns recht tapfer halten. Dorle und Eva
kommen schon leichter darüber weg, aber Ille und ich .....
Ich kann schon sagen, jede Stunde, ja bald jede Minute
denken wir an Dich. Aber Muttilein, wir sind tapfer, und
denke bitte Du auch nicht so traurig nach. Ach Muttilein,
es ist sehr, sehr schwer für uns alle. Sei Du innigst
gegrüßt und geküßt, Dein Hannelekind.

Für den Heiligen Abend des Jahres 1943 hatte Gerhard keinen Urlaub bekommen, er mußte also bei den Flakhelfern in
Obervellmar bleiben – ein ziemlich langweiliger Abend. »Aus
Verzweiflung spielten wir stundenlang Schlager. Wolf an der
Quetsche, ich am Schlagzeug«, berichtete er am ersten Weihnachtstag seiner Mutter. Seine Schwestern verbrachten Weihnachten zusammen mit Vater, Rita und Magda in Immenhausen. Ilses Brief vom 25. Dezember:

Du mein liebstes Muttilein!
Meine Gute! Es war ganz erträglich. Ich will Dir mal
der Reihe nach erzählen: Heiligabend war um ¾ 8 Uhr
Bescherung. Vorher war ein wildes Gehetze. Zum Abendbrot gab es Kartoffelsalat und eine Bratwurst, die Evalein
mitgebracht hatte. Vati war gräßlich nervös. Und mein
liebes Dorlekind hatte Bauchschmerzen, und es war gar
nicht recht gesund. Es aß nichts, wollte bloß schlafen, und
ich war in größter Sorge um es.
Als das Christkind unten geläutet hatte, gingen wir runter. Mir war überhaupt nicht feierlich zu Mute. Bloß
als Vati die Weihnachtsgeschichte las, war es in mir
auch weihnachtlich. Dann sollte noch ein Weihnachtslied

gesungen werden, Eva sollte Tante Ritas Mundharmonika
holen, sie fand sie aber nicht oben. (Vati wurde immer
nervöser.) Da ging Tante Rita mit Magda rauf. Als Tante
Rita mit Magda oben ist, macht Magda in die Hose. (Vati
wurde noch nervöser.) Alle stehen auf einem Fleck schon
fünf Minuten mindestens und warten. Es war gräßlich.
Da waren zehn Minuten vergangen, und Vati sagte, wir
sollten uns die Sachen schon ansehen. So haben wir
bis heute abend noch kein Weihnachtslied gesungen, die
Kinder waren nicht sehr traurig. Vorher hat Eva etwas
geweint, aber sie konnte ich schnell trösten.
Hoffentlich warst Du nicht zu traurig. Hast Du denn zu
essen gehabt? Hast Du Dein Weihnachtsbäumlein ange-
zündet?
Erst habe ich mich mit dem Dorlekindchen beschäftigt.
Die hat von Lene Hirdes einen gelben, selbsthergestellten
Teddybär bekommen, von Tante Maria die Puppe, von
Dir – habe ich gesagt – einen Wachstuchball und ein
Eichhörnchen, vom Vati hat sie ein großes Bilderbuch,
von Marilis eine schwarze, selbstgenähte Miezekatze,
von Tante Lore hat sie ein weißes Schürzchen bekom-
men ... Sie freut sich mit allem sehr.
Ich habe eine Kunstgeschichte von Weigele bekommen
vom Vati. Von Tante Lore ein Buch mit Stichen, mit
einem Taschentuch und einem Taschentuchtäschchen. Von
Lene Hirdes Plätzchen und ein Taschentuch. Von Tante
Rita ein Hammerbuch über Caspar David Friedrich, ein
Jungmädchenbuch, einen Schal und die Stiefel. So, jetzt
weißt Du auch alles.
Heute Nachmittag waren wir beim Gerhard. Der hat sich
sehr über meinen Koffer gefreut, und sie hatten schon

zwei fröhliche Tage hinter sich. Nun Liebchen, Aufwieder-
lesen bis morgen abend, und laß Dich fest liebhalten,
Dir einen festen Kuß von Deiner Ilsemaus geben.

Auch Johanna erzählte der Mutter am ersten Weihnachtstag
von ihren Geschenken. Sie hatte eine »Negerbaby«-Puppe
bekommen, ein Nähkästchen, ein Nachthemd, mehrere Aben-
teuerbücher und vom Vater einen Kunstband mit Zeichnun-
gen von Moritz von Schwind:

Das war ein reicher, aber trauriger Weihnachtstisch.
Aber Muttilein, wenn Du wieder zu uns kommen darfst,
bekommst Du einen schönen Weihnachtstisch. Ich hab fast
all Deine Geschenke fertig.

Die Kinder blickten nun mit Sorge auf das kommende Jahr.
Am 28. Dezember schickte Johanna ihren Silvestergruß nach
Breitenau:

Lieber Muttischatz!
Zum neuen Jahr nimm recht herzliche Glück- und Segens-
wünsche von mir hin. Hoffentlich wird das neue Jahr
schöner als dieses 1943. Es hat uns, hauptsächlich Dir,
viel Sorge, Angst und Traurigkeit gebracht. Wir wollen
hoffen und bitten, daß wir im neuen Jahr wieder alle
zusammen, vielleicht sogar in einer neuen Wohnung, sein
können. Ich hab hier eine niedliche Karte, die Dir auch
etwas Freude bringen soll. Ich wünschte, ich könnte Dir
viel schönere Sachen schicken und schreiben.
Nun Schluß. Nochmal 1000000000000 liebe Segens-
wünsche für 1944. Dein Hannele.

Am 31. Dezember schrieb auch Ilse kurz an die Mutter:

Liebes, gutes Muttilein!
Heute ist nun Silvester. Das erste Mal ohne Dich. Tante
Rita hat uns alle mit Dr. Schupmann nach unten geladen.
Dorle ist auch noch auf. Mal sehen, wie es wird. Heut
früh habe ich lang geschlafen, meine übliche Arbeit
getan ... Oh wenn Du doch bald bei uns sein dürftest.
Meine Sehnsucht nach Dir ist mir heute wieder so schwer.
Ach Liebchen, nun machs gut. Du darfst doch jetzt bald
wieder schreiben? Ich freue mich schon sehr auf Deinen
Brief. Hoffen wir, daß uns das nächste Jahr etwas Gutes
bringt. Laß Dich lieb und fest umarmen von Deiner Ilse-
maus.

Am 3. Januar schließlich traf ein Silvestergruß aus Leipzig in
Breitenau ein, Lotte hatte die Karte Ende Dezember aufgegeben:

Viele liebe Grüße und Küsse!
Hast Du Nähzeug und Gutsel, eine Karte und einen Brief
bekommen? ... Ilse schrieb mir, daß sie bei Dir war. War's
sehr schön, war's sehr schlimm nachher? Ich denke an
Dich, wenn das neue Jahr beginnt – es muß ein besseres
für Dich werden.
Leb wohl, Liebe! Deine Lotte
Hier ist noch alles sehr schwierig.

»Wärest Du erst wieder bei uns«
Die Kinder warten auf Nachricht von Lilli

Am Abend des Neujahrstages 1944 berichtete Ilse ihrer Mutter vom Ablauf der Silvesternacht:

Liebstes Muttileinchen!
Oh, Du hast sicherlich ins neue Jahr geschlafen. Ich habe
meine Sachen alle genäht, habe nur nichts mehr gestrickt.
Die Gertrud hat mit Eva »Mensch ärgere Dich nicht«
gespielt. Als ich mit dem Nähen fertig war, habe ich mit
Tante Rita Rommé gespielt. Rotwein, Äpfel und Plätz-
chen hat es gegeben. Das war ein klägliches Silvester. Als
es 12 Uhr war, haben wir angestoßen, sonst gar nichts.
Hannele und ich haben noch gebadet. Dr. Schupmann hat
uns noch lustig oben unterhalten.
Am Morgen haben wir schön lang geschlafen ... Nach dem
Essen ist Tante Rita zur Bahn, um zum Vati zu fahren.
Ihre Uhr ging aber nach. Der Zug war fort. Da ist sie erst
um ½ 5 gefahren und wollte um ½ 9 wiederkommen. Sie
ist aber nicht da, und es ist ½ 10. Da kommt sie sicher
erst morgen früh. Prima!!! ...
Dr. Schupmann hatte zum Kaffee einen ganzen Berg
Kuchen bekommen, den hat er mit uns geteilt. Wir haben
von Münchs drei Bratwürstchen bekommen. Da haben
wir zwei davon heute abend gebraten und dazu heimlich
Kartoffelsalat gemacht. Wir haben Dr. Schupmann zum
Abendbrot eingeladen ...
Nach dem Abendbrot hat Hannele dem Dr. Schupmann
geholfen, die Kartei zu ordnen. Ich habe noch Strümpfe

gestopft. Gerhard hatte ein Loch, das war so groß, daß ich
meine Hand durchstecken konnte. Dorle habe ich gebadet
und Eva den Kopf gewaschen. Jetzt gehe ich auch ins
Bett. Nun, Aufwiederlesen morgen abend. Laß Dir 1000
Grüßchen und Küßchen senden von Deiner immer an Dich
denkenden Ilsemaus.

Die Kinder blieben nun immer mehr sich selbst überlassen.
Ernst bekam nur noch selten Urlaub im Lazarett, Lore war
wochenlang unterwegs, um eine neue Bleibe zu finden, und
ihre Tochter Marilis studierte in Marburg.

Nur zwei erwachsene Personen lebten ständig im Ärztehaus: Rita, die sich sporadisch um die Kinder bemühte und
von ihnen ohnehin abgelehnt wurde, und Dr. Schupmann.
Die Mädchen hatten den Praxisvertreter ihres Vaters in ihre
Herzen geschlossen. Er zeigte Mitleid mit ihnen, war zugleich
ein fröhlicher Mensch und damit eine wichtige Stütze für die
Kinder-Familie.

Die vier Mädchen lösten sich nun weitgehend aus Ritas
Haushalt und führten im Dachgeschoß ihr eigenes Leben.
Eine Kochplatte wurde dort installiert, Ernst stellte Ilse das
nötige Haushaltsgeld zur Verfügung. Die Kinder beschränkten den Kontakt zu den unteren Stockwerken auf das Nö-
tigste, allenfalls noch das Mittagessen wurde mit Rita einge-
nommen. Auch Gerhard kam nur selten nach Immenhausen,
am 2. Januar 1944 erklärte er Lilli die Gründe dafür:

Meine liebe, gute Mutti,
nun bekommst Du schon den ersten Brief im neuen Jahr.
Hoffentlich folgen ihm nur noch ganz wenige. Wie geht
es Dir?

Am Dienstag beginnt hoffentlich mein zweiter Heimat-
urlaub. Ich werde die meiste Zeit zu Marilis nach Marburg fahren. In Immenhausen gäbe es auf die Dauer doch
nur Krach. Ich bekomme zwar gesagt, daß ich der Ver-
nünftigste sei, daß man mich furchtbar lieb habe und mir
meinen Urlaub so schön machen wolle, wie es nur ginge.
Auf der anderen Seite stiehlt man mir aus einem Weih-
nachtspäckchen zehn Zigaretten. Ein paar Tage bleibe ich
anstandshalber natürlich da ...
Ich hatte gleich am Montag wieder G. v. D. und deshalb
viel zu tun. Neuerdings spielen wir auch wieder Schach.
Das macht uns großen Spaß. Neben Lesen und Schreiben
wird nur noch Schach gespielt.
Dienstag und Mittwoch rächte sich der Chef mit
zwei ganz tollen Infanteriediensten dafür, daß er Weihnachten so durch den Kakao gezogen wurde. Wir tauften
die Infanteriedienste »Vergeltung«. Silvester bekam er
das auch wieder unter die Nase gerieben ... Silvester
mußte ich Schlagzeug spielen, vertretungsweise in unserer
Kapelle. Da mußte ich noch sehr viel üben. Am Nachmittag bekam ich es beigebracht ... Am Abend ging es
dann los. Wir Musiker hatten nur Hose, Fliegerhemd
und Schlips an. Geschminkt hatte man uns auch, mit
Schnurrbart und allen Schikanen.
Wir mußten natürlich voressen. Kartoffelsalat und
Klopse. Prima, prima! Um 8 Uhr kam die Batterie. Wir
legten los und kamen nicht mehr zur Ruhe. Zwischendurch gab es Bohnenkaffee und Sprudel ... Rauch- und
Trinkverbot für die Luftwaffenhelfer bestand selbstverständlich. Aber die Landser gaben uns von der Bowle
gerne ab, auf Befehl vom Wachtmeister. Nur durften wir

*uns nicht vom Chef erwischen lassen. Um 12 Uhr eine
Ansprache vom Chef, 12 Paukenschläge und dann allge-
meines Beglückwünschen. Vom Chef bis zum Luftwaffenhelfer. Der Chef war schon so weit, daß ich ihm mit einer
Zigarette in der Hand gratulieren konnte. Um 1.30 mußten die Luftwaffenhelfer ins Bett. Nur die Kapelle blieb
da. Es gab dann Weißwein, von dem ich mir auch meinen
Teil organisierte. Als es Schnaps gab, kamen verschiedene
Wachtmeister und Unteroffiziere und gaben uns während
des Spielens viel zuviel zu trinken ...
Evchen war auch kurz da, und nun sitze ich in der Kantine und höre endlich einmal wieder gute Musik, Mozart
und Händel-Sonaten für Geige und Klavier.
Viele liebe Grüße und alles Gute   Dein Gerhard*

Während sich Gerhard weitgehend aus den Familienfragen
heraushielt, hatte Ilse ihre Rolle als Ersatzmutter völlig
akzeptiert. Zwar machte Ernst mehrere Versuche, die drei-
jährige Dorothea in seine neue Familie zu integrieren, doch
er war viel zu selten da, um das auch durchzusetzen. Ilses
Brief vom 3. Januar zeigt, wie sehr Dorle inzwischen zu ihrer
»Tochter« geworden war:

*Mein lieber, guter Muttischatz!
Mein Liebchen, heut hab ich Dir viel zu erzählen. Viel ist
heut wieder geschehen. Heute morgen um ½ 5 Uhr war
ein wildes Flakgeballere. Eva fing an zu weinen, Dorle
rief »Ille, Ille«. Da zog ich die Verdunkelungsgardine hoch
und merkte, daß die Flak über Kassel ballerte. Ich dachte,
mich rührt der Schlag. Wir sind aufgesprungen. Als es
vorbei war, sind wir wieder ins Bett.*

*Ich bin zeitig aufgestanden. Habe die Sonntagssachen
ausgebürstet und fortgehängt, Kaffee getrunken und vorher erst noch Dorle angezogen. Nach dem Kaffee hab
ich dem Dorle den Trainingsanzug angezogen und wollte
mit ihr zu ... Armbrusts, um Butter zu holen. Da war
der Laden bei Armbrusts gestopft voll Menschen, Flie-
gergeschädigte. Es gab Geschirr. Ich heim, einen Wasch-
korb geholt und angestellt. Gustchen und Herr Armbrust
waren sehr nett. Ich erhielt 12 Becher, 9 weiße und
3 bunte. Ein Service: 6 tiefe Teller, 1 Suppenterrine,
1 Soßenkanne, 1 kleine Fleischplatte, 2 Schüsseln ...
ein Kaffeeservice: 1 Kaffeekanne, 1 Milchgießer, 1 Zuk-
kerdose, 6 Teller, 6 Tassen und Untertassen – cremefarben
mit einzelnen roten Blümchen, richtig süß. Dann noch
einen festen, weißen Topf aus Steingut. Das Geschirr wird
Dir sicher auch gut gefallen.
Als ich das zu Hause hatte, haben Eva und ich ausgepackt, und dann mußte ich noch unsere Betten abziehen
und frisch beziehen. Zum Mittagbrot gab es Bratkartof-
feln und Rotkraut. Nach dem Essen kam Dorle ins Bett,
und ich bin zur Toni und habe Dauerwellen gekriegt.
Was meinste wohl, was ich für eine Frisur hab??? Eine
Rolle. Steht mir aber recht gut. Hoffentlich gefalle ich
Dir auch ...
Vor dem Abendbrot hatte ich Hildchen Rüdiger angerufen
und sprach Herrn Rüdiger. Ich wollte dem Hildchen nur
sagen, daß es erst am 5. zur Schule brauchte. Da sagte
Herr Rüdiger, ich sollte doch dem Hildchen Nachhilfe in
Englisch geben. Ich bin ordentlich stolz auf den Auftrag.
Das, was Hildchen in der 2. Klasse lernt, sollte ich wohl
können. Meinst Du doch sicher auch??*

Vorhin habe ich noch den letzten Brief von Dir durch-
gelesen, oh das ist mir immer eine Freude. Nun mein
Herzchen, schlaf Du gut, sei nicht so traurig. Hoffentlich
sehen wir uns bald alle beieinander. Laß Dich tausendmal
grüßen und liebhalten von Deiner nur an Dich denkenden
Ilsemaus.

Am 5. Januar endeten die Weihnachtsferien. Die beiden großen Mädchen mußten nun wieder täglich zur Schule nach
Hofgeismar fahren. Die Leistungen von Ilse und Johanna ließen in diesen Monaten deutlich nach – unter den herrschen-
den Bedingungen war an regelmäßige Schularbeiten nicht zu
denken. Vor allem Johanna litt unter dem Leistungsdruck:

Heute hat die Schule wieder angefangen. Oh Muttilein,
was hab ich für eine Angst, daß ich nicht mitkomme.
Du weißt ja, in der Jungenschule wird viel mehr verlangt
als in unserer alten Penne. Du kennst ja meinen kleinen
Horizont, der so beschränkt für Mathe ist. Und es ist
bestimmt schwer zu verstehen in einer Stunde, was früher
fünf Stunden gebraucht hat. Mit Latein geht es so lala.

Ernst interessierte sich wenig für die Schulsorgen seiner Töchter. Ihn quälte schon eher das schlechte Gewissen wegen seiner Trennung von Lilli – zudem ging es in seiner Ehe mit Rita
inzwischen alles andere als harmonisch zu. Und so warb er
bei seiner ältesten Tochter schriftlich um Verständnis für sein
Verhalten. Ilse berichtete davon am 7. Januar ihrer Mutter:

Vati hat mir einen furchtbar langen Brief geschrieben.
Wenn ich ihm darauf antworte, was ich denke, tue ich

ihm bestimmt weh. Das will ich aber nicht. Ich will ihm
gar keinen Brief senden.

Doch Ernst ließ nicht locker. Zwei Tage später schrieb Ilse:

Gestern bekam ich wieder einen acht Seiten langen Brief von
Vati. Grauenhaft. Ach Liebling, wenn Du doch nur wieder
bei mir wärest. Nie, nie mehr kann ich mich richtig freuen.

Die Kinder kamen mit den Spannungen im Hause kaum
noch zurecht. »Wärest Du erst wieder einmal bei uns fünfen«, klagte Eva am 11. Januar ihrer Mutter. »Es ist ganz
schrecklich, wenn Du nicht bei uns bist.«
    Am nächsten Tag meldete sich wieder Ilse:

Mein allerbestes Muttilein!
Das war heute morgen eine Hetzjagd. Ich bin wieder
um 6 Uhr aufgestanden, habe Englisch übersetzt und
Vokabeln rausgeschrieben. Ehe ich mich versah, war es
zehn nach sieben. Ich hatte mich noch nicht frisiert, noch
kaum Schuhe geputzt und noch kein Brot gemacht. Um
drei Minuten nach halb bin ich erst zur Bahn und habe
nur mit Ach und Krach das Bähnle erwischt.
Jetzt hatte ich aber noch kein Geschichte gelernt. Wir hat-
ten den ganzen 30jährigen Krieg auf. Ich wußte nur die
Schlachten und Kriege bis 1635, das Ende des Schweden-
krieges. Den Rest habe ich noch in der Schule gelernt. In
der ersten Stunde habe ich wieder unseren geliebten und
verehrten Dr. Müller gehabt in Deutsch. In der 2. Stunde
hatten wir Mathematik, den »Keller«. Das ist ein gräßli-
cher Mann. Er hat Hängebacken. Fast eine Glatze. Eine

dicke Unterlippe und 'nen Bart. Es geschehen noch Zeichen und Wunder: Ich habe Mathe verstanden. In der 3. Stunde hatten wir wieder beim Cellarium Physik, mit einer anderen Klasse zusammen. Das war sehr langweilig. In der 4. und letzten Stunde hatten wir beim »Mohammed« Geschichte. Ich bin Gott sei Dank nicht drangekommen.

Nach der Schule kam ein Mädchen aus der B aus Fulda und hat uns sechsen aus Kassel die Verhältnisse aus dem Lager geschildert. Es bestehen Möglichkeiten, die Mädels zu besuchen. Da will ich Samstag/Sonntag mal die Gisela besuchen.

Gestern nachmittag habe ich meine erste Stunde gegeben. Ich glaube, Hildchen hat etwas dabei gelernt. Am Freitag soll ich zur Tante Maria fahren, um mir meine Geburtstagstorte abzuholen. Ist doch nett.

Hoffentlich hast Du die Bilder bekommen, die Pakete. Dein Brief, den Du nach meiner Rechnung am 3. geschrieben hast, ist noch nicht hier. Ob Du wohl keinen Hunger hast?? Ob Du wohl noch frierst? Oh, wenn ich es nur wüßte. Tag und Nacht sind meine Gedanken bei Dir. Schon 18 ½ Wochen sind wir getrennt. Hoffentlich haben wir die längste Zeit hinter uns. Ein einsamer Tag folgt dem anderen ... ohne Dich! Oh Muttchen, wenn Du doch nur bald entlassen würdest!!

Nun ist Tante Lore auch fort nach Tübingen und in den Schwarzwald, und wir sind nur für uns. Aber wir wollen und werden durchhalten bis zum Ende. »Was helfen uns die schweren Sorgen, was hilft uns unser Weh und Ach ...« Laß Dich innigst umarmen, Dir tausend Grüßlein senden von Deiner Ilsemaus.

Wieder machten sich die Kinder große Sorgen. Seit genau einem Monat, seit Ilses Besuch in Breitenau, hatten sie kein Lebenszeichen mehr von ihrer Mutter bekommen. Spätestens zu Jahresbeginn hatte ihr ein weiterer Brief zugestanden. »Wo bleibt Deine Post, Du müßtest längst wieder geschrieben haben«, fragte Johanna am 12. Januar. »Ich bin schon in Unruhe, daß Du so lange nicht geschrieben hast«, klagte Ilse am folgenden Tag.

Schließlich machte sie das, was Lilli schon im November angeregt hatte: Ilse fuhr eines Morgens mit demselben Zug wie die Zwangsarbeiterinnen aus Breitenau. Und von weitem erkannte sie tatsächlich ihre Mutter, gab sich aber nicht zu erkennen, um Lilli nicht zu gefährden.

Gerhard wußte von den neuerlichen Sorgen nichts. Er verbrachte in diesen Tagen seine Ferien bei seiner Cousine Marilis in Marburg. Am 16. Januar lieferte er seiner Mutter einen ausführlichen Reisebericht:

Meine liebe, gute Mutti,
diesmal kommt mein Sonntagsbrief aus Marburg. Ich bin
schon eine ganze Woche hier, und es hat mir wunderschön
gefallen. Marilis ist mit ihrer Freundin Ilse in die Kirche
gegangen, und ich habe jetzt richtig Ruhe, um Dir zu
schreiben. Wie geht es Dir? Ich denke jetzt gerade in
meinem Urlaub so viel an Dich.
Am letzten Sonntag sind Marilis und ich um 7 Uhr in
Immenhausen fortgefahren. Um 11.30 Uhr waren wir
in Marburg und haben erst einmal zu Mittag gegessen, in
einer sehr schönen Gaststätte »Der Ritter«, wo ich dann
auch die ganze Woche gegessen habe, während Marilis in
der Mensa aß.

Dann waren wir in Marilis' Bude. Die Leute waren sehr nett und haben mir auch eine Couch zum Schlafen freigemacht. Dann hat Marilis mir Marburg gezeigt, zwischendurch waren wir ein paar Mal im Café, haben zu Abend gegessen und waren dann noch im Kino: »Gekrönte Liebe«, ein toller italienischer Film, aber auch nicht bedeutent. Am Abend haben wir auf Marilis' Bude gesessen, uns unterhalten und gelesen.

Am Montag früh sind wir dann in die erste Vorlesung für mich gegangen: Professor Mommsen, ein Enkel des großen Mommsen, über die Zeit von 1890 bis 1914. Ganz groß war das und schrecklich interessant. Ich hatte Zivil an, und so fiel das gar nicht weiter auf. Anschließend eine Vorlesung über deutsche Märchen, die entsetzlich langweilig war. Nachmittags waren wir in der Universitätsbibliothek, schwer interessant ...

Am Dienstag gingen wir morgens in eine Vorlesung über Mittelalterliche Geschichte, zum Einschlafen langweilig. Marilis und Ilse gehen auch meistens gar nicht hin. Dann haben wir uns eine juristische Vorlesung bei den Volkswirtschaftlern angehört. So 'was Stures. Praktisch lernen die nur das ganze Bürgerliche Gesetzbuch auswendig. Anschließend wieder Mommsen »Nachbismarckzeit«, prima. Danach Professor Kommerell über die Erzähler des 19. Jahrhunderts. Sehr interessant und ganz toll. Aber ich habe gemerkt, daß ich überhaupt nicht richtig aufpassen kann. Bei der interessantesten Vorlesung werde ich auf einmal furchtbar müde, höre gar nicht mehr richtig zu. Und hinterher habe ich immer ganz blödsinnige Kopfschmerzen. Beim Kommiß kommt man doch sehr raus aus der Übung.

Aber jetzt in den letzten Tagen ging es schon wieder
besser. Am Nachmittag waren wir in der Universitäts-
bibliothek und dann bei Marilis. Abends mußten die bei-
den zum Sport, und ich habe gelesen. Auf Vatis Vorschlag
von Fontane »Der Stechlin«, der mir sehr gut gefallen hat.
Am Mittwoch habe ich mir Paßbilder machen lassen.
Dann war ich in der Elisabethkirche, sie ist sehr schön,
aber alle bedeutenden Sachen sind entweder eingemauert
oder fortgebracht ...
Freitag war ich wieder mit bei Mommsen und Kommerell.
Nachmittags waren wir auf dem Schloß und auch drin.
Aber auch hier ist fast alles in Sicherheit gebracht.
Abends waren wir im Kino: »Meine Freundin Josephine«.
Erschütternd! Zwischendurch gab es einmal Luftwarnung
und dann noch Fliegeralarm. So habe ich den Film nicht
einmal zu Ende gesehen. Bei Marilis haben wir dann noch
lange geklönt.
Samstag morgen haben wir drei einen ausgiebigen
Geschäftsbummel durch Marburg gemacht. Am Nachmit-
tag habe ich mir den Film zu Ende angesehen und war
dann mit den beiden Damen noch einmal im Kino:
»Reisebekanntschaft« – nichts Besonderes, aber wir haben
einmal ordentlich gelacht.
Bei Marilis wurde dann noch ein prima Pudding gekocht
und wieder sehr lange geschwatzt. Hier ist es ganz prima,
und ich bin froh, daß ich hierher gekommen bin. Es lohnt
sich wirklich. Hier habe ich Gemeinschaft. Das ist es
hauptsächlich, was in Immenhausen fehlt.
Viele liebe Grüße und einen herzlichen Kuß von Deinem

Gerhard

Nun endlich traf auch der sehnlich erwartete Brief von Lilli ein. Ilse, die am Vortag 15 Jahre alt geworden war, bestätigte die Ankunft des – nicht mehr erhaltenen – Schreibens am 16. Januar:

Mein liebstes, bestes Muttilein!
Gestern war nun mein Geburtstag. Es war nicht ein
bißchen schön. Morgens, kurz bevor ich fortging, zur
Bahn, kam Tante Rita und gratulierte mir. Sie zeigte
mir meine Sachen. Von Onkel Josef: von Ricarda Huch
»Vom großen Krieg in Deutschland«, zwei Hammerbüch-
lein (Der Stephansdom zu Wien, drei Kaiserdome), ein
buntes Glasschälchen, ein Album, worein ich Bilder kle-
ben kann oder mir etwas reinschreiben kann ... eine Tüte
Spekulatius, die ich Dir schenke, zwei Käse- und die
Schokoladentorte. Keiner hat mir geschrieben, nur Dein
Brief kam heute morgen ...
Abends haben wir uns kurze Zeit nach unten gesetzt. Vati
war nachmittags auch gekommen. Dann haben Hannele,
Eva und ich gebadet. Wir sind rauf zum Dr. Schupmann
ins Zimmer und haben die Schokoladentorte geschlachtet.
Die Torte hat phantastisch geschmeckt. Dr. Schupmann
hatte noch einen ganzen Berg Apfel- und Streuselkuchen
... mitgebracht. Wir konnten nur jeder zwei Stück Torte
essen, und wir waren schon satt. Wir waren kaum eine
halbe Stunde oben, da kam der Vati schon rauf und
schimpfte, es sei schon spät, wir sollten in drei Minuten
im Bett sein. Dabei war es erst 20 nach 10. Nun, was
konnten wir machen. Wir haben die restliche Torte schnell
versteckt und sind ins Bett. Heute früh habe ich die Torte
mit Hannele zusammen aufgegessen ...

Ein Gesuch ist von Vati gemacht worden. Die Schaden-
ersatzanträge will Vati stellen. Sorgen brauchst Du Dir
nicht zu machen, um mich auch nicht ... Dein Brief ist
erst am 13. gestempelt und schon am 1. geschrieben. Da
konnte ich lange warten. Nun Liebes, Gutes. Ich freue
mich sehr, daß es bei Dir Weihnachten auch ganz schön
war. Laß Dich fest liebhalten, Dir tausend Grüßchen und
Küßchen geben von Deiner Ilsemaus.

Vor allem zwei Nachrichten enthielt dieser Brief, die Lilli
interessiert haben dürften: Einmal wurde der Nachlaß ihres
Onkels Josef aus Halle nun Stück für Stück auf die Kinder
verteilt, Ilse bekam ein Buch geschenkt. Wichtiger aber:
Ernst, so schrieb Ilse knapp, aber unmißverständlich, habe
ein »Gesuch« um ihre Freilassung bei der Gestapo gemacht –
Ernst hatte sich demnach tatsächlich zu einer Hilfsaktion
aufgerafft. Lilli schöpfte sicher wieder etwas Hoffnung.

In Immenhausen vertrieb man sich derweil die Zeit mit
den kleinen Attraktionen, die der Krieg noch bieten konnte:
So berichteten deutsche Soldaten, die im Austausch mit alliierten Soldaten aus der Kriegsgefangenschaft heimgekehrt
waren, beim Gastwirt Pfleging aus Nordafrika. Johanna, das
zeigt ihr Brief vom 18. Januar, war durchaus beeindruckt von
dieser Veranstaltung:

Dr. Schupmann, Gerda, Ille und ich waren da. Es hat uns
sehr gefallen. Die haben afrikanische Negerbauchtänze
aufgeführt, haben sehr schön musiziert mit Klavier, Geige,
Cello und Gesang. Von Beethoven und Mozart war die
Musik. Hinterher wurden die Soldaten mit Kaffee und
Kuchen bewirtet. Aber da ist so viel übriggeblieben, daß

*Dr. Schupmann noch einen großen Teller mit Streusel-
und Stachelbeerkuchen mitbrachte. Den haben wir heimlich an Illes Geburtstag abends verzehrt. Der Mann ist in
Ordnung, macht alles mit.*

Johanna genoß diese kleinen Glücksmomente – und doch
war auch für sie die Situation in Immenhausen inzwischen
kaum noch erträglich, wie sie ihrer Mutter vier Tage später
gestand:

*Tante Lore schrieb, in Tübingen sei es nichts mit einer
Wohnung. Aber sie hätte größere Aussichten im Schwarzwald. Hoffentlich klappt da etwas, denn noch lange hier
<u>ohne Dich</u>, Mutti, das geht schlecht. Aber, bitte mach Dir
keine Sorgen, es wird schon alles werden. Ich habe Mut.*

Gerhard war unterdessen wieder aus dem Urlaub in seine
Flakstellung in Obervellmar zurückgekehrt. Schon am ersten
Tag, so berichtete er ebenfalls am 22. Januar, hatte ihn der
militärische Alltag wieder:

*Abends fünf Stunden Alarm, 8 bis 1 Uhr. Auch ein
bißchen geschossen. Wahrscheinlich sogar ein Abschuß.
Es fängt also gut an.*

Lillis Sohn schloß seinen Brief mit einem langen Rilke-Zitat
und legte noch ein Foto bei, wahrscheinlich eines jener Paßbilder, die er in Marburg hatte machen lassen. Eine Woche
später wurde Gerhard zusammen mit den übrigen Luftwaf-
fenhelfern des Jahrgangs 1927 gemustert; danach berichtete
er stolz an die Mutter:

298

*Ich bin natürlich kriegsverwendungsfähig Ersatzreserve I,
schnelle Truppen. Selbstverständlich auch arbeitsdienst-
tauglich.*

Ilse hatte Immenhausen ebenfalls für ein paar Tage verlassen
können. Sie besuchte, wie bereits angekündigt, ihre nach
Fulda evakuierte Schulfreundin Gisela Stephan und erzählte
Lilli dann am 24. Januar von ihrer kleinen Reise:

*Mein liebstes, gutes Muttilein!
Nun bin ich wieder zu Hause angelangt. Es war sehr
schön. Als ich am Samstag morgen in Fulda ankam, hatte
ich einen sehr langen Marsch vor mir. Die Jugendherberge
liegt ganz weit draußen auf dem Berg. Als ich ... oben
bin, frage ich nach Giselas Zimmer. Ich komme kaum bis
zum Zimmer, als ich schon Gisela im Waschraum sehe.
Wir haben uns bald totgefreut, daß wir uns wiederhatten.
Dann begann eine lebhafte Begrüßung mit der ganzen
Klasse. Die Mädels waren alle sehr nett. Gisela schläft
noch mit drei weiteren zusammen.
Nachmittags war ich mal unten in der Stadt und habe mir
was zum Essen geholt. Gott sei Dank, daß die olle Oberin
nicht da war. 1. ich hätte nicht in der Jugendherberge
schlafen können. 2. Gisela hätte nie freibekommen ...
Nach dem Abendbrot haben Gisela und ich uns zusammen
in Giselas Bett gelegt und uns erzählt, stundenlang. Am
anderen Morgen hatten Gisela und noch einige Mädels
aus der Klasse Fechtstunde. Da bin ich mit und habe
zugesehen. Nach dem Mittagessen sind Gisela und ich in
die Stadt. Erst habe ich mir eine Fahrkarte geholt.
Dann sind wir zur Nationalsozialistischen Volksfürsorge*

(N. S. V.) und haben gefragt, ob ich dort eine Nacht
schlafen könnte. Sie waren sehr freundlich und sagten,
ich könnte dort schlafen.

Um ½ 6 mußte Gisela wieder im Lager sein. Ich habe
sie noch ein Stück begleitet, bin aber bald Abendbrotessen
und zur N. S. V. Dort mußte ich in einem Zimmer schlafen, wo den ganzen Tag das Fenster geöffnet war, mit
zwei Frauen und einem Mann aus Düsseldorf zusammen.
Ich habe ganz jämmerlich gefroren.

Als ich heute morgen in Kassel ankam, ist Fliegeralarm.
Mir ist der Schreck ordentlich in die Glieder gefahren.
Gott sei Dank ist nichts geschehen. So leicht fahre ich
jetzt vormittags nicht mehr nach Kassel, nur noch nachmittags. Nach dem Essen habe ich mich erst einmal
hingelegt und mit Dorlemäuschen zusammen geschlafen.
Ich habe dann meinen Reisekram fortgeräumt und noch
genäht und gelernt.

Eben habe ich im Radio noch die kleine Nachtmusik
gehört. Ich habe so sehr an Dich gedacht. Wenn Du
doch erst einmal wieder bei uns sein dürftest!!! Wenn
man fortgeht, keiner kümmert sich um einen. Kommt
man wieder, keiner ist da, der gleich freundlich deinen
Erlebnissen zuhört. Wie lange soll das nur noch dauern?
Einmal _muß_ es doch anders werden. Nun, Herzchen, laß
Dich fest umarmen, Dir tausend Grüßlein senden und
1000 Küßlein geben von Deiner Ilsemaus, die bloß an
Dich denkt.

Ilsekind.

In den Tagen, als Ilse in Fulda war, kümmerte sich Johanna
um die kleine Dorothea. Das ging ganz selbstverständlich:

»Wenn Ille weg ist, dann muß ich an ihre Stelle treten«, hatte Johanna schon im Oktober 1943 geschrieben, als Ilse erstmals nach Frankenstein gefahren war.

Aber kaum war ihre große Schwester zurückgekehrt, trat Johanna von ihren Mutterpflichten zurück und konzentrierte sich wieder auf die Schule. Ihr Brief vom 27. Januar:

Mein liebes, gutes Muttilein,
gerade hat es hier Alarm gegeben – das Licht ging aus,
und wir saßen alle im Dunkeln. Aber nun leuchtet etwas.
Hier ist ein schreckliches Wetter, Sturm, Regen. Es war
kein Vergnügen, draußen herumzustolpern.
In der Schule war es heute interessant. Die Hofgeismarer
und die Bremer stehen sich wie Katz und Hund. Wenn
um 6 Uhr die Schule aus ist, stehen an jeder Ecke so 5–6
Mann. Wenn dann die Bremer kommen, gibt es eine wüste
Keilerei. Das ist dem Direks zu Ohren gekommen. Der
hat nun einen Schlachtplan entworfen. Anstatt um 6 Uhr
hört die Penne fünf Minuten vor 6 auf. Vorher sind schon
ein paar Jungen aus der fünften Klasse als Kundschafter
losgezogen. Dann kommt die Hälfte der vierten Klasse
und die dritte (ohne Mädchen) und so weiter: immer
kleine Trupps, geschlossen in drei Gliedern, hinterher noch
mal große Jungs … Aber nun stell Dir vor: Plötzlich
stürmen die Hofgeismarer auf einen Pfiff aus allen Ecken
hervor. Das war was. Mutti, im Nu waren wir weg.
Denn da ging es toll her, Taschen, Jacken, Mützen, Stöcke,
Schulterriemen, ein Gewimmel von all dem Kram. Wer
gesiegt hat, wissen wir noch nicht.
In der Schule üben wir jetzt Aufsätze gliedern, wir lernen
wahnsinnig viel in der Penne. Man kommt aus dem

Pauken nicht mehr raus, einfach schrecklich. Und wenn
man dann nicht mal alles richtig versteht, macht es keinen
Spaß. Ach, ich schaffe es schon.
Nun muß ich noch Strümpfe stopfen, dann also Gute
Nacht Muttilein. Der liebe Gott muß uns doch helfen, ich
glaub daran.
Laß Dich ganz feste liebhalten, von Deinem Hannelekind.

Die Auflösung der Hausgemeinschaft mit Rita zeigte sich
auch im Detail: Die vier Mädchen im Dachgeschoß wurden
nun morgens nicht mehr geweckt. Ilse mußte dafür sorgen
und nahm einen alten Wecker, der Lilli gehörte. Sie hatte
dabei ein schlechtes Gewissen, irgendwie kam dieser Aneig-
nung doch schon eine symbolische Bedeutung zu: Gab sie
die Mutter damit ein Stück weit auf? Ein Auszug aus Ilses
Brief vom 29. Januar 1944:

Gestern hatte ich überhaupt vergessen, Dir zu schreiben,
daß ich mir Deinen roten Wecker genommen habe. Jetzt
bist Du doch sicher nicht darüber ärgerlich? Oder doch?
Muttilein, es ging wirklich nicht anders. Keinen Morgen
wußte man, wieviel Uhr es war. Heute Morgen hat er so
schön geklingelt und ich bin aufgestanden.

Schon am nächsten Tag, einem Sonntag, setzte die 15jährige
Ersatzmutter ihre Berichterstattung fort:

Liebstes, gutes Muttileinle!
Heute habe ich mich ausgeschlafen. Bis ½ 9 Uhr hab ich
geschlafen. Da hat mein Weckerlein geläutet. Ich bin auf-
gestanden, habe Dorlemaus angezogen und dann mich.

Gleich nach dem Kaffee mit Hannele in die Kirche. Als wir nach Hause kamen, haben Dorle und ich Hausputz beziehungsweise Zimmerputz gehalten. Allen Kleinkram unter Betten und Kommode rausgeholt und abgerückt und gefegt. Jetzt ist es endlich wieder richtig sauber. Dann noch abgestaubt und aufgeräumt. So sieht alles tiptop aus. Jetzt fühle ich mich richtig wohl in meinem so winzigen Reich. Es ist noch so klein, aber schön ist es doch. Abends sitze ich immer auf meiner Bettkante und lerne und schreibe. Wie heute abend auch. Ein Kindertisch und Stuhl steht zwar drin, aber das ist mir so unbequem.

Wenn ich dann so auf meinem Bett sitze, denke ich oft, so oft, an unsere liebe Wohnung in Kassel, an unsere schönen Sachen und an das Häuslein hier, in dem wir zusammengelebt haben, und was nun ist? Und wem es jetzt gehört. Wie anders ist alles jetzt geworden!!!! Und am allermeisten denke ich an Dich. Aber wenn ich immer noch auf bin, um 10, 11 oder 12, dann bist Du doch sicher schon immer im Bett.

Mein Zimmerlein habe ich mir ganz nett eingerichtet. Dort, wo früher Hanneles Bett stand, steht meines. Dort, wo früher mein Bett stand, steht Dorles und ein Spielschrank, jetzt Wäscheschränkchen. Dort, wo früher, ganz früher, die Kommode stand, steht sie wieder. Zwischen meinem Bett und der Heizung steht Evas Bett. Neben Evas Bett steht Dorles Puppenbett mit Deiner alten Puppe, jetzt Dorles Gretel. Auf der Kommode steht mein Schmuckkasten, ein Holztellerchen mit einer Spitzendecke von Vati. Dann eine kleine Kommode von Tante Rita. Rechts neben der Kommode steht ein kleines Puppen-

bettchen mit einem Männlein und einem Weiblein. An
dem Bettchen steht »Stilles Glück« ...
Eben gerade war Vorentwarnung, obwohl die Scheinwer-
fer noch am Himmel sind und auch die Flak entfernt ganz
erheblich schießt. Abend für Abend, Tag für Tag sind doch
diese Unheilsflieger hier über Deutschland ...
Nach dem Mittagessen bin ich zum Gerhard gefahren.
Kaum bin ich in Obervellmar angekommen, steht der
Gerhard da und winkt und ruft. Auf der einen Seite die
Treppen rauf in Obervellmar, auf der anderen Seite wieder
runter in den Zug nach Immenhausen – das hatte tadellos
geklappt. Zu Hause habe ich Gerhard erst einmal etwas
zum Essen gegeben. In Gertruds Zimmer haben Gertrud,
Gerhard und ich noch geraucht und erzählt ...
Zum Kaffee hat es denselben Kuchen gegeben, wie Du
ihn bekommen hast. Er war sehr trocken. Sonst ging es
eigentlich. Besser als nichts. Wie es nächste Woche mit
einem Paket für Dich werden soll, ist mir rätselhaft!! ...
Gleich muß ich noch an Tante Lore schreiben und eine
Binde an Gerhards Mantel nähen. Ich bin heute so beson-
ders müde. Woher weiß ich nicht. Morgen früh wieder
Lateinstunde. Ich habe mir einen grünen Schlafanzug und
ein Paar blaue Lederhandschuhe geholt aus dem Koffer.
Das Flakgeballere kommt andauernd näher.
Nun Liebling! Dürfen wir uns wohl bald wiedersehen?
Mit vielen Grüßlein und Küßlein umarmt Dich Deine
Ilsemaus.

Obwohl Lilli nun schon fünf Monate inhaftiert war, hatte
sich ihr Schicksal noch nicht bei allen Bekannten herumge-
sprochen. Das galt auch für »Fräulein Frieda«, das ehemalige

Hausmädchen von Großmutter Paula in Köln, das der Familie Jahn nach wie vor verbunden war. Frieda hatte sich nach langer Zeit wieder gemeldet, und Ilse informierte ihre Mutter darüber am 31. Januar:

Fräulein Frieda hatte vor kurzem einen eingeschriebenen
Brief an Dich gesandt. Den haben Gerhard und ich geöff-
net. Frieda hatte große Sorge um uns, weil sie keine
Antwort bekam. Ich habe ihr dann geschrieben, daß wir
alleine wären und Du verhindert wärest zu schreiben. Jetzt
soll ich ihr ausführlich schreiben und zwar umgehend.
Ich muß mir erst noch reiflich überlegen, was ich schreibe.

Die Wahrheit konnte Ilse kaum schreiben, ein solcher Brief hätte nie die Zensur passiert, zudem hätte er die Kinder womöglich in eine schwierige Lage gebracht.

Ratlosigkeit machte sich in diesen ersten Wochen des neuen Jahres breit. Lillis Töchter spürten, daß alle Hoffnungen auf eine Freilassung der Mutter immer wieder enttäuscht wurden. Was sollten sie tun? Was konnten sie tun?

Sie schrieben weiterhin fast täglich, um zumindest in Gedanken bei der Mutter zu sein, aber ihre Briefe wurden kürzer, routinierter. Der lebensnotwendige Kontakt geriet zum Ritual. Außerdem gab der monotone Alltag des Krieges wenig her. Am 1. Februar 1944 schrieb Ilse:

Mein allerbestes Muttilein!
Heute früh war mal wieder eine Hetzjagd. Ich mußte
mir noch eine Fahrkarte holen. Aber es hat geklappt.
In der Schule war es mal wieder sehr schön. Aus der
Deutschstunde: Die Tragödie ist da, um unsere Seele zu

erschüttern. Oder: Sie hat die Gewalt über unsere Leiden-
schaften. Das erste hat uns Dr. Müller gesagt, das zweite
hat Lessing in seiner Hamburgischen Dramaturgie gesagt.
Das finde ich sehr schön gesagt, von unserem »Müller«.
Deine Ilse ist jetzt schon ganz anders geworden. Vieles
andere wälzt sich in ihrem Kopf. Beim Stopfen läßt sich
schön über so etwas grübeln. Wenn du mir aber erst
mal wieder etwas erzählst. Heute Nachmittag habe ich
Aufgaben gemacht und bin in der Lateinstunde gewesen.
Dort habe ich mich gräßlich blamiert. Dieser Schandfleck
wird wieder ausgewischt.
Nun Gute Nacht! Vati ist da. Laß Dich fest liebhalten,
Dir tausend Küßlein geben von Deiner Ilsemaus.

Die Anwesenheit des Vaters machte die Situation für Lillis
Töchter etwas erträglicher, vor allem konnten sie sich bei
Ernst auch mal über Ritas Verhalten beklagen. In der Regel
wich er jedem Konflikt aus. Diesmal allerdings, so berichtete
Johanna am nächsten Tag, intervenierte Ernst:

Vati war gestern abend da, der hat der Alten den Kopf ein
bißchen zusammengesetzt, na, ob es hilft?

Das Verhältnis der Kinder zu Rita blieb zerrüttet. Im Grunde
hatte sie nur am Anfang ihrer Immenhäuser Zeit Lillis Töchtern gegenüber so etwas wie Sympathie gezeigt. Was dann
letztlich zum Bruch führte: die ihr eigene Härte und Unduld-
samkeit oder die Ablehnung durch die Kinder – schließlich
wurde sie erkennbar zu Lillis Rivalin –, läßt sich heute nicht
mehr rekonstruieren. Mitleid oder gar Liebe hätten die Kinder von ihr aber wohl kaum erwarten dürfen.

Am 4. Februar traf morgens ein weiterer Brief Lillis in Immenhausen ein: der reguläre Februar-Brief – auch er ist nicht überliefert. Ilse bedankte sich noch am selben Abend:

Oh mein liebes gutes Herzchen, wie froh bin ich, daß Du noch nicht gar so entmutigt bist, daß Du noch satt wirst, und daß Du doch eine Freude durch unsere Briefe hast. Das Schönste am ganzen Tag ist auch für mich, wenn ich mit Dir (im Geiste) rede.

»Helft, daß ich bald erlöst werde!«
Hat Ernst das Gesuch an die Gestapo geschrieben?

Schon ein paar Tage später bekamen die Kinder erneut Post von ihrer Mutter, der Brief war auf den 6. Februar 1944 datiert. Lilli hatte irgendwo ein Registerblatt mit den Buchstaben PQ aufgetrieben – wahrscheinlich stammte es aus einem Adreßbuch – und mit Bleistift beschriftet. Auf dem in Malsfeld abgestempelten Umschlag war aus Sicherheitsgründen eine der Familie nicht bekannte Frau als Absenderin angegeben: »Eva Beisse, Gera, Große Kirchstraße 19«.

Zwei Monate lang hatte sich Lilli an Ilses Warnung gehalten und keine illegalen Briefe mehr geschickt – nun war das Heimweh stärker als jede Angst vor weiteren Schikanen:

Meine lieben, geliebten Kinder,
ich habe zwar erst am letzten Sonntag durch die Anstalt
an Euch geschrieben, aber wer weiß, wann Ihr den Brief
erhaltet. Und ich hab halt heute wieder <u>so</u> große Sehn-
sucht nach Euch, und es drückt mich so sehr, daß ich
nun schon <u>6</u> Monate von Euch fort bin – ich muß mir
mein Herz eben ein wenig erleichtern, indem ich an Euch
schreibe. Denkt aber nur ja nicht, Eure Mutti sei immer
und sei nur traurig, dazu läßt mir schon die viele Arbeit
in der Fabrik gar keine Zeit, und es gibt auch sonst immer
mal irgendwas, das froh macht.
Da sind ja in erster Linie Eure guten, liebevollen Briefe, mit
denen ich mich immer so unsäglich freue, für die ich Euch
immer wieder von ganzem Herzen danke. Diese Woche
habe ich mich besonders gefreut mit Deinem Bild, mein

guter Junge. Ich habe mich so arg gefreut, Dein Gesicht mal
wieder zu sehen und für den lieben langen Bericht mit den
schönen Rilke-Worten am Schluß, innigen Dank!
Die schönen Karten von Hannele, Ille und Marilis haben
mir auch viel Freude gemacht, es ist so gut und wohltuend, wenn man immer mal wieder an das Schöne, Gute
und Wertvolle erinnert wird. Ob Marilis wohl wieder
ganz gesund ist, und was macht mein liebes liebes kleines
Dorlekind??
Ach, Kinder, wann dürfen wir wieder zusammen sein???
Ich kann es schon bald gar nicht mehr erwarten und
werde von Tag zu Tag ungeduldiger. Der Vati soll doch
noch mal hingehen zur Stapo und darauf bestehen, daß
ich endlich frei komme. Und er soll ganz bald hingehen!
Bitte, bitte, bitte! Es ist mir oft so weh um's Herz, wenn
ich bedenke, daß so wenig für Euch gesorgt wird und Ihr
so sehr Euch selbst überlassen seid. So schön, wie wir
es hatten, werden wir es nie wieder bekommen, aber wie
glücklich werden wir auch in der einfachsten Umgebung
miteinander sein, nicht wahr?? Ob ich wohl an meinem
Geburtstag bei Euch bin? Wie lange bleibt denn Tante
Lore fort, und wo ist sie eigentlich?
Eure Pakete, Eure guten und reichhaltigen und liebevoll
gepackten Pakete habe ich alle erhalten, und Ihr glaubt
gar nicht, wie sehr Ihr mir damit geholfen habt. Ich bin
nie mehr abends hungrig zu Bett, und meine Abteilungs-
leiterin in der Fabrik, mit der ich mich sehr gut stehe und
die vier Wochen in Berlin war, war sehr erfreut über mein
besseres Aussehen. Das danke ich Euch!
Evchen, sag doch bei Röschen, ich ließe herzlich gratulieren zu dem kleinen Mädchen. Wie geht es denn Wilhelm

Hirdes? Was macht Hanneles böser Finger und wo bleibt
die Zeichnung vom lieben Dr. Schupmann? Ille-Freundin,
Deine Schulberichte freuen mich immer besonders. Nur
sollst Du bitte nicht stets so sehr spät ins Bett gehen.
Du hast doch den Schlaf <u>so</u> nötig. Den Wecker kannst
Du selbstverständlich benutzen, darüber freue ich mich
nur. Hannele, wie ist denn die »Schlacht in Hofgeismar«
ausgegangen? Liebe, liebe gute Kinder, lebt wohl, helft,
daß ich bald hier erlöst werde. Ich sehne mich so sehr nach
Euch, und ich küsse Euch in Gedanken 1000 Mal und
umarme Euch ganz fest.
Eure Mutti, die Euch unendlich liebt!!

Ilse hatte ihrer Mutter ja geschrieben, daß Ernst bereits ein
Gesuch gemacht habe – bisher ohne Erfolg, wie Lilli feststel-
len mußte. Also appellierte sie erneut an ihn: »Der Vati soll
doch noch mal hingehen zur Stapo.«

In der mörderischen Logik der Gestapo ergab eine Freilassung allerdings überhaupt keinen Sinn, denn wo sollte Lilli in
einem solchen Fall eigentlich hin? Man hatte sie doch schon
einmal aus Immenhausen vertrieben und in Kassel einquar-
tiert. Dort war nun alles zerstört. Und zurück in das Haus
ihres ehemaligen Mannes hätte man sie nie ziehen lassen.

Insofern war Lores nun schon Monate dauernde Suche
nach einer neuen Wohnung, in der sie, Marilis, Lilli und die
Kinder leben sollten, durchaus sinnvoll, ja notwendig. Doch
Lillis Schwägerin hatte keinen Erfolg – warum auch immer.

Ilse hatte das Wochenende bei Lores Tochter Marilis in
Marburg verbracht, Johanna war also wieder für die Betreuung von Eva und Dorothea zuständig gewesen. Am Montag,
dem 7. Februar, berichtete sie ihrer Mutter:

Meine liebe, gute Mutti!
Wie geht es Dir? Bist Du gesund? Uns geht es allen
gut bis auf den Schnupfen, der reihum geht. Eben ging
das Licht aus. Ille, Eva und ich haben bei Kerzenlicht
(Überreste vom Weihnachtsbaum) Kuchen gegessen ...
Ille hat es sehr gut bei Marilis gefallen. Nun bin ich
wieder meines Amtes entwürdigt als Vizemama. Muttilein, mir gefallen von Tag zu Tag die Kinder besser,
ganz schnuppe, ob sauber oder schmutzig. Wenn ich mal
einen Beruf ergreife, so müßte er auf alle Fälle mit Kindern zusammenhängen. Gerne möchte ich ein großes Haus
haben, wo ich kranke, arme oder gar Waisenkinder aufnehmen kann. Aber dazu muß man erst mal Geld haben,
und dann will und muß ich ja auch einen Beruf ausüben.
Ich glaube, das hat alles noch etwas Zeit. Ob Dir wohl
mein Plan gefällt? Gerne möchte ich mit Dir darüber
reden. Wir wollen hoffen, daß diese Zeit bald wieder
kommt.
Für heute sei recht herzlich gegrüßt und geküßt von
Deinem Hannelekind.

Am nächsten Abend erzählte Ilse dann selbst, was sie in Marburg erlebt hatte:

Liebstes, bestes, gutes Muttilein!
Jetzt bekommst Du endlich mal wieder etwas von mir zu
hören.
Es ist schon wieder spät. Aber jetzt gibt es keine Ausrede
mehr. Für Dich sind gerade Plätzchen im Ofen. Ich muß
erst einmal nachsehen. – So, das erste Blech ist fertig, und
das zweite Blech ist drin. Sie schmecken recht gut.

*In Marburg war es sehr schön. Marburg ist eine niedliche
Stadt. Am ersten Abend waren wir im Kino: »Ein weißer
Traum«. Das war ein ganz toller Film. Morgens haben
wir lange geschlafen. Am Samstag waren wir in Gießen
im Theater, im »Grafen von Luxemburg« von Lehar. War
recht nett. Vorher hatten wir in Gießen kein Unterkom-
men gefunden: Alle Kaffees hatten wegen Überfüllung
geschlossen. Wir waren drum und dran, mit dem nächsten
Zug wiederum zu fahren. Aber zu allerletzt, nachdem wir
uns blau gefroren hatten, sind wir in ein kleines Kaffee
geraten. Dort haben wir lange Zeit gesessen, bis das
Theater anfing. Gießen ist eine todlangweilige Stadt.
Nein, so was! Eben bin ich noch mal bei den Plätzchen
gewesen, die zweiten sind etwas verbrannt. Sie werden
Dir aber sicher doch noch schmecken ...
Ich habe eine ganze Menge Sachen eingekauft. Butter,
Käse, Marmelade und so weiter. Morgen bekommst Du
noch ein Paket. Heute war kein Brot mehr da. Hoffentlich
wirst Du auch immer satt ... An Gerhard habe ich eben
noch geschrieben, der bekommt auch jede Woche zweimal
Post. Dem soll auch nichts an äußeren Dingen fehlen.
Dorle ist gesund und quietschvergnügt. Sie erzählt so oft
von unserer Wohnung in Kassel. Wie schön war das. Eva
und dem Hannele geht es auch gesundheitlich glänzend.
Nun laß Dich recht herzlich grüßen und tausendmal
küssen von Deiner
Ilsemaus, die so oft an dich denkt.*

Ilse wußte, wie sehr Lilli auf Lores Hilfe hoffte, und hielt ihre
Mutter stets über den Stand der Wohnungssuche auf dem
laufenden. Die Nachrichten waren allerdings wieder einmal

schlecht: »Tante Lore kommt am 20. aus Waldkirch wieder.
Bis jetzt hat sie noch nichts erreicht wegen einer Wohnung«,
schrieb Ilse am 9. Februar. »Wir müssen halt warten«, kommentierte Johanna tags darauf:

Mein allerliebstes gutes Goldmuttilein!
Jetzt wird es Winter. Liegt bei Dir auch so viel Schnee?
Und glatt ist es, ziemlich unangenehm.
Weißt Du, wo die schönsten Frauen der Erde wohnen?
Ich wußte das auch nicht, angeblich auf der Insel Java.
So blöde Fragen kann ja auch nur der Fathauer stellen.
Er wollte uns Mädchen reinlegen.
Heute ist einer Frau in Hofgeismar eine Tasche mit Wäsche-
klammern und Hosenträgern und Kochlöffel unter den Zug
gefallen. Da sind Heidi und ich unter den Zug gekrabbelt
und haben alles bis auf vier Klammern aufgelesen. Denn da
fuhr der Zug an, das war was. Morgen früh fahr' ich nach
Hümme und hab' Latein, darauf freue ich mich.
Tante Lore schrieb aus Waldkirch. Große Aussichten
haben wir noch nicht, wir müssen halt warten und dem
lieben Gott vertrauen. Für heute sei recht herzlich gegrüßt
und geküßt von Deinem Hannelekind

Am selben Abend schrieb auch Ilse wieder:

Liebstes, bestes Muttilein!
Jetzt ist es wieder so kalt, und wenn ich morgens an die
Bahn gehe, muß ich immer sehr an Dich denken, Du mußt
doch sicherlich frieren. Wie lange noch!?? Eben habe ich
noch einmal Deinen letzten Brief gelesen. Mir kommt erst
dann immer alles so richtig zum Bewußtsein.

313

Wenn ich früher nach Hause kam, freute ich mich, alle
meine Dinge, die mir im Kopf herumliefen, zu erzählen.
Jetzt ist niemand da, der das kann, dem ich das erzählen
darf. Aber ich will alles und jedes noch lange tragen und
auf mich nehmen, wenn Dir damit geholfen wäre. Ich
habe Vati geschrieben. Aber Vati!!!! Arme Mutti!!! Nun
Gottes Wege sind wunderbar, und das ist das einzige, was
mir immer und immer hilft ...
Laß Dir 1000 Grüßlein und Küßlein senden, Dich lieb
umarmen von Deiner Ilsemaus.

Ilse versuchte weiterhin, ihren Vater zu einer neuen Intervention bei der Gestapo zu überreden. Inzwischen zweifelte sie allerdings, ob er überhaupt schon einmal vorstellig geworden war. Am 16. Januar hatte sie dies selbst noch in einem Brief an die Mutter behauptet, nun war sie sich dessen nicht mehr sicher. Wahrscheinlich wäre ein solches Gesuch wirklich aussichtslos gewesen, aber Ernsts Ausreden brüskierten seine Töchter nur. Tagsüber war Ilse durch ihre Aufgabe als Ersatzmutter weitgehend abgelenkt, aber nachts beschlich sie nun immer mehr die Angst um die Zukunft ihrer Mutter, so auch am 12. Februar:

Jetzt ist endlich Ruhe. Die drei schlafen. Gleich gehe ich
auch ins Bett. Aber erst gehe ich noch ans Fenster und
sehe in der Richtung nach Breitenau zu Dir. Wann wird
wohl der Tag kommen? Wie mag es Dir gehen? Und 100
solche Fragen und Gedanken drehen sich bei mir. Nachts,
wenn ich nicht schlafen kann, denk ich an Dich. Wir fünf,
auch Dorlekind, vergessen Dich nie ... Aufwiederlesen bis
morgen abend.

Und am nächsten Abend:

*In der Kirche waren Hannele und ich. Ich versuche jetzt
immer mehr, einen festen Halt darin zu gewinnen. Vielleicht gelingt es mir bald. Heute abend will ich noch etwas
in der Bibel lesen.*

Ilse erwähnte in diesem Brief beiläufig auch wieder Julie.
Das belgische Hausmädchen war in der Bombennacht vom
22. Oktober 1943 spurlos verschwunden. Nun traf man sie
plötzlich in Immenhausen:

*Als wir an der Bahn ankommen, ist unsere Julie da!!! Die
sieht verhungert und verdreckt aus!!! Dorle war außer
Rand und Band vor Freude.*

Julie konnte oder wollte den Kindern nicht erklären, was sie
jetzt machte. Möglicherweise versuchte sie sich nur weiteren
Einsätzen als Zwangsarbeiterin zu entziehen. Nach bald vier
Jahren machten sich erste Auflösungserscheinungen in der
nationalsozialistischen Kriegswirtschaft bemerkbar. Einige
Tage später berichtete Ilse von einer größeren Zahl russischer
Zwangsarbeiter, die ausgebrochen seien. Die Kinder durften
aus Sicherheitsgründen Immenhausen nicht verlassen. Julie
im übrigen haben sie nie wiedergesehen.

Trotz solcher Probleme war die Versorgungslage der
Bevölkerung immer noch erheblich besser als die des Millio-
nenheeres der Zwangsarbeiter und Gefangenen. »Uns geht
es gut. Ich habe überhaupt keine Asthmabeschwerden mehr
und gehe auf wie ein Hefekloß«, spottete Johanna am 15.
Februar.

Auch Lillis Freundin Lotte mußte nach wie vor Zwangsarbeit leisten, obwohl sie völlig erschöpft war und immer wieder erkrankte. Am 17. Februar berichtete sie aus Leipzig:

Meine liebe Lilli,
ich habe mich so sehr über Deine Grüße gefreut, daß ich
Dir gleich schnell schreiben muß. Das an die Kinder geht
natürlich heute noch weg.
Ich bin so unglücklich, daß ich Dir nicht öfter schreiben
und vor allem nicht mehr für Dich tun kann. Aber seit
einiger Zeit muß ich nun wieder arbeiten und zwar Schutt
schaufeln in der völlig ausgebrannten Fabrik, ohne Türen,
Fenster, Wände. Bloß weite, offene Hallen voll Schutt,
Asche, Dreck, Wasser oder Schnee, je nach Wetter. Du
kannst Dir denken, daß es furchtbar kalt ist. Wir machen
uns zwar immer ein Feuerchen aus brennbaren Resten,
die wir so finden, aber trotzdem friert man. Noch zwei
Frauen und ich.
Wenn ich dann in den Nachmittagsstunden schnell den
Haushalt gemacht habe – noch immer ohne Gas – mit
Einkaufen, Bügeln, Stopfen und so weiter, dann bin ich
so völlig übermüdet, daß ich einfach nicht mehr schreiben
kann. Ich weiß, Du begreifst es, aber doch quält es mich,
daß ich nicht so kann, wie ich möchte.
Hast Du denn gar keine Wünsche? Du schreibst mir
nie welche. Laß mir doch durch die Kinder sagen, was
Du brauchst. Essen kann ich Dir leider gar nichts mehr
schicken, ich kann einfach nichts mehr erübrigen und habe
selber ewig Hunger!
Aber ich darf ja nicht klagen vor Dir! Wie stell ich
mir immer wieder vor, was Du durchmachst! Und dann

das immerwährende Warten auf die Entlassung und die
dauernde Enttäuschung.
Ernst hat uns geschrieben, es laufe ein Gesuch für Dich.
Ilse schrieb mir, daß sie daran zweifele, aber ich denke
doch ganz sicher, daß das stimmt. Ob man mehr tun
könnte, das kann ich von hier aus natürlich nicht beurtei-
len. Ernst schrieb, es werde getan, was möglich ist. Ich
bin überzeugt, daß in Deinem Fall etwas erreicht werden
kann, wenn man die richtigen Schritte tut. Einmal muß es
doch soweit sein. Ach Liebe, wenn meine vielen Gedanken
und Wünsche doch etwas nützen könnten!
Ich bin froh, daß Du menschlich anständig behandelt
wirst. Das macht das Ganze doch um vieles leichter. Und
ich bin überzeugt, nun hältst Du noch vollends durch.
Laß Dich nur nicht auffressen von der Ungeduld des
Wartens – so etwas zehrt und schwächt oft mehr als
das Ertragen des Schweren an sich. Und behalt Deinen
so schönen Lebensmut, Du hast Dich ja so wunderbar
bewährt und gehalten, daß Du auch dieses nun noch zu
Ende führen wirst.
Peter geht es gut. Aber mein Heimweh! Ernst August ist
von einer schweren Grippe mit Rippenfellreizung dreivier-
tel wieder hergestellt, sieht aber entsprechend aus.
Ich weiß, daß er Dich ganz herzlich grüßt – er ist noch
nicht da, und ich schicke den Brief gleich weg.
Sei umarmt und geküßt!

Deine Lotte

Wenn Ernst an Lotte schrieb, es werde getan, »was möglich
ist«, so konnte das alles, aber auch nichts bedeuten. Ilse
bekam in diesen Tagen erneut einen »so seltsamen Brief«

ihres Vaters. »Bald hab ich es satt«, berichtete sie Lilli am 18. Januar. »Auf diese Briefe gebe ich nie eine Antwort.« Ernst flehte um Verständnis, aber die Kinder konnten ihn nicht verstehen.

Ilses Brief vom 20. Februar, einem Sonntag, ist der letzte überlieferte Kinderbrief an Lilli:

Liebes, bestes Mutterle!
Nun sind wieder zwei Tage verstrichen. Von Tag zu Tag sehne ich mich mehr zu Dir. Manchmal denke ich, ich könnte es wirklich nicht mehr aushalten. Aber ich finde doch immer wieder neue Kraft.
Gerhard ist auf Urlaub gekommen. Das ist immer sehr schön. In der Schule war es gestern auch sehr nett. Ein Junge hat so 'ne witzige Antwort gegeben in Deutsch, daß wir beinahe eine ganze Stunde gelacht hätten.
Unser Zug hatte mittags eine ganze Stunde Verspätung. Deine Züge haben sicher auch Tag für Tag Verspätung. Jetzt mußt Du, liebes Muttchen, sicher jeden Morgen bitter frieren! Du gutes, liebes Lieblingchen! Wie lange noch mußt Du das aushalten? Hoffentlich wirst Du bald erlöst!
Heute früh waren wir wieder in der Kirche. Mit unserem Pfarrer bin ich nicht zufrieden. Ich wünschte mal eine ordentliche Predigt.
Heute nachmittag habe ich uns einige Haferplätzchen gebacken. Hannele, Eva und Gertrud haben Gerda im Krankenhaus besucht. Da waren Gerhard, Dorle, Magda und ich alleine. Wir haben mit Herrn und Frau Dr. Schupmann zusammen Kaffee getrunken. Nach dem Kaffee habe ich noch genäht und auch Gerhards blauen

Pullover wieder repariert. Wir haben die 5. von Beet-
hoven gehört. Es war aber bloß halber Genuß, weil das
Kleinzeug dabei war.
Gestern und heute hatte ich eine Menge Post: Gisela,
Tante Lotte, Tante Lore und Vati. Tante Lore bleibt noch
vorläufig im Schwarzwald. Tante Lotte muß wieder halbe
Tage arbeiten, Schutt schaufeln.
Heute Nacht war wieder ein Angriff auf Leipzig. 83 sind
abgeschossen worden.
Nun gute Nacht, tausend Grüßchen und Küßchen von
Deiner Ilsemaus.

Vor allem die Information über den Angriff auf Leipzig
beunruhigte Lilli – das zeigt ihr letzter Brief aus Breitenau.
Geschrieben wurde er auf dem von Lotte übersandten Briefpapier, und zwar am Sonntag, dem 27. Februar; oben rechts
trägt der Brief einen handschriftlichen Zensurvermerk »29/2.
44 St«. Von der Post abgestempelt wurde er erst am 2. März
1944:

Meine innigstgeliebten guten Kinder, alle 6,
wieder ein Sonntag hier in Breitenau, aber wenigstens
ein Sonntag, an dem ich schreiben darf, und wenn Ihr
es ja auch wißt, daß all meine sorgenden und liebenden
Gedanken tagtäglich bei Euch sind, so ist's mir doch
eine Freude, ein wenig mit Euch zu plaudern. Wie immer
danke ich Euch aus ganzem Herzen für all Eure so lieben
Briefe, die letzte Nachricht von Euch ist allerdings schon
acht Tage alt; ich nehme an, daß die vielen Alarme die
Postverbindungen wieder stören.
Und 1000 Dank für die herrlichen Pakete: Die Hafer-

plätzchen waren so lecker, und soooo viel Butter habt Ihr geschickt, die eß' ich doch nur mit schlechtem Gewissen. Der Kuchen vor 8 Tagen war ganz köstlich, meine Ilsemaus ist doch schon eine tüchtige kleine Hausfrau. Und so gut hat die Leberwurst geschmeckt. Kinder, Kinder, wie macht Ihr das nur, daß Ihr so viel für mich übrig habt! Auch die Seife war sehr willkommen, und die Hülse für die Zahnbürste hat mich besonders gefreut.

Und doch hab ich schon wieder Wünsche, die Ihr mir, wenn es möglich ist, erfüllen möchtet? Zahnpasta, Hautcreme und schwarze Schuhcreme.

Aber die größte Freude sind und bleiben mir immer Eure Briefe. Von Dir, liebe Marilis, habe ich länger nichts gehört. Aber Du hast gewiß viel Arbeit mit den Vorbereitungen zu Deiner Prüfung. Es war arg lieb von Dir, Ilse solch nettes Wochenende zu bereiten. Hoffentlich, hoffentlich hast Du beim Angriff in der vergangenen Woche nichts abbekommen, ich warte schon ein wenig ängstlich auf Nachricht von Dir. Wirst Du das Sommersemester auch in Marburg bleiben? Hast Du gute Nachricht von Deiner Mutti? –

An Dich, mein guter Junge, habe ich ganz besonders gedacht. Ihr armen Kerle kommt ja vor lauter Alarm gar nicht mehr zur Ruhe. Das war doch eine tolle Woche, und Du wirst sicher todmüde sein. Es ist ja dann auch kein Wunder, daß Ihr in der Schule mit Euren Leistungen absinkt. Gell, die Bücher von Binding sind sehr, sehr fein, ich hab sie auch immer mit Freude gelesen. Und wie schön, daß Du in »Fidelio« warst! Ich bin so froh und dankbar, daß auch Ihr alle solche Liebe zu Musik und Kunst und Dichtung habt! Glaubt mir, der innere Besitz

dieser Dinge und das Wissen darum hilft mir oft über
alles Häßliche und Niederdrückende in diesen schweren
Monaten.

Ein halbes Jahr sind wir nun schon getrennt, und ich
werde nun doch allmählich ungeduldig. Ich hatte so
<u>sehr</u> gehofft, es würde nicht länger dauern. An meinem
Geburtstag in acht Tagen werde ich ja auch noch hier
sein – bitte Kinder, seid nicht traurig darüber, ich werde
es auch nicht sein, und später holen wir alles nach. Aber
zu Deiner Konfirmation, mein Hannele, wäre ich doch
<u>arg, arg</u> gerne bei Dir. <u>Bitte Du doch den Vati, daß er
noch mal zur Gestapo geht.</u> Es sorgt ja auch gar niemand
für das Notwendigste, zumal Tante Lore noch immer fort
ist. Unten im Schrank bei den schwarzen Kleidern hängt
noch ein schlicht-sportlich gearbeitetes schwarzes Kleid
aus zweierlei Stoff, wenn ich nicht irre. Laß Dir daraus
von Frau Wittich ein Kleid nähen, mein Liebes.

<u>Wie</u> schön, daß Du kein Asthma mehr hast! –
Deine Einkäufe, mein gutes Ilsekind, sind ganz in meinem
Sinn, Du hast ja schon eine ganze Menge für unseren
neuen Haushalt zusammengetragen und kümmerst Dich
auch sonst so lieb um alles!! Gehe nur so oft Du kannst
zur Kirche. Und ich freue mich schon heute sooo darauf,
wenn wir über alles, was Dich bewegt, reden können.
Wäre es nur bald!

Was macht mein Evalein und mein Dorlekind?
Und nun nehmt mir eine <u>große</u> Sorge und schreibt <u>gleich</u>
an Tante Lotte und gebt mir dann Nachricht, ob ihr und
Onkel Ernst August auch nichts passiert ist. Das liegt
mir so <u>sehr</u> auf der Seele. Und schreibt ihr allerherzlich-
sten Dank für ihren so guten, tröstenden Brief vom

*18. Februar, der mir eine große Freude war. Das von ihr
eingelegte Briefpapier durfte ich heute an Euch benutzen.
Und viele liebe Grüße und gute Wünsche für sie. Ihr
alle seid auch viel 1000x gegrüßt und umarmt, zärtlich
geküßt von Eurer Mutti.*

Am Rande der ersten Seite notierte Lilli noch:

Viele liebe Grüße für Vati, Tante Lore, Tante Maria

Irgendwann im März 1944 fuhr Ilse erneut frühmorgens mit
der Bahn nach Malsfeld, um zu überprüfen, ob ihre Mutter
noch im Arbeitserziehungslager Breitenau war. Tatsächlich
sah sie Lilli ein letztes Mal im Kreis der Zwangsarbeiterinnen. Und wieder achtete Ilse darauf, daß Lilli sie nicht
erkannte.

Der Tod in Auschwitz

»Ich werde weiter tapfer sein«
Die Deportation in den Osten

Wenn die Nationalsozialisten ihr brutales Strafregime systematisch betrieben hätten, wäre Lilli vier Wochen nach ihrer Inhaftierung wieder freigelassen worden. Der Verstoß gegen die Polizeiverordnung vom 17. August 1938 hätte eine längere Haftstrafe kaum begründen können. Doch im Laufe des Krieges verlor das Terrorsystem die Fassade einer Gesetzmäßigkeit – klar erkennbar war nur noch das eine große Ziel: die Vernichtung der Juden. Lilli war schließlich ohne jede formale Erklärung fast sieben Monate lang in Breitenau festgehalten worden.

Im Frühjahr 1944 wollte man diesem Zustand ein Ende machen. Die Gestapo entschied, Lilli in das Vernichtungslager Auschwitz zu schicken und nicht – wie viele andere Breitenau-Häftlinge – in das Konzentrationslager Ravensbrück, Sachsenhausen oder Buchenwald. Die üblichen Vorbereitungen für eine Deportation wurden begonnen. Ein Arzt hatte die Transportfähigkeit zu bescheinigen, das für die Deportationen zuständige Reichssicherheitshauptamt in Berlin mußte informiert werden, der Landrat in Melsungen ebenfalls. Schließlich wurden Zivilkleidung und persönliche Gegenstände ausgehändigt.

Vor ihrem Abtransport aus Breitenau übergab Lilli die meisten der ihr geschickten Briefe heimlich einer Mitgefangenen oder Wärterin; die wiederum ließ die Dokumente den Kindern in Immenhausen zukommen. Aus den letzten vier Wochen, die Lilli in Breitenau verbringen mußte, sind allerdings keine Kinderbriefe mehr erhalten. Lilli dürfte diese Briefe als Erinnerungen auf die Fahrt nach Auschwitz mitgenommen haben.

Nur wenige Habseligkeiten wurden von der Leitung des Arbeitserziehungslagers zurück in das Ärztehaus geschickt, darunter einige Bücher, zum Beispiel der Roman »Der Nachsommer« von Adalbert Stifter. Lilli hatte ihn mit einer Widmung an ihre älteste Tochter versehen: »Meiner lieben, so rührend um mich besorgten Ilsemaus, in Liebe und Dankbarkeit von ihrer Mutti. Breitenau, März 1944.« Auch Johanna, Eva, Dorothea und Gerhard bekamen noch Bücher mit einer Widmung: »Meinem Jungen zur Freude und Anregung in herzinnigem Gedenken von seiner Mutti, März 1944«, schrieb Lilli in eine Ausgabe des Buches »Die Begegnung mit dem Genius«, einer Sammlung von Essays des Theaterkritikers Rudolf K. Goldschmit-Jentner.

Am 17. März 1944 war es so weit. Die Kasseler Gestapo, die seit dem großen Bombenangriff auf Kassel in Breitenau ihr Hauptquartier unterhielt, ließ Lilli zur Bahn bringen. Sie wurde einem Sammeltransport nach Auschwitz zugeteilt, die Dauer der Reise war ungewiß. Aus Dresden, einer Zwischenstation, schickte sie eine Postkarte nach Immenhausen, die allerdings nicht mehr erhalten ist. Am 21. März 1944 – die Deportierten warteten immer noch in Dresden auf die Weiterfahrt – sandte Lilli erneut einen kurzen Bericht an ihre Familie, diesmal per Brief:

Meine innigstgeliebten Kinder alle.
Das ist eine lange und langweilige Reise; am 1. Tag
sind wir über Halle bis Leipzig!! Wie gerne hätte ich
Tante Lotte noch mal gesehen! Illekind, Leipzig sieht böse,
böse aus, am Bahnhof, Augustus-Platz und in der ganzen
Innenstadt <u>nur</u> Trümmerhaufen. Am 2. Tag sind wir bis
Dresden gekommen. Dort waren wir 3 Tage, und von dort
schrieb ich schon eine Karte, die hoffentlich bald in Eure
Hände kommt, und hoffentlich erhaltet Ihr auch diese
Zeilen, das wäre mir eine solche Freude.
Wir sitzen nun schon seit 3 Uhr hier in Dresden am
Bahnhof und hören eben, daß der Zug erst um 10 Uhr
heute abend weitergeht. Morgen abend werden wir dann
in Auschwitz sein. Die Mitteilungen darüber, wie es dort
sein soll, sind sehr widersprechend. Es kann sein, daß
ich erst nach vier oder sogar nach acht Wochen schreiben
darf, seid also <u>bitte</u> nicht in Sorge, wenn Ihr jetzt länger
nichts hören solltet. Und wenn es gar so lange dauert,
dann versucht doch, mir zuerst zu schreiben, vielleicht
bekomme ich's doch. Wir müssen nun abwarten, wie alles
wird. Ich werde weiter tapfer sein und fest die Zähne
zusammenbeißen und an Euch denken und durchhalten,
wenn's auch noch so schwer sein wird.
Solltet Ihr mir Pakete schicken dürfen, so denkt bitte
immer mal wieder an Zahnpasta, Haarnadeln und Kör-
per-Puder. Und seid bitte nicht so traurig, Ihr meine
Kinder. Es ist mir eine solche Beruhigung zu wissen,
daß Ihr Eure Ordnung und Eure Pflege habt und Euren
Vati, der sich um Euch sorgt und Euch sehr lieb hat.
Vergeßt das nicht, wenn Ihr auch heute sein Verhalten
nicht verstehen könnt. Der Vati wird Euch auch immer

wieder die Wege weisen zu allem Schönen und Guten und Hohen – denn der Mensch lebt ja nicht nur vom Brot allein. –

Ich bedaure es auch sehr, daß Tante Lore sich doch nicht so um Euch kümmert, wie ich es gerne erwartet hätte. Tante Rita klagte mir auch, daß sie es so schwer habe mit Euch. Um Eures Vati willen seid lieb und folgsam, es geht dann alles leichter.

In den letzten Tagen habe ich die Familien beneidet, die alle zusammen damals fortgebracht wurden. Aber wenn ich's recht bedenke, ist es mir trotz aller tiefen Sehnsucht und allem Trennungs-Schmerz leichter, Euch in geregelten Verhältnissen zu wissen und Euch verschont zu sehen von all dem Widerwärtigen und Häßlichen. Ich habe nur den einzigen heißen Wunsch, Euch <u>alle</u> gesund wiederzusehen. Nochmals liebe Grüße, und bestellt ihm folgendes: <u>Er selbst</u> und niemand anders soll nochmals alles versuchen, und wenn er sich bis an die höchsten Stellen nach Berlin wendet.

Jetzt auf dem Transport hab ich einen früheren Staats-anwalt und Rechtsanwalt aus Freiburg kennengelernt, der Onkel Max gut kannte und auch Onkel Ernst August und Tante Lotte. Auch Mischehe, Sohn in englischer Kriegs-gefangenschaft. Von diesem Herrn hörte ich, daß alle <u>einzelnen</u> jüdischen Personen aus Mischehen, also wenn der andere Teil tot oder geschieden ist, fortkommen, aber <u>nur dann</u>, wenn die Kinder über 18 Jahre sind. Er war sehr überrascht, als ich von Euch erzählte, und kann es gar nicht verstehen. So etwas sei noch nicht dagewesen bisher und solle eigentlich auch nicht vorkommen. Vati soll die Richtigkeit dieser Nachrichten nochmal nach-

prüfen und sie dann zur Grundlage seines Gesuchs
machen. Er soll <u>verlangen</u>, daß ich freikomme, zumal er
doch auch Wehrmachtsangehöriger ist.
Hoffentlich, hoffentlich erhaltet Ihr diesen Brief! Habt Ihr
das Päckchen mit den Briefen, dem Löffel für mein Dorle
und den Kleinigkeiten erhalten? Und das Bücherpaket?
Sonst fordert es an von Breitenau (die Bücher! Die Briefe
hatte ich heimlich abgeschickt!).
Und nun lebt alle miteinander nochmals wohl – Gerhard-
Junge, Ilsemaus, Hannelekind, Evalein und mein Dorle-
Schatz! Gott behüte Euch! Wir bleiben unlöslich mitein-
ander verbunden. Seid herzinniglich gegrüßt und geküßt
von Eurer treuen

Mutti

Am Rand notierte Lilli noch:

An Tante Lotte und Onkel Ernst August auch
nochmals viele liebe Grüße, auch von Herrn Homburger.

Der Hinweis des Rechtsanwalts Homburger entsprach freilich nur jenen Auskünften, die Ernst schon vor der Trennung
von Lilli erhalten hatte. Damals, 1942, mochten die jüdischen Mütter »halbjüdischer« Kinder nach einer Scheidung
noch geschützt gewesen sein – nun, gegen Ende des Krieges,
konnte davon keine Rede mehr sein. Selbst wenn Ernst im
März 1944 beim Reichssicherheitshauptamt in Berlin inter-
veniert hätte: Dieser Appell wäre wohl folgenlos geblieben.

Und Lilli ahnte, was sie in Auschwitz erwartete. Ihre
Bemerkung, »wie gerne hätte ich Tante Lotte noch einmal
gesehen«, verriet mehr, als sie ihren Kindern zumuten wollte.

Auch die Formulierung, die Mitteilungen über die Lebensbedingungen in Auschwitz seien »sehr widersprechend«,
verharmloste die auf den Transporten bereits kursierenden
Gerüchte und Vermutungen. Daß sich in Auschwitz ein
Lager befand, setzte Lilli bei ihren Kindern als bekannt voraus, denn sie erklärte diesen Ortsnamen in ihrem Brief gar
nicht mehr. Aber was in Auschwitz wirklich geschah, konnte
oder wollte sie nicht schreiben.

»Meine Gedanken sind bei Euch«
Die letzten Monate im Konzentrationslager

Am 22. März traf in Auschwitz ein Zug mit neuen Häftlingen ein. Wie üblich wurden die Kranken, Gebrechlichen und nicht Arbeitsfähigen »selektiert« und in den Gaskammern getötet, die übrigen erhielten eine Häftlingsnummer und einen Platz in einer Baracke zugewiesen.

Ob auch Lilli mit diesem Transport nach Auschwitz kam, läßt sich nicht mit Sicherheit sagen – die Indizien sprechen dafür: Lilli erhielt die Gefangenennummer 76043, am Tag zuvor, dem 21. März, hatte ein weiblicher Häftling die Nummer 76037 bekommen, für den 25. März ist die Vergabe der Gefangenennummern 76076 bis 76131 nachweisbar.

Die Transporte, die in diesen Tagen nach Auschwitz kamen, brachten eher kleinere Gruppen aus dem Reich und den besetzten Gebieten Westeuropas in das Todeslager, vor allem niederländische Juden. Die Vernichtung der polnischen und russischen Juden war weitgehend abgeschlossen, die meisten Todesfabriken standen bereits still. Doch in Auschwitz wurde weiter industriell getötet, eine letzte große Aktion, die Auslöschung der ungarischen Juden, begann in diesem Frühjahr.

Lillis Kinder hörten nun über Wochen nichts mehr von ihrer Mutter. Da sie nicht wußten, an welche Adresse sie sich wenden sollten, stellten sie auch das Briefeschreiben ein. Mit wachsender Angst warteten die Kinder auf ein Lebenszeichen. Im Juni 1944 kam in Immenhausen tatsächlich ein Brief aus Auschwitz-Birkenau an, also aus dem zentralen Vernichtungslager, das die Nazis neben dem sogenannten Stammlager Auschwitz errichtet hatten. Adressiert war der Brief an Lillis Schwägerin Lore, und als Absender wurde der Name »Jahn Lili Sara« angegeben, Gefangenennummer 76043, als Absenderadresse der »Block 24, Frauenlager, Auschwitz, Postamt 2«.

Neben der Anschrift finden sich auf dem Briefformular die »für den Schriftverkehr mit Häftlingen« zu beachtenden »Anordnungen«. Unter Punkt 1 heißt es: »Jeder Schutzhäftling darf im Monat zwei Briefe oder zwei Karten von seinen Angehörigen empfangen und an sie absenden«; unter Punkt 5: »Gesuche an die Lagerleitung zwecks Entlassung aus der Schutzhaft sind zwecklos«; und unter Punkt 6: »Sprecherlaubnis und Besuche von Häftlingen im Lager sind grundsätzlich nicht gestattet. Der Lagerkommandant.« Vorder- und Rückseite des Briefes sind mit dem Vermerk »Postzensurstelle K.L. Auschwitz« gestempelt.

Der Brief selbst, datiert auf den 5. Juni 1944, wurde mit Bleistift geschrieben und wahrscheinlich diktiert. Allenfalls die etwas wacklig geratene Unterschrift »Lilli o. Mutti« läßt Lillis Handschrift erahnen. Den Text dagegen brachte wohl eine des Deutschen nicht ganz mächtige Leidensgenossin zu Papier, er enthält eine Reihe von Rechtschreibfehlern (die hier ausnahmsweise nicht korrigiert werden). Lilli war offenbar schon zu geschwächt, um selbst zu schreiben. Auch die Wortwahl klingt merkwürdig fremd und steif; allerdings durften solche Briefe generell nur möglichst unverfängliche Floskeln und Versatzstücke enthalten. Die Briefschreiberin formulierte also vielleicht nur sinngemäß, was ihr Lilli vorher aufgetragen hatte:

Meine liebe Lore!
Ich bin so sehr glücklich Dir zu schreiben zu können. Es
geht mir gut, ich arbeite im meinem Beruf und das ist sehr
angenehm für mich. Nun erwarte ich sehnsüchtlich Nach-
richten über Dich und Kinder. Was machen Sie alle? Ist
Gerhard schon im Arbeitsdienst? Gehen Ilse und Hanele
nach Hofgeismar in der Schule? Was macht meine kleine
Ewa? Und was macht mein Allerkleinste? Und wie geht
es Dir selbst und Marielise. Ich erwarte nun regelmäßig
Nachrichten von Euch. Ich danke Euch herzlich für die
regelmäßigen Geldsendungen. Ich danke Euch für das
letzte Packet nach Breithenau Die Kinder möchten auch
selber schreiben. Meine Gedanken sind ununterbrochen
immer bei Euch. Hoffentlich seid Ihr alle gesund. Ich
grüße und küße jeden einzelnen tausend Mal. Ich bin in
großer Liebe als Mutter und Schwägerin. Lilli o. Mutti

Lillis Töchter können sich heute an die von ihr erwähnten
Geldsendungen nicht erinnern. Daß Lilli im Konzentrationslager zunächst als Ärztin arbeitete, ist hingegen nicht ganz
ausgeschlossen. Entsprechend ausgebildete Häftlinge wurden damals auf der Krankenstation eingesetzt.

Aber wahrscheinlich war Lilli selbst zum Zeitpunkt der
Abfassung ihres letzten Briefes schon krank. Die Lebensbedingungen in Auschwitz förderten Krankheiten und Epi-
demien; die sanitären Anlagen waren in einem katastrophalen Zustand. Die Häftlinge wohnten in den – mit jeweils
mehreren hundert Insassen – völlig überfüllten Baracken
und schliefen ohne Decken oder Kissen auf Strohsäcken und
mehrstöckigen Holzpritschen. Zunächst nächtigten jeweils
fünf Personen auf einer Pritsche, später bis zu 15. Wer unter

diesen Bedingungen krank und arbeitsunfähig wurde, mußte stets damit rechnen, daß ihn die Lagerärzte »selektieren« und in die Gaskammern schicken würden.

In Auschwitz waren Anfang April 1944, also kurz nach Lillis Ankunft, etwa 67 000 Menschen inhaftiert. Bewacht von knapp 3000 SS-Leuten und Polizisten mußten sie im Lager oder in den umliegenden Fabriken unter den schrecklichsten Bedingungen arbeiten.

Den Hunger hatte Lilli schon in Breitenau kennengelernt und erdulden müssen, nur dank der Pakete aus Kassel und Immenhausen war ihre Versorgung mit Lebensmitteln zeitweise ausreichend. In Auschwitz kam es nun schlimmer: Jüdische Häftlinge wurden tagsüber in der Regel mit einer wässrigen Rübensuppe abgespeist, abends gab es dann noch eine armselige Mahlzeit aus Sägespanbrot mit etwas Margarine und – häufig verdorbener – Marmelade oder Wurst.

Das ganze System war auf die Vernichtung der zumeist jüdischen Lagerinsassen angelegt. Wer nicht in den Gaskammern umgebracht wurde, der starb an Unterernährung, Krankheiten oder schlicht an Erschöpfung. Und nicht wenige fielen den sadistischen Exzessen der Wachleute zum Opfer. Insgesamt wurden allein in Auschwitz mehr als eine Million Menschen getötet.

Lillis Brief aus Birkenau war erst wenige Tage in Immenhausen, als die Gestapo im Hause Ernst Jahns anrief. Rita ging ans Telefon und wurde über den Tod Lillis informiert, eine Todesursache wurde nicht genannt. Ohne jede Regung, so erinnern sich Lillis Töchter heute, berichtete Rita den Mädchen von dem Anruf, nur Dr. Schupmann tröstete die Mädchen. Daß sie überhaupt aus Auschwitz benachrichtigt wurden, war schon ungewöhnlich. Doch die Kinder wollten diese Botschaft nicht wahrhaben. Unter einem Konzentrationslager konnten sie sich wenig vorstellen. Und von der Barbarei in Auschwitz wußten sie schon gar nichts. Ilse schrieb mehrmals an die Leitung des Lagers und bat um genaue Aufklärung über das Schicksal ihrer Mutter – monatelang erhielt sie keine Antwort.

Statt dessen erlebten die Kinder selbst weitere Diskriminierungen. Ilse und Johanna mußten im Juni 1944 die Schule in Hofgeismar verlassen, jüdische Mischlinge durften nun keine höheren Schulen mehr besuchen. Gerhard wurde am 11. September als Luftwaffenhelfer entlassen und eine Woche später zum Arbeitsdienst eingezogen. Der Vater, Ernst Jahn, mußte seine Stelle im bei Kassel gelegenen Wehrmachtslazarett aufgeben und kam als Arzt an die Front ins Baltikum.

Und der Krieg rückte nochmals näher: Am 2. Oktober ging ein Bombenteppich mit etwa 140 Spreng- und mehreren tausend Brandbomben am Rande von Immenhausen nieder – eigentlich galt die Attacke der Kasseler Rüstungsfabrik Henschel. Wie die übrigen Bürger der Kleinstadt kamen Lillis Töchter abermals mit dem Schrecken davon.

Etwa zu dieser Zeit erhielten die Kinder dann tatsächlich eine amtliche Bestätigung des Todes ihrer Mutter: Mit der Post ging ihnen eine in ziselierter Schrift abgefaßte Sterbeurkunde des Standesamtes II Auschwitz, Nr. LXXXX26/44, zu, ausgestellt am 28. September 1944:

Die Ärztin Lilli Sara Jahn geborene Schlüchterer –
glaubenslos –, wohnhaft Kassel, Motzstr. Nr. 3, ist am
19. Juni 1944 um 11 Uhr 25 Minuten in Auschwitz,
Kasernenstrasse verstorben. Die Verstorbene war geboren
am 5. März 1900 in Köln (Standesamt - - - Nr. - - -)

Vater: Josef Schlüchterer, Mutter: Paula Sara Schlüchterer geborene Schloss wohnhaft in Birmingham. Die Verstorbene war geschieden.

Auch die Stadt Immenhausen bekam noch Post aus dem KZ: Die »Verwaltung des K.L. Auschwitz« schickte am 16. Oktober 1944 unter dem Aktenzeichen IVa 3/66d (14 KL7) F/10.44-76043 Lillis Ausweis zurück – und damit beim letzten bürokratischen Akt alles seine Richtigkeit hatte, als »Einschreiben«:

An den
Bürgermeister – als Ortspolizeibehörde –
Immenhausen
Anliegend wird die Kennkarte Nr. A 00002 der am 5. 3. 00 geborenen und hier am 17. 6. 44 verstorbenen Jahn, Lilli Sara zur dortigen Verfügung übersandt.
1 Anlage.
Der Leiter der Verwaltung des Konzentrationslagers Auschwitz

i. A. ...
SS-Obersturmführer

Der bürokratische Ordnungssinn war offensichtlich nur Fassade. Das in dem Schreiben genannte Todesdatum stimmte nicht einmal mit dem der Sterbeurkunde überein. Starb Lilli nun am 17. Juni oder am 19. Juni 1944? Und immer noch keine Auskunft über die Todesursache.

Bis heute wissen Lillis Töchter nicht, wie und woran ihre Mutter starb: an Schwäche und Krankheit – oder doch in der Gaskammer?

Epilog

Auch Lillis Kindern wurde gegen Ende des Krieges mit einer bevorstehenden Deportation gedroht; sie durften Immenhausen nicht verlassen. Am 13. November 1944 entließ man Gerhard aus dem Arbeitsdienst. Da die Nationalsozialisten ihn für »wehrunwürdig« erklärt hatten, wurde er auch nicht mehr zur Wehrmacht eingezogen. Nur die fortwährenden Luftangriffe und das Chaos der letzten Kriegstage, so notierte er später, hätten seine bereits geplante Verhaftung durch die Gestapo verhindert.

Lillis Freundin Lotte geriet noch in akute Lebensgefahr. Sie erkrankte, war also nicht mehr in der Lage, Zwangsarbeit zu leisten, und mußte mit dem Schlimmsten rechnen. Dank der Hilfe einer nichtjüdischen Ärztin konnte sie sich in die Obhut von Freunden in Freiburg begeben. Sie wurde in ein Krankenhaus eingewiesen, dort jedoch ausgebombt. Die letzten Tage des Naziterrors überstand Lotte im Schutz eines bei Freiburg gelegenen Klosters.

Am 5. April 1945 gegen 15 Uhr marschierten die ersten amerikanischen Truppen in Immenhausen ein. Noch am selben Tag wurde Lillis Verfolger, Bürgermeister Groß, seines Amtes enthoben und verhaftet.

Zuvor hatten die Nazis einige der sie belastenden Dokumente vergraben. Gerhard, der am 1. Juni 1945 die Leitung der Kartenstelle des Bürgermeisteramtes übernahm, konnte bald jene Briefe sicherstellen, die Groß geschrieben hatte, um Lilli aus Immenhausen zu vertreiben. Gerhard wollte Rita sogar vor Gericht bringen, weil sie am Tod der Mutter mitschuldig sei. Ilse beschwor ihn jedoch, von diesem Plan abzulassen, sie wollte keine weitere Eskalation.

Denn Lillis Kinder lebten ja nach wie vor zusammen mit Rita im Haus ihres Vaters. Erst im Sommer 1946 zog Gerhard zur Familie Lieberknecht nach Kassel, um dort, nach einem neunmonatigen Vorbereitungskurs, die Reifeprüfung abzulegen; 1947 begann er in Marburg sein Jura-Studium.

Ilse und Johanna konnten wieder in die Schule nach Hofgeismar zurückkehren, Eva besuchte zunächst eine Waldorf-Schule in Kassel, wechselte dann aber auch nach Hofgeismar.

Im Sommer 1946 wurde Ernst aus russischer Gefangenschaft entlassen, doch an den Spannungen zwischen Lillis Kindern und Rita änderte das wenig. Schließlich wurden die Mädchen von Großmutter Paula und ihrer Tante Elsa nach Birmingham geholt: Im Februar 1948 emigrierten Johanna und Eva nach England, ein paar Monate später, nach Ilses Abitur, folgten auch Ilse und Dorothea. Ernst bestand jedoch darauf, daß die erst acht Jahre alte Dorothea schon wenig später nach Immenhausen zurückkehrte. Der Vater warb bis zuletzt um die Liebe und das Verständnis seiner Kinder, er war glücklich über jeden Besuch von ihnen, über jedes Zeichen der Anhänglichkeit, zumal sich die meisten Freunde von ihm und Rita abgewandt hatten, vor allem die Barths in Mannheim und Paepckes, die inzwischen in Karlsruhe lebten. 1960 starb Ernst an den Folgen eines Schlaganfalls.

Ilse und Johanna wurden in England zu Krankenschwestern ausgebildet, Eva zur Krankengymnastin. Lillis Töchter hatten bereits eine weitere Auswanderung nach Israel erwogen, doch zu Beginn der fünfziger Jahre lernten Ilse und

Johanna deutsche Studenten kennen, sie heirateten und kehrten 1953 beziehungsweise 1954 nach Deutschland zurück. Schließlich, wenige Monate nach dem Tod des Vaters, verließ auch Dorothea Immenhausen, um zu ihrem Bruder nach Marburg zu ziehen; später gründete sie ebenfalls eine eigene Familie.

Eva blieb bei Lillis Mutter in England und leitete bis zur Pensionierung eine Schule für Krankengymnastinnen in Birmingham. Paula starb 1972 im Alter von 97 Jahren im Exil, ohne je wieder in Deutschland gewesen zu sein.

Gerhard machte als junger Anwalt Karriere in der SPD. 1957 wurde er Bundestagsabgeordneter, später Parlamentarischer Staatssekretär und Minister. Die Stadt Marburg verlieh ihm 1977 die Ehrenbürgerwürde, 1998 starb er an einem Krebsleiden.

Am 25. September 1962, an Dorotheas 22. Geburtstag, hatte er zwei Bäume zum Gedenken an seine Mutter im Märtyrerwald der Gedenkstätte Yad Washem in Jerusalem gepflanzt. In der im ehemaligen Arbeitserziehungslager Breitenau eingerichteten Gedenkstätte wurde dreißig Jahre später, 1992, eine Vitrine mit Bildern und Briefen Lillis aufgestellt. Schließlich erinnerten sich auch die Bürger Immenhausens an Lilli Jahn: 1995 wurde eine Straße in einem Neubaugebiet der hessischen Kleinstadt nach ihr benannt, 1999 erhielt die örtliche Grundschule den Namen »Lilli-Jahn-Schule«.

Seit Sommer 1998 findet sich Lillis Name zudem auf dem Grabstein ihres Vaters Josef Schlüchterer auf dem jüdischen Friedhof in Köln-Bocklemünd. Ihre Kinder ließen die Inschrift mit den Lebensdaten der Mutter eingravieren, um so schließlich noch einen konkreten Ort des Gedenkens zu schaffen.

Lillis Freundin Lotte hatte in ihrem Erinnerungsbuch »Unter einem fremden Stern« am Ende erklärt, daß sich ihr Verhältnis zu den nichtjüdischen Deutschen auch nach dem Zusammenbruch des Nationalsozialismus nie wieder normalisiert habe. »Es wurde nicht wieder gut«, schrieb sie 1952, und sie blieb bei diesem bitteren Fazit bis zu ihrem Tod im August des Jahres 2000.

»Wieder gut« werden kann es nur für die Nachgeborenen. In Deutschland, England und Israel leben heute 13 Enkel und 23 Urenkel von Lilli. Ilses Tochter Beate – sie wanderte 1978 nach Israel aus und bekennt sich seither zum Judentum – gab später ihrer zweiten Tochter den Namen Sarah Lilly. Lillis Urenkel sind allesamt noch Kinder, die einen wurden evangelisch getauft, die anderen katholisch, wieder andere sind Juden. Doch sie alle verbindet eines: die Erinnerung an Lillis »verwundetes Herz«.

Anhang

Zeittafel Lilli Jahn

5. März 1900	Lilli wird als Tochter des Kaufmanns Josef Schlüchterer und seiner Frau Paula, geborene Schloß, in Köln geboren
2. Juni 1901	Geburt der Schwester Elsa
1906 bis 1913	Besuch des Privat-Lyceums für höhere Töchter bei Fräulein Merlo in Köln; danach Besuch des Real-Gymnasiums der Kaiserin-Augusta-Schule, Ostern 1919 Abitur
Herbst 1919	Beginn des Medizinstudiums – zwei Semester in Würzburg, drei Semester in Halle, Physikum in Halle im November 1921, ein Semester in Freiburg, vier Semester in Köln
1924	Staatsexamen und Promotion in Köln
1924–1926	Tätigkeit als Ärztin in verschiedenen Praxen sowie im Israelitischen Asyl für Kranke und Altersschwache in Köln-Ehrenfeld
12. August 1926	Heirat mit Ernst Jahn in Köln
August 1926	Umzug in eine Wohnung nach Immenhausen bei Kassel, Aufbau einer gemeinsamen Praxis mit ihrem Mann Ernst Jahn
10. September 1927	Geburt des Sohnes Gerhard
Winter 1928/29	Umzug in ein eigenes Haus in Immenhausen
15. Januar 1929	Geburt der Tochter Ilse
26. Juli 1930	Geburt der Tochter Johanna
12. Januar 1932	Tod des Vaters Josef Schlüchterer
1933	Aufgabe der ärztlichen Tätigkeit
10. April 1933	Geburt der Tochter Eva
1933	Lillis Schwester Elsa emigriert nach England
Mai 1939	Lillis Mutter Paula zieht zu Elsa nach Birmingham

25. September 1940	Geburt der Tochter Dorothea
8. Oktober 1942	Scheidung der Ehe mit Ernst Jahn
Februar 1943	Lillis Sohn Gerhard wird Luftwaffenhelfer in Obervellmar
Sommer 1943	Ernst Jahn wird als Arzt zur Wehrmacht eingezogen
21. Juli 1943	Lilli zieht mit ihren Kindern in eine Wohnung in Kassel
ca. 30. August 1943	Verhaftung Lillis durch die Gestapo und Inhaftierung im Polizeipräsidium Kassel wegen Verstoßes gegen die Polizeiverordnung vom 17. August 1938
3. September 1943	Internierung im Arbeitserziehungslager Breitenau
22. Oktober 1943	Zerstörung des Kasseler Wohnhauses bei einem Bombenangriff; Lillis Kinder kehren nach Immenhausen zurück
17. März 1944	Deportation Lillis von Breitenau nach Auschwitz
17. oder 19. Juni 1944	Tod Lillis im Konzentrationslager Auschwitz-Birkenau

Danksagung

Lillis Töchter trugen eine große Last – und unter ihnen Ilse, die älteste, die allergrößte: Meine Mutter hat drei Jahre lang die Entstehung dieses Buches begleitet, sie hat mit ihrem Wissen als Zeitzeugin und Betroffene geholfen, mit Anregungen und mit Fragen. Und vor allem mit Geduld. Häufig wurde die Auseinandersetzung mit ihrer eigenen Vergangenheit für sie zur Qual. Sie wollte, daß dieses Buch erscheint, und doch konnte sie es zuweilen kaum ertragen, wenn die Geschichte Lilli Jahns, ihrer Mutter, wieder und wieder heraufbeschworen wurde.

Lillis Töchter Ilse, Johanna und Eva stellten ihre Briefe an die im Arbeitserziehungslager Breitenau inhaftierte Mutter zur Verfügung. Zusammen mit ihrer jüngsten Schwester, Dorothea, bemühten sie sich um eine möglichst vollzählige Sammlung aller übrigen Dokumente, Urkunden und Fotografien ihrer Eltern. Außerdem berichteten Lillis Töchter in autobiographischen Notizen und vielen Gesprächen über ihre Jugendjahre im nationalsozialistischen Deutschland.

Dieses Buch verdankt seine Entstehung aber auch den Anregungen und Recherchen von Kollegen und Freunden. Dietfrid Krause-Vilmar, Universität Kassel, publizierte seit den achtziger Jahren mehrere Bücher und Aufsätze zur Geschichte des Lagers Breitenau. Wichtig für die Rekonstruktion der Haftmonate waren außerdem die Hinweise Gunnar Richters von der Gedenkstätte Breitenau sowie des Fabrikanten Ludwig G. Braun, Melsungen. Informationen über Lilli Jahns Kölner Jahre lieferte Barbara Becker-Jákli vom NS-Dokumentationszentrum Köln. Thorsten Wiederhold, Kassel, wertete die Akte Immenhausen im »Judaica«-Regionalmuseum Hofgeismar und den Bestand Immenhausen im Hessischen Staatsarchiv Marburg aus. Weiteres Material stellten die Stadtarchive Kassel und Marburg bereit.

Für Tips und bibliographische Hinweise sorgten zudem Volker Hage, Hamburg; Ursula Jahn, Marburg; Helga Paepcke, Karlsruhe; Resemarie Petersen, Immenhausen; Heinz Recken, Köln; Monika Rudolph, Immenhausen; Sybille Steinbacher, Bochum.

Meine Freunde Erwin Brunner, Thomas Kühne und Cornelia Rauh-Kühne sowie die DVA-Lektoren Julia Hoffmann und Michael Neher lasen das Manuskript und steuerten eine Vielzahl von Verbesserungsvorschlägen bei. Mein Vater Jürgen Doerry, meine Frau Inge und meine Tochter Katja halfen mit Rat und Tat bei der Textbearbeitung.

Ihnen allen möchte ich herzlich danken.

Editorische Notiz

Die vorliegende Biographie stützt sich auf mehr als 560 Briefe sowie zahlreiche amtliche und private Dokumente aus den Jahren 1882 bis 1962.

Lillis Sohn Gerhard hatte jene Briefe verwahrt, die er und seine Schwestern 1943 und 1944 an die in Breitenau inhaftierte Mutter geschrieben hatten. Bei diesem etwa 250 Briefe umfassenden Konvolut befanden sich noch weitere 45 an Lilli in Breitenau gerichtete Briefe von ihrer Schwägerin Lore, ihrer Nichte Marilis und ihrer Freundin Lotte Paepcke.

Die Kinderbriefe wurden nach Gerhard Jahns Tod im Oktober 1998 seinen Schwestern Ilse, Johanna und Eva zurückgegeben. Einer Bitte des Autors folgend, übertrugen Lillis Töchter im Laufe des Jahres 2000 fast alle ihrer Briefe in Maschinenschrift. Aus den Abschriften wurden vom Autor dann jene Texte ausgewählt, die für eine Publikation in Frage kamen. Schließlich sichteten die Schwestern diese Briefe erneut und prüften sie auf mögliche Übertragungsfehler. Gerhards Briefe wurden vom Autor selbst ausgewählt und übertragen.

In Gerhards Nachlaß fanden sich zudem Lillis letzter Brief, geschrieben in Auschwitz im Juni 1944, sowie beglaubigte Kopien der beiden Lilli betreffenden Briefe des Immenhäuser Bürgermeisters Groß aus dem Jahre 1942 und einige familiengeschichtliche Dokumente aus den Jahren 1939 bis 1962.

Von den Briefen, die Lilli selbst 1943 und 1944 aus Breitenau und aus Dresden (während des Transports nach Auschwitz) geschrieben hatte, existieren heute noch zehn Originalhandschriften, drei davon wurden am 22. Oktober 1943 im Luftschutzkoffer aus dem brennenden Haus in der Kasseler Motzstraße gerettet. Etwa fünf Briefe aus dem Winter 43/44 sind wahrscheinlich verloren gegangen.

Lillis Briefe befinden sich heute im Besitz ihrer ältesten Tochter Ilse. Sie waren bereits 1988 von Dietfrid Krause-Vilmar transkribiert und der Familie sowie verschiedenen Forschungseinrichtungen der Region Kassel zur Verfügung gestellt worden. Die vorliegende Biographie beruht ebenfalls auf den Originalquellen; die neuen Abschriften weichen in einigen Fällen, etwa bei Datierungen und Namensschreibweisen, von der bereits veröffentlichten Version ab.

Etwa 200 Briefe Lillis an ihren Freund und späteren Ehemann Ernst aus den Jahren 1923 bis 1926 sowie 1930 wurden zeitlebens von ihm selbst aufbewahrt und gelangten erst in den 90er Jahren aus seinem

Nachlaß in den Besitz von Ilse. Sie verwahrt außerdem drei Briefe, die Lillis Vater Josef Schlüchterer 1926 an seinen zukünftigen Schwiegersohn Ernst geschrieben hatte.

Weitere 48 Briefe, die Lilli und Ernst zwischen 1931 und 1943 an ihre Mannheimer Freunde Hanne und Leo Barth gerichtet hatten, besitzt Lillis Tochter Dorothea, der diese Dokumente vom Ehepaar Barth anvertraut worden waren.

Der Brief von Lillis Schwester Elsa an Ernsts Halbschwester Grete Jahn de Rodriguez Mateo aus dem Jahr 1935 lag in einer maschinenschriftlichen Version im Nachlaß Elsas und befindet sich heute bei Lillis Tochter Johanna. Sie besitzt auch eine Fotokopie des 1942 von Lilli geschriebenen Briefs an die in Genf lebende »Tante Paula«. Der Brief Max Mayers an seinen Enkel Peter existiert in mehreren Abschriften im Familienkreis, das Original liegt bei Peters Witwe Helga Paepcke und wurde kürzlich erstmals veröffentlicht, und zwar im Anhang der Neuedition von Lotte Paepckes Buch »Ein kleiner Händler, der mein Vater war« (Herder-Verlag 2002).

Die für diese Biographie verwendeten Dokumente und privaten Fotografien aus den Jahren 1882 bis 1930 stammen aus dem Nachlaß von Lillis Mutter Paula und gehören heute zum großen Teil Johanna. Sie verwahrt zudem das von Lilli wahrscheinlich 1941 angelegte Fotoalbum der Familie Jahn.

Mit Ausnahme der Kinderbriefe wurden sämtliche Briefe und Familiendokumente vom Autor selbst übertragen. Bei vielen Briefen empfahlen sich Kürzungen, bei einigen boten sich nur kurze Ausschnitte oder Zitate an, auf andere konnte ganz verzichtet werden. Alle zur Veröffentlichung vorgesehenen Dokumente wurden im Hinblick auf Orthographie, Interpunktion und Grammatik vereinheitlicht. Abkürzungen wurden mit wenigen Ausnahmen aufgelöst. Bei zwei Personen sind mit Rücksicht auf noch lebende Zeitzeugen Pseudonyme verwendet worden.

Die erklärenden und überleitenden Texte schließlich beruhen auf weiterem Archivmaterial, auf den Erkenntnissen der historischen Forschung sowie vor allem auf den Erinnerungen von Lillis Töchtern.

Literaturverzeichnis

Adelsberger, Lucie, Auschwitz. Ein Tatsachenbericht. Hg. von Eduard Seidler, Bonn 2001.

Ambrosius, Gerold / Hubbard, William H. (Hgg.), Sozial- und Wirtschaftsgeschichte Europas im 20. Jahrhundert, München 1986.

Browning, Christopher R., Judenmord. NS-Politik, Zwangsarbeit und das Verhalten der Täter, Frankfurt am Main 2001.

Burmeister, Helmut / Dorhs, Michael (Hgg.), Fremde im eignen Land. Beiträge zur Kultur- und Sozialgeschichte der Juden in den alten Kreisen Hofgeismar, Kassel, Wolfhagen und in der Stadt Kassel, Hofgeismar 1985.

Czech, Danuta, Kalendarium der Ereignisse im Konzentrationslager Auschwitz-Birkenau 1939–1945, Reinbek bei Hamburg 1989.

Dettmar, Werner, Die Zerstörung Kassels im Oktober 1943. Eine Dokumentation, Kassel 1983.

Dettmering, Erhart (Hg.), Gerhard Jahn 1927–1998. Ehrenbürger der Stadt Marburg (Marburger Stadtschriften zur Geschichte und Kultur, Bd. 69), Marburg 2000.

Dietzel, Volker / Kaiser, Wolfram (Hgg.), 300 Jahre Juden in Halle. Leben – Leistung – Leiden – Lohn, herausgegeben von der Jüdischen Gemeinde zu Halle, Halle 1992.

Doerry, Martin, Judentum zwischen Anpassung und Selbstpreisgabe. 143 Briefe Moritz Ellstätters, in: Zeitschrift für die Geschichte des Oberrheins, 132 (1984), S. 271–304.

Ders., Übergangsmenschen. Die Mentalität der Wilhelminer und die Krise des Kaiserreichs. 2 Bde., Weinheim/München 1986.

Dreßen, Wolfgang (Hg.), Betrifft: »Aktion 3«. Deutsche verwerten jüdische Nachbarn, Berlin 1998.

Finkenstein, Kurt, Briefe aus der Haft 1935–1943. Hg. von Dietfrid Krause-Vilmar, Kassel 2001.

Frank, Anne, Tagebuch (Fassung von Otto H. Frank und Mirjam Pressler), Frankfurt am Main 1992.

Friedländer, Saul, Das Dritte Reich und die Juden. Die Jahre der Verfolgung 1933–1939, München 1998.

Gedenkbuch. Opfer der Verfolgung der Juden unter der nationalsozialistischen Gewaltherrschaft in Deutschland 1933–1945, Bd. 1, bearbeitet vom Bundesarchiv, Koblenz, und dem Internationalen Suchdienst, Arolsen, Bundesarchiv Koblenz 1986.

Gutman, Yisrael / Berenbaum, Michael (Hgg.), Anatomy of the Auschwitz Death Camp, Bloomington/Indianapolis 1994.

Hecht, Ingeborg, Als unsichtbare Mauern wuchsen. Eine deutsche Familie unter den Nürnberger Rassengesetzen, Hamburg 1984.

Herbert, Ulrich, Geschichte der Ausländerpolitik in Deutschland. Saisonarbeiter, Zwangsarbeiter, Gastarbeiter, Flüchtlinge, München 2001.

Hilberg, Raul, Die Vernichtung der europäischen Juden, 3 Bde., Frankfurt am Main 1990.

Issmer, Volker, Das Arbeitserziehungslager Ohrbeck bei Osnabrück. Eine Dokumentation, Osnabrück 2000.

Jahn, Gerhard, Rechtspolitik mit Augenmaß. Reden und Aufsätze zur Rechtspolitik, Karlsruhe 1972.

Kaiser, Reinhard / Holzman, Margarete (Hgg.), »Dies Kind soll leben«. Die Aufzeichnungen der Helene Holzman 1941–1944, Frankfurt am Main 2000.

Kammer, Hilde / Bartsch, Elisabet, Lexikon Nationalsozialismus. Begriffe, Organisationen und Institutionen, Reinbek bei Hamburg 1999.

Kammler, Jörg / Krause-Vilmar, Dietfrid (Hgg.), Volksgemeinschaft und Volksfeinde. Kassel 1933–1945. Eine Dokumentation, Kassel 1984.

Kaplan, Marion, Der Mut zum Überleben. Jüdische Frauen und ihre Familien in Nazideutschland, Berlin 2001.

Klemperer, Victor, Ich will Zeugnis ablegen bis zum letzten. Tagebücher 1933–1945, 2 Bde., Berlin 1995.

Klepper, Jochen, Unter dem Schatten deiner Flügel. Aus den Tagebüchern der Jahre 1932–1942, Gießen 1997.

Klüger, Ruth, Weiter leben. Eine Jugend, Göttingen 1992.

Krause-Vilmar, Dietfrid, Das Konzentrationslager Breitenau. Ein staatliches Schutzhaftlager 1933/34, Marburg 1998.

Ders., Korrespondenten der Chikago Herald Tribune berichten im Frühjahr 1933 über die Judenverfolgung in Kassel, in: Zeitschrift des Vereins für hessische Geschichte (ZHG), Band 106 (2001), S. 293–298.

Leo, Annette, Briefe zwischen Kommen und Gehen, Berlin 1991

Lotfi, Gabriele, KZ der Gestapo. Arbeitserziehungslager im Dritten Reich, Stuttgart/München 2000.

Maier, Reinhold, Briefwechsel mit seiner Familie 1930–1946. Hg. von Paul Sauer, Stuttgart/Berlin/Köln 1989.

Marum, Ludwig, Briefe aus dem Konzentrationslager Kislau. Hg. von Elisabeth Marum-Lunau und Jörg Schadt, Karlsruhe 1984.

Meyer, Beate, »Jüdische Mischlinge«. Rassenpolitik und Verfolgungserfahrung 1933–1945, Hamburg 1999.

Paepcke, Lotte, Ein kleiner Händler, der mein Vater war, Heilbronn
1972 (Neuauflage Freiburg i. Br. 2002).

Dies., Unter einem fremden Stern, Frankfurt a. M. 1952 (wiederaufge-
legt unter dem Titel »Ich wurde vergessen. Bericht einer Jüdin, die
das Dritte Reich überlebte«, Freiburg i. B. 1979).

Richter, Gunnar (Hg.), Breitenau. Zur Geschichte eines nationalsozialistischen Konzentrations- und Arbeitserziehungslagers, Kassel 1993.

Ders. (Hg.), Die Gedenkstätte Breitenau in Guxhagen bei Kassel. Ein
Leseheft, Kassel 1995.

Schilling, Konrad (Hg.), Monumenta Judaica. 2000 Jahre Geschichte
und Kultur der Juden am Rhein. Handbuch, Köln 1963.

Schlüchterer, Lilli, Über den Gesamtschwefelgehalt des Blutes, insbesondere der roten Blutzellen, Diss. med. Köln 1924.

Seidler, Eduard, Kinderärzte 1933–1945, entrechtet – geflohen – ermordet, Bonn 2000.

Serup-Bilfeldt, Kirsten, Zwischen Dom und Davidstern. Jüdisches
Leben in Köln von den Anfängen bis heute, Köln 2001.

Sofsky, Wolfgang, Die Ordnung des Terrors: Das Konzentrationslager,
Frankfurt am Main 1993.

Spoerer, Mark, Zwangsarbeit unter dem Hakenkreuz. Ausländische
Zivilarbeiter, Kriegsgefangene und Häftlinge im Deutschen Reich
und im besetzten Europa 1939–1945, Stuttgart/München 2001.

Stadt Immenhausen 1998. Festschrift für das Jubiläumsjahr. Hg. vom
Magistrat der Stadt Immenhausen, Immenhausen 1998.

Tausk, Walter, Breslauer Tagebuch 1933–1940, Berlin 1975.

Walk, Joseph (Hg.), Das Sonderrecht für die Juden im NS-Staat. Eine
Sammlung der gesetzlichen Maßnahmen und Richtlinien – Inhalt
und Bedeutung, Heidelberg 1996.

Werner, Josef, Hakenkreuz und Judenstern. Das Schicksal der Karlsru-
her Juden im Dritten Reich, Karlsruhe 1988.

Wiederhold, Thorsten, Auf Spurensuche – Zur Geschichte der Juden
in Immenhausen. Hausarbeit im Seminar »Probleme der Geschichts-
darstellung«, Universität Kassel 1998.

Wiegand, Werner, Sozialdemokraten in Immenhausen. Ein Beitrag zur
Geschichte der Arbeiterbewegung, 2 Bde. (Arbeitskreis für Heimat-
geschichte der Stadt Immenhausen, Heft 6 und 7), Immenhausen
1990.

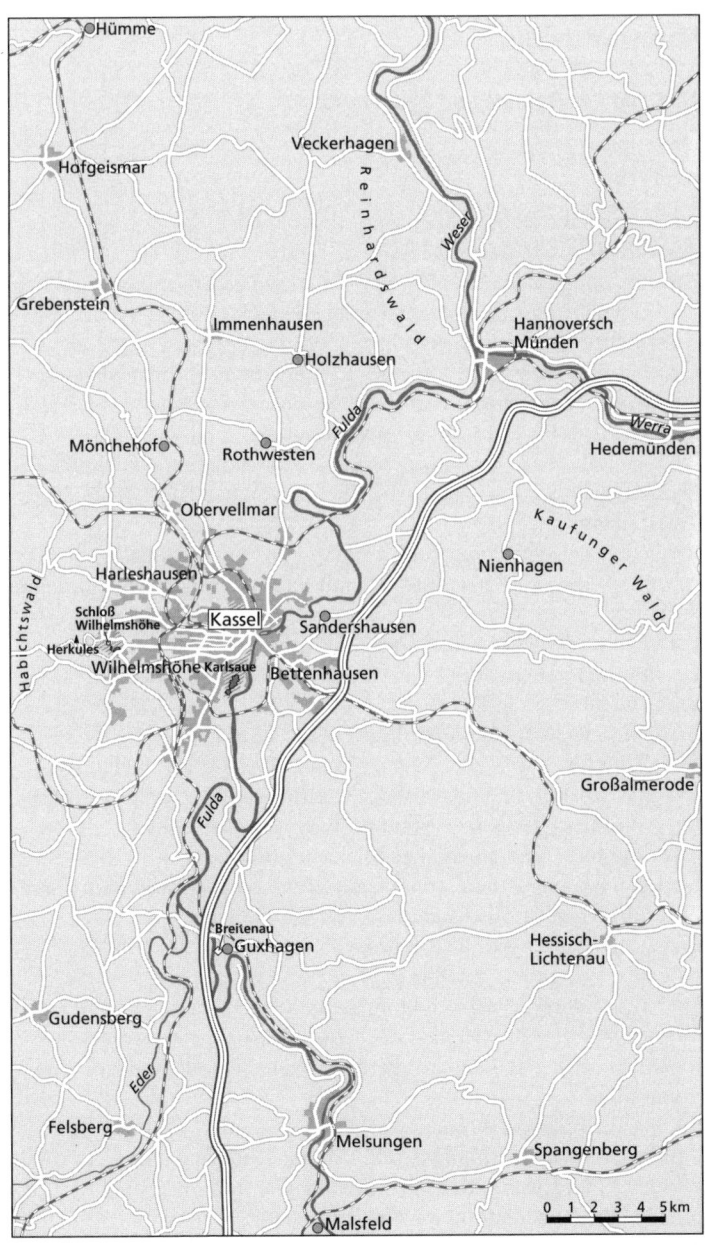

Namenverzeichnis

Lillis Familie, Freunde und Zeitgenossen

Änne, Freundin Lillis in Köln
Änne, Friseurin in Immenhausen
Anna, Kindermädchen der Familie Jahn in den dreißiger Jahren, betrieb
  später einen kleinen Kolonialwarenladen in Holzhausen
Annekathrin, Freundin Ernsts in den zwanziger Jahren
Gustchen Armbrust, Tochter eines Ladenbesitzers in Immenhausen
Dr. Benjamin Auerbach, Geheimer Sanitätsrat und Chef des Israeliti-
  schen Asyls für Kranke und Altersschwache in Köln
Dr. Liesel Auerbach, Ärztin, Tochter des Geheimrats und Freundin Lillis
Hanne (eigentlich Johanna) Barth, Ehefrau von Leo Barth, Köln, später
  Mannheim
Leo Barth, genannt Posa, Studienfreund von Ernst, Journalist
Johannes, Michael, Ursel und Veronika Barth, Kinder von Leo und
  Hanne
Frau Becker, Weißnäherin in Immenhausen
Dr. Bonsmann, Leiter der Lungenheilstätte in Immenhausen
Brandau, Geschäft in Kassel
Franz Bremer, Konditorei und Kaffeegeschäft in Köln
Sanitätsrat Dr. Fritz Cahen, chirurgischer Oberarzt am Asyl in Köln
Evelyn Crosskey, Freundin von Lillis Schwester Elsa in Birmingham
Dr. John Henry Crosskey, Arzt und Ehemann von Evelyn
Lise Diekamp, Ehefrau von Leo Diekamp, Bochum
Dr. Leo Diekamp, Studienfreund von Ernst, Rechtsanwalt in Bochum
Dietrichs, Geschäft für Kinderbekleidung in Kassel
Ellen, Mitschülerin von Ilse in Kassel
Fathauer, Lehrer von Johanna in Hofgeismar
Dr. Faust, Lehrer von Ilse in Hofgeismar
Fiebig, Inhaber eines kleinen Geschäfts in Kassel
Johanna Forell, geb. Henning, genannt Tante Hansel, Studienfreundin
  von Lilli
Dr. Martha Franken, Ärztin in Köln
Fräulein Frieda, Haushilfe bei Lillis Mutter Paula in Köln
Bernhard Friedemann, Kolonialwarenhändler in Immenhausen
Johanna Friedemann, Ehefrau von Bernhard

Friedgart, Mitschülerin von Ilse in Kassel
Inge Gaugler, Nachbarin der Familie Jahn in der Kasseler Motzstraße 3
Gerda, Hausmädchen von Rita Schmidt und Ernst Jahn in Immenhausen
Max Goldin, Drogist in Immenhausen
Karl Groß, stellvertretender Ortsgruppenleiter der NSDAP in Immen-
  hausen, seit 1940 amtierender Bürgermeister
Hans, Freund von Lillis Schwester Elsa in den zwanziger Jahren
Hengst, Lehrer von Johanna in Hofgeismar
Lene Hirdes, Tochter des Gastwirts Wilhelm Hirdes in Immenhausen
August Hoppach, Chef des »Judenreferats« der Kasseler Gestapo
Ilse, Studienfreundin von Marilis in Marburg
Jäger, Kfz-Werkstatt in Immenhausen
Maria Jahn, geb. Breuer, Ernsts Mutter (1864–1913)
Oskar Jahn, Ernsts Vater, Kaiserlicher Telegrafendirektor (1854–1905)
Grete Jahn de Rodriguez Mateo, Halbschwester Ernsts
Jahns, Lehrerin von Johanna in Kassel
Dr. Janik, Praxisvertreter von Ernst in Immenhausen
Dr. Julie Janssen, Frauen- und Kinderärztin in Köln
Josephine, Hausmädchen von Lotte Paepcke in Freiburg
Juchens, Klassenlehrer von Johanna in Hofgeismar
Jung, Konditorei am Friedrichsplatz in Kassel
Ilse Kasten, Schulfreundin von Ilse in Hofgeismar
Sanitätsrat Keil, Arzt in Immenhausen, Vorgänger von Ernst
Kersting, Bauernfamilie in Immenhausen
Prof. Bruno Kisch, Kardiologe an der Universität Köln
Marie Klein, geb. Schloß, Tante Lillis (geb. 1877, deportiert nach There-
  sienstadt)
Resemarie Kreßmann, Schulkameradin von Ilse aus Immenhausen
Heinz Kroh, Kunstmaler in Köln und Freund Lillis in den zwanziger
  Jahren
Prof. Dr. F. Külbs, Direktor der 1. medizinischen Klinik der Universi-
  tät Köln, Augustahospital
Familie Kunz, Nachbarn der Familie Jahn in der Kasseler Motzstraße 3
Maria Lieberknecht, Bekannte Lillis in Kassel
Paul Lieberknecht, Pfarrer in Kassel, Ehemann Marias
Dr. Anna-Therese Lobbenberg, Ärztin am Asyl in Köln
Dr. Eugen Löwenstein, Sanitätsrat, HNO-Arzt in Köln
Magda (Pseudonym), Tochter von Rita und Ernst Jahn
Julia Maguestiaux, genannt Julie, belgisches Hausmädchen der Familie
  Jahn, Fremdarbeiterin

Max Mayer, Ehemann von Lillis Cousine Olga, Lederhändler in Freiburg (1873–1962)

Olga Mayer, geb. Nördlinger, Cousine Lillis in Freiburg (1884–1960)

Minna, Hausmädchen der Familie Jahn in Immenhausen in den dreißiger Jahren

Heidi Münch, Tochter eines Pfarrers und Schulfreundin von Johanna aus Hümme bei Hofgeismar

Dr. Alice Nägele, geb. Nördlinger, Ärztin und Cousine Lillis (1890–1961)

Reinhold Nägele, Ehemann von Lillis Cousine Alice, Kunstmaler (1884–1972)

Neuman, Bauernfamilie in Immenhausen

Helene Nördlinger, geb. Schlüchterer, Tante Lillis (geb. 1862, deportiert nach Theresienstadt)

Frau Paack (Nachbarin in der Kasseler Motzstraße)

Dr. Ernst August Paepcke, Ehemann von Lotte, Literaturwissenschaftler, als Angestellter tätig (1898–1963)

Lotte Paepcke, geb. Mayer, Tochter von Lillis Cousine Olga, Schriftstellerin (1910–2000)

Dr. Peter Paepcke, Sohn von Lotte Paepcke (1935–1995)

Pankow (Arzt in Düsseldorf)

Tante Paula, Freundin (oder Verwandte?) der Familie Jahn in Genf

Paulus, Café in Kassel

Pfleging, Gastwirt in Immenhausen

Alfonso de Rodriguez Mateo, Ehemann von Grete, der Halbschwester Ernsts, Journalist und Regierungsbeamter in Madrid

Friedchen, Hedwig und Hilde Rösch, Bauernkinder in Immenhausen

Dr. Lilly Rothschild, Ärztin, Freundin Lillis in Köln

Helmut und Hildchen Rüdiger, Kinder eines Gutsbesitzers in Immenhausen

Lutz Salomon, Bekannter Lillis in Köln

Lore (eigentlich Leonore) Sasse, geb. Jahn, Ernsts Schwester (1896–1963)

Marilis Sasse, Lores Tochter und Lillis Nichte (geb. 1924)

Dr. Wilhelm Sasse, genannt Willy, Ernsts Schwager, Arzt in Essen (1879–1943)

Wilhelm Sasse, Sohn von Lore und Wilhelm, Lillis Neffe (1925–1943)

Schäfer, Kommilitone Lillis in Köln

Ellen Elise Schloß, geb. Wormser, Lillis Großmutter (1841–1927)

Eva Schloß, Ehefrau von Lillis Onkel Simon (deportiert nach Theresienstadt)

Georg Schloß, Cousin von Lilli und Sohn von Julius Schloß, Kaufmann in Köln (1912–1990)

Dr. Josef Schloß, Lillis Onkel und Ilses Patenonkel, Sanitätsrat und Kinderarzt in Halle an der Saale (1867–1940)

Julius Schloß, Lillis Onkel, Gutsbesitzer (1879–1918)

Margarete Schloß, geb. Wiesengrund, Ehefrau von Lillis Onkel Wilhelm (deportiert nach Theresienstadt)

Moritz Schloß, Lillis Großvater, Viehhändler in Halle an der Saale (1839–1907)

Anselm Schlüchterer, Lillis Großvater, Herrenschneider in Zeitlofs (1832–1896)

Dr. Elsa Schlüchterer, Lillis Schwester, Chemikerin (1901–1949)

Josef Schlüchterer, Lillis Vater, Fabrikant in Köln (1863–1932)

Ottilie Schlüchterer, geb. Marx, genannt Tilly, Tante Lillis (deportiert nach Theresienstadt)

Paula Schlüchterer, geb. Schloß, Lillis Mutter (1875–1972)

Siegfried Schlüchterer, Onkel Lillis, emigrierte in die USA

Theodor Schlüchterer, Onkel Lillis, emigrierte in die USA

Rita Schmidt (Pseudonym), zweite Frau von Ernst Jahn

Prof. Dr. Kurt Schneider, Psychatrieprofessor an der Universität Köln und Oberarzt der Nervenklinik Lindenburg

Dr. Karl-Werner Schupmann, Arzt und Praxisvertreter von Ernst Jahn in Immenhausen

Prof. Dr. Ferdinand Siegert, Geheimer Medizinalrat, Medizinprofessor an der Kölner Universität

Frau Steinmetz, Aufseherin im Arbeitserziehungslager Breitenau

Gisela Stephan, genannt Stephi, Schulfreundin von Ilse, Tochter eines Arztes in Kassel

Onkel Theo, erster Ehemann von »Tante Maria« Lieberknecht

Prof. Dr. Erwin Thomas, Medizinprofessor an der Kölner Universität

Toni, Friseurin in Immenhausen

Ulla Ullmann, Schulfreundin von Ilse, Tochter eines Arztes in Kassel

Frau Wittich, Schneiderin in Immenhausen

Wolf, Luftwaffenhelfer und Freund von Gerhard

Prof. Dr. Ferdinand Zinsser, Direktor der Universitätsklinik für Hautkrankheiten in Köln

Fritz Zschiegner, Klavierlehrer von Ilse und Gerhard in Kassel